대한민국 주택정책의 대수술

공정한 주택정책의 길을 찾다

×
+
×

윤주선 · 서진형 · 조인창 · 한정탁 · 한중일 · 김기홍 공저

박영사

머리말

지난 4년 동안 우리나라 국민이 가장 많이 들었던 정치적 언어는 "기회는 평등하게, 과정은 공정하게, 결과는 정의롭게"라는 말이 아닌가 한다. 이 수사학적 용어가 집권층의 위선과 무능으로 드러나는 데 오래 걸리지 않았다. 특히 주택 및 부동산 분야에서, 많은 국민의 허탈과 분노는 '영끌', '벼락거지', '패닉바잉' 등의 신조어를 창출해 냈으며, 급기야 여권이 칭찬하며 임명한 검찰총장과 감사원장이 야권의 대통령 후보로 등장하는 진풍경이 펼쳐지고 있다.

경제 분야에는 진보와 보수의 경계가 무의미하다. 서민들에게 정치는 먹고사는 것의 실마리에 지나지 않는다. 오죽하면 공산주의 국가를 이끌던 중국의 덩샤오핑조차 '흑묘백묘'라는 국가발전의 신념을 설파하고 이것을 교시로 이어받은 중국은 G2의 반열에 오르게 되었다. 박정희 대통령 시대의 경제발전은 "잘살고 보자, 잘살아 보자, 잘살 수 있다"라며 오직 먹고사는 것에 매달린 결과이다.

제2차 세계대전 이후 모든 나라의 국가적 의제는 경제적 도약이었다. 신자유주의와 능력주의는 이러한 시대적 배경 속에서 채택된 국가 정책 패러다임의 일종이었다. 또한 그것이 당시 집권층의 리더십이었으며, 자본주의와 시장경제, 민주주의의 성공 법칙이었다. 그러나 서브프라임 모기지 사태로 점화된 세계 경제 위기는 이 같은 리더십과 성공 법칙에 의문을 품게 하였다. 자본주의의 꽃이라고 할 수 있는 마케팅의 세계적 권위자 필립 코틀러가 「또 다른 자본주의」라는 저서를 통해서 자본주의의 폐해를 이야기하고 하버드의 마이클 샌달 교수는 그의 저서 「정의란 무엇인가」, 「공정하다는 착각」 등에서 불평등의 문제를 거론하면서 사회주의로의 회귀를 요청하고 있다. 토마 피게티는 「21세기 자본」, 「자본과 이데올로기」 등의 저서를 통해서 양극화의 문제를 다루며, 부자들의 희생을 압박하고 있다.

자본주의는 먹고사는 문제를 해결하지만, 필연적으로 양극화와 불평등의 심화를 유발하므로 국가가 시장에 개입하지 않으면 안 된다고 주장하고 있으며, 일반 시민은 능력주의에 도취하지 말고 어려운 이웃에 대한 도덕적이고 금전적인 배려를 해야 한다는 것이다. 이와 같은 부류의 학자들은 꾸준히 자본주의의 골격을 무너뜨리고 시장경제를 허무는 데 초점을 맞추고 있다. 그러면서 국가를 발전시키는 데 힘쓰며, 공정한 사회를 만드는 데 힘쓰는 것처럼 보이지만, 결국 자신들의 삶의 공간을 확보해 나갈 뿐, 그 이상 그 이하도 아니다.

표심을 먹고 사는 정치권은 저들의 달콤한 말에 귀를 기울이게 마련이다. 그러한 표심 바라기 정책의 문제점은 내가 집권하는 동안에 그 폐해가 안 나타날 것이라고 믿는다. 또한 저들의 주장을 자세히 살펴보면, 혹 정책의 결과가 나쁘게 나타날 경우, 국민의 도덕성 때문으로 미루면 된다는 파렴치함으로 무장한 감언이설에 불과함을 알 수 있다. 저들의 주장은 예수님 말씀처럼 정의와 공정으로 가득해서 듣는 사람들에게 잠시 따뜻한 마음을 주지만, 주장하는 이들조차 그렇게 살지 못하고, 그것을 정책의 기조로 삼아 행한 결과는 늦게 나타날 뿐이지 마침내 국민을 약탈하는 수준으로 드러나기 마련이다. 지금도 전 세계의 가난한 나라에는 저들의 주장이 신화와 무속신앙처럼 떠다니고 있다.

부유한 집안의 같은 어머니 배 속에서 태어난 쌍둥이 아들 '야곱'도, 그의 형 '에서'와의 불평등으로 고통을 겪었다.[1] 불평등은 지구에 태어난 인류의 숙명이지 어떤 이데올로기가 구해줄 수 없다는 것은 이미 공산권의 붕괴로 증명이 되었다. 격차를 줄이는 방법은 부자를 때려서 빼앗는 것이 아니라, 빈자에게 필요한 사다리를 주는 것 외에 다른 방법이 없다는 것도 알 만한 사람은 다 아는 사실이다.

불평등과 양극화 문제의 꾸준한 제기에서 볼 수 있듯이, 그에 대한 증거는 대부분 토지 문제이다. 이들의 이념성 편향은 농업사회에서 산업사회로 이행하는 19세기에 살았던 '헨리 조지'의 눈에 갇혀있으며, 동시대에 등장한 '카를 마르크스'의 선동에 얽혀 있다. 왜냐하면 그 당시 그들이 살았던 환경 속에서 다른

---

1) 성경 창세기에 나오는 이삭의 큰아들 '에서'와 작은아들 '야곱'은 쌍둥이임에도 '장자권(長子權)'이라는 불평등의 세계에서 갈등을 겪으며 살았다.

원인은 찾을 수가 없기 때문이다. 이 두 사람은 토지와 같은 생산수단의 유무가 불평등과 양극화를 가져온다고 굳게 믿은 사람들이다. 그러니 이 두 사람의 굴레를 벗어나는 순간, 불평등론자들의 삶의 공간이 사라지고 마는 것이다.

잘못된 길임을 깨닫고 돌아오면 되지만, 젊어서 내디딘 이념을 벗어 버리자니 다른 공간에서는 이방인이 되고 기존의 공간에서는 변절자가 되는 것에 대한 두려움 때문에 저들은 자기가 옳다고 믿는 신념으로 만물을 재단하며 살고 있다. 그 신념이 집단화되어 헌법을 넘어서고 있으며, 법치주의를 위협하는 지경에까지 도달하게 된 것이다. 그러므로 문재인 정부의 26번의 주택 및 부동산 정책의 결과는 잘못된 신념의 집단화가 불러온 참사라고 많은 언론이 비판하는 것이다.

이제 우리는 모두 '기회는 평등하고, 과정은 공정하며, 결과는 정의로운' 주택 및 부동산 정책이 무엇인지를 생각해 보아야 한다. 문재인 정부의 집권층은 레토릭에만 전념했을 뿐, 공정에 대한 개념은 희박했다. 권력이 바로 공정이라고 믿었는지도 모르겠다. 청와대의 모 수석은 주택은 평등이라고 주장했다. 자본주의 시장경제 시각을 갖고 그 주장을 들어보면, 어처구니가 없다. 평등! 얼마나 멋진 말인가! 하지만 그 레토릭이 낳은 게 '영끌'이라면 이상하지 않은가!

2022년에 들어설 새로운 정부도 평등, 공정, 정의와 같은 개념을 명확하게 견지한 채로 출발하지 못하면, 결국 일부의 좌경화된 시민단체, 사회주의 학자, 의식화되어 있는 무산계층과 강성노조에 의해 이리저리 끌려다니다가 이른바 '표(票)풀리즘'에 의해 문재인 정부와 유사한 패착을 안겨 줄 것이다. 더는 국민을 희생양으로 삼고, 효과도 거의 없이 천문학적 예산을 쏟아부어, 토지공개념이나 공공주택정책에 몰방하는 일은 없어야 할 것이다.

공정한 주택정책이란 무엇인가?

기회를 잡는 것에서부터 진행하는 과정과 나타난 결과에 이르기까지 모두 공정하다고 국민이 느끼도록 하는 주택정책이다. 지금의 주택정책을 살펴보면, 기회는 평등하지 않으며, 과정도 공정하지 않고, 결과조차 정의롭지 않다.

생애 첫 주택을 구매하는 자와 두 번째 주택을 구매하는 자를 차별하는 것이 과연 기회가 평등한 것인가? 자동차 매매에서 처음 구매하는 자와 두 번째 구매하는 자의 차이가 있는가? 왜 주택은 그래야 하는가? 공공재이기 때문이라고 답할 것이다. 이것은 잘못된 교육의 결과이며, 그릇된 선동의 효과이다. 왜 주택을 공공재라고 보는가? 토지라는 유한재로 만들어지기 때문인가?

　토지가 유한하다고 하는 견해는 이미 시효가 다한 이론이다. 토지를 수평적으로 쓰던 시대의 유물이다. 토지는 수직적으로 활용하면 거의 무한하다. 토지 공개념은 토지에 자연과 자산의 두 가지 속성이 있다는 것은 간과하고 자연의 속성만을 주장하는 왜곡된 개념이다. 토지는 공공재인 측면이 있지만, 주택은 완전 사유재이다. 토지공개념 학자들이 성경처럼 인용하는 그 유명한 헨리 조지도 주택의 사유를 인정했다.

　주택을 공공재로 우겨야 하는 이유가 또 하나 있다. 주택을 정부의 마음대로 한껏 공급하는 데 한계가 있기 때문이다. 국민 1가구당 1주택씩을 국가 예산으로 공급할 수 있다면 공공재라고 하기보다, 공유재라고 할 것이다. 공공재라고 해야 국가가 필요할 때마다 개입이 쉬워진다.

　또 다른 이유는 세금을 거두어야 하는 정부는 주택의 사재기를 질타하기 위해 주택에 공공재 꼬리표를 붙여 놓아야 징벌적 세금을 거두기가 편하기 때문이며, 국민의 원성을 최소화할 수 있기 때문이다. 대다수 국민은 오랫동안 그런 교육에 세뇌되어 있다. 다주택자는 부도덕하다고 화살을 돌림으로써, 1주택자들은 다행이라고 생각하고, 다주택자에게 부과되는 중과세는 당연하다고 보게 되는 것이다. 편 가르기를 통해 반사이익을 얻는 방식이다. 이것이 공정한가?

　모든 국민에게 똑같은 기회를 준다고 하면, 주택시장에 주거 사다리가 자연스럽게 형성이 된다. '라이프 사이클'에 따라서 작은 집에서 넓은 집으로 이동하면, 더 작은 집에서 조금 넓은 집으로 이동하고, 더 비싼 집으로 이동하면, 그다음 계층이 채워가는 형식이다. 부자들만 더 넓고 새롭고 좋은 집으로 가는 것 아니냐 하는 의혹은 선동에 불과하다. 사실은 그 반대이다. 새로운 장소가 개발되면 중산층들이 이동하면서 그다음 계층이 메꾸어 가는 순환 형태로, 자기 형편에 맞는 주택이 나타나므로 자연스럽게 시장은 안정되어 가는 것이다.

　자본주의 국가에서 개인의 자산을 불려 나가는 것은 매우 자연스러운 현상이다. 그렇게 된다는 것이 국가가 발전하는 것이다. 주택문제에서 가장 중요한 과제는 영원히 주택을 자산으로 가질 수 없는 계층이다. 대부분의 자유시장경제 체제 국가에서 약 20%를 차지하는 저소득층의 일부이다. 이들과 사다리 계층은 구별해서 생각해야 한다. 이들에게는 국가가 공공임대주택을 지어주는 수밖에 없다. 하지만 국가가 이들에게는 공공임대주택을 지어주는 데는 많은 시간이 걸리므로 그동안 민간임대주택공급자들에게 임대주택을 공급하도록 해야 한다. 이것이 공정한 것이다.

만일 민간임대주택이 없다고 생각해 보라. 임대료와 집값은 폭등할 것이요, 저소득층은 거리에서 침식해야 할 것이다. 이러한 중요한 역할을 하는 민간임대사업자를 저소득층의 임대료를 받아 개인의 자산을 불리는 비도덕적 집단이라고 정죄한다면, 임차인들을 지옥으로 모는 행위와 다름이 없다. 그렇다면 주택임대사업자들에게는 세금을 징벌적으로 부담시켜도 마땅하다는 것이 공정한 것인가? 주택임대사업자가 사라지게 하는 것이 공정한 것인가? 임차인 모두에게 저렴한 공공임대주택을 지어줄 형편이 아닌 것을 알면서도 그들의 표를 위해 무책임하게 과세하는 것이 공정한 것인가?

LTV, DTI, DSR 등과 같은 금융규제를 통해서 수요를 잡겠다는 것이 공정한 것인가? 그들의 수요를 죽이면, 임차인들에게 주택이 생기는가? 결국은 주거 사다리를 걷어차는 것이나 다름이 없다. 사다리 계층은 새집으로 이전하게 하면, 그들이 살던 오래된 집은 임대료가 낮으므로 그 수준의 임대료를 지급할 수 있는 계층이 들어오게 되는 것이다. 어떤 것이 공정한가? 금융 대출을 규제하니까 실수요자조차 제2금융권이나 고금리 사금융을 통해 주택 구매비로 추가 지출하다 보니, 개인의 가처분소득은 축소되고 그 결과 경제는 침체하게 된다.

이제 26번의 주택정책의 결과가 정의로웠는지 살펴보자. 정부가 정책을 발표할 때마다 집값이 급등해서 '벼락거지'라는 말이 나올 정도가 되었는데 어찌 결과가 정의로웠다고 할 수 있겠는가? 한때 집값을 올리는 주범이 부녀회의 담합과 공인중개사들의 농간이라고 선전하고 대대적인 단속을 벌였던 적이 있다. 이때 필자는 그래서 집값이 올라간다면 집값 올리기가 참 쉽겠다고 생각했다. 집값은 그런 행위로 인해 상승하지 않는다. 집값의 형성구조에 관해서는 필자가 쓴 「서울집값, 진단과 처방(2021.2)」에서 상세하게 설명한 바가 있다.

모든 물건의 가격은 수요와 공급이 교차하는 지점에서 결정된다. 가격이 오르는 것은 공급이 부족하기 때문이다. 그런데 문재인 정부 초기의 경제부처 장관들은 공급은 절대 부족하지 않다고 우기며 지난 정부의 80% 정도밖에 공급을 못 하면서도, 빈 땅이 거의 없는 서울의 경우는 재개발, 재건축을 규제함으로써 지난 10여 년 동안 그나마 필요한 최소한 물량조차 제대로 공급하지 못했다. 이것이 임대차 3법을 계기로 폭발한 것이다.

본서는 공정한 주택정책을 위한 하나의 지침서 성격으로 지어진 책이다. 지난 50여 년 동안 임시방편적으로 대응해 왔던 주택정책은 막을 내려야 한다. 그래야만 국민이 산다. 인식과 개념을 바꾸지 않으면 절대로 국민을 수렁에서 구해 낼 수 없다. 주택을 공공재로 보는 인식을 깨지 않는 한, 아무 희망도 없다. 공공재적 성격의 일부가 전혀 없는 것은 아니지만, 공공재라고 하여, 도로, 상하수도와 같은 기반시설처럼 인식해서는 안 된다는 것이다. 토지공개념이라는 이념적 정책도 버려야 한다. 이 정책은 저소득층을 임시로 위로할 수는 있어도, 배고픈 것을 해결해 주지 못한다. 대수술이 필요한 시점이 온 것이다.

본서는 크게 3편으로 나누어, 제1편에서는 공정한 주택정책이란 무엇인가에 대해 생각해 보고자 하였다. 1장에서는 공정한 주택정책의 가능성을 진지하게 검토해 보자는 의미에서 여러 가지 화두를 던졌다. 문재인 정부의 주택정책이 기회는 평등한가, 과정은 공정한가, 결과는 정의로운가 하는 것과 어떻게 해야 그렇게 될 수 있는가 하는 것들을 생각해 보았다. 2장에서는 우리나라 주택정책의 유형과 특징을 살펴봄으로써 지난 정부들의 정책이 현재까지 이어져 오는 기저에 작동하고 있는 특징들을 분석해 보았다.

제2편에서는 문재인 정부의 부동산 정책의 공정성을 평가하는 데 초점을 맞추었다. 1장에서는 26번의 주택정책의 핵심을 박제하듯이 하나씩 정리해 보았다. 그리고 2장에서는 문재인 정부의 주택정책에 대한 언론 기고문 30선을 통해 독자들에게 정부 정책의 문제점을 알려주고자 했다.

제3편에서는 공정한 주택정책을 위한 해법에 대해 논하였다. 공저자들이 갖고 있는 생각을 솔루션으로 만들어 다양한 해법을 제시하고 있다. 이를 위해 1장과 2장에서는 여·야 대선후보들의 주택정책의 주요 내용을 살펴보고, 3장에서는 대수술을 위한 인식의 파사현정(破邪顯正)에 관해 다루었고, 4장에서는 분야별 해법에 대해 기술하였다.

주택공급 분야에서는 고밀화, 분양가상한제 등에 관해, 주택금융 분야에서는 LTV, DTI, DSR 해법과 양도세 완화에 대해, 주택청약 분야에서는 청약 자격과 특별 공급물량 확대에 대해, 주거복지 분야에서는 국민보험주택 제도의 신설, 취약계층을 위한 임대주택 공급 확대에 관해, 신개발 및 재개발 분야에서는 노후 신도시 특별법 제정과 스마트도시형 재건축 재개발 리모델링 프로그램 도입 및 적용을 해법으로 제시하였다.

본서의 공저자들은 학문과 실무분야의 오랜 경험을 토대로 주택문제에 관해 공적 사명을 이루어왔다고 자부한다. 주택건설 분야의 민간 싱크 탱크인 (사)건설주택포럼, 산학연계를 비전으로 연구하는 (사)한국부동산산업학회, 우리나라 최초로 부동산연구를 시작한 부동산학의 모(母) 학회인 (사)대한부동산학회 리더들이 지난 수년 동안 각자의 자리에서 위기에 서 있는 주택문제의 해결을 위해 동분서주하는 가운데 주택정책의 대수술이 필요하다는 뜻을 모아 "공정주택포럼"의 창립을 기념하고자 한 권의 책을 펴냈다.

무더운 여름 바쁜 일정을 쪼개어 원고를 써주시고, '공정주택포럼'의 발기 및 창립을 주도해 주신 공저자분들에게 경의를 표하며, 끝까지 원고를 야무지게 정리해준 김기홍 사무국장에게 공저자를 대표해서 감사의 뜻을 표하며, 마지막으로 본서의 출판을 허락해 주신 박영사의 안상준 대표님을 비롯해서 고된 교정작업과 표지디자인 등 궂은일을 마다하지 않고 헌신해 주신 김한유, 김민조 님에게도 진심으로 감사드린다.

2021년 11월
집필자를 대표하여
윤 주 선 씀

차 례

CHAPTER 2 문재인 정부 주택정책에 대한 시론

CHAPTER 4 공정한 주택정책, 해법 11가지

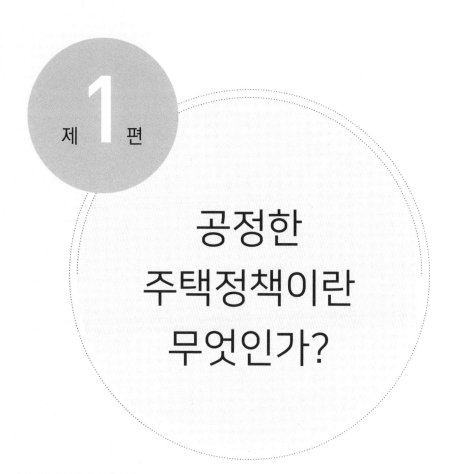

제 **1** 편

공정한 주택정책이란 무엇인가?

대한민국 주택정책의 대수술
공정한 주택정책의 길을 찾다

CHAPTER

01

공정한 주택정책의 가능성

공정(justice)이란 무엇인가? 사전적 의미는 공평하고 올바름이며, 유사어로 공명정대하다가 있다. 또는 정당함(fairness), 비편파(impartiality), 공평함(even-handed)이라고 할 수 있다. 정치·사회적 의미는 해석하는 관점과 시대, 그리고 처지에 따라 매우 다양하겠지만, 본서에서는 법치주의 차원에서 바라보는 게 적합하다고 생각한다.

우리나라 헌법과 각종 법률에서 공정하다고 보는 것을 기준으로 주택정책을 바라본다면, 이견이 있을지라도 그 틈새가 최소화될 것이다. 헌법은 국가통치체제와 기본권 보장의 기초에 관한 근본 법규로서 대한민국의 정체성을 나타내며, 각종 법률은 국회의 의결을 거쳐서 대통령이 서명·공포함으로써 성립하는 법률이라는 이름을 가진 규범으로 국민 행동의 질서를 유지한다.[1]

지난 수년 동안 문재인 정부의 주택정책을 이러한 잣대로 재단해 본다면, 한마디로 공정하지 않다. 지난 여러 정부도 이 잣대에서 벗어날 수 없지만, 특히 중요한 주택·부동산과 관련한 법률이 위헌결정을 유난히 많이 받은 내용은 토지공개념 3법과 같이 국민의 사유재산권을 정부가 통제하려는 의도에서 만들어진 것들이다. 문재인 정부는 그것을 피하고자, 법률로 제정하기보다는 하위체계에 속한 규칙이나 규정, 또는 행정명령과 같이 손쉬운 방법으로 공정성 대신에 시급성을 가지고 주택정책을 지휘했으며, 한편으로는 헌법에 사유재산권을 심각하게 억제하는 조항을 삽입하여 위헌적 소지를 아예 없애려는 시도도 했다.

언제나 그렇듯이 엄혹한 통제 아래서도, 국민의 선택은 기울어진 운동장 위를 날아 공정을 향해 나아가고 있었다. 시장은 기울어진 운동장 위를 넘어가게 하는 동력이다. 자유시장은 그 동력의 엔진이다. 우리나라 주택시장은 1960년대 이후 시장에서 정해지는 가격에 따라, 자유롭게 거래가 이루어지는 장터였다.

1974년 이후 다주택자에게 양도세를 부과하기 시작하면서 주택시장은 서서히 자유시장에서 규제시장으로 바뀌기 시작해 1977년 주택청약제도와 분양가상한제의 도입, 1989년 토지공개념 3법의 제정, 2006년 재건축 초과이익환수제의 시행, 2020년 임대차 3법에 이르기까지 규제를 강화해 오고 있다. 또한 종합부

---

1) 실질적 의미에서는 모든 법규범(法規範)을 말하지만, 형식적 의미에서는 국회의 의결(議決)을 거쳐서 대통령이 서명·공포함으로써 성립하는 법률이라는 이름을 가진 규범을 말한다. 법의 체계에 있어서 법률은 헌법의 하위에 있으며, 명령·규칙의 상위에 있다. 따라서 법률은 헌법에 위반되는 내용을 가질 수 없으며, 헌법에 위반되는 내용을 가진 때에는 위헌법률심사(헌법 제111조)를 거쳐서 그 효력이 부정된다. (두산백과)

동산세, 양도소득세 등 세금이나 투기과열지구, 조정대상지역, 주택거래신고지역 등 주택거래와 관련된 각종 규제도 그 강도를 더해왔다.

토지이용규제는 한술 더 떠서, 도시계획법과 건축법 위에 환경영향평가제도의 도입을 필두로 교통영향평가제, 재해영향평가제, 경관평가제 등 수없이 많은 규제와 그에 수반되는 각종 부담금으로 국민의 허리가 휘어질 정도이다.

주택시장은 오래전부터 자유시장이라는 장터를 상실했다. 집권층이나 정책입안자들은 언제든지 규제라는 무기를 가지고 시장을 마음대로 쥐락펴락할 수 있다고 믿게 된 것이다. 정책만능주의와 규제만능주의가 시장을 어지럽게 하고, 규제내용을 누더기로 만들어 놓았다. 이런 규제에 따른 비용은 모두 주택가격의 상승으로 이어져 왔다. 규제로 인해 공급이 축소되면 주택가격은 상승하기 마련이다.

1993년 김영삼 대통령과 1998년 김대중 대통령 시대는 규제 완화에 대한 사회적 합의와 충실한 이행이 전개되던 때이다. 노무현, 이명박, 박근혜 대통령 시절에도 그 합의는 수그러들지 않았지만, 주택 분야에 대한 규제는 크게 완화되지 못했다. 하지만 문재인 정부에서는 규제 완화라는 용어가 자취를 감춘 듯하다. 아니 규제 일변도이다.

공정한 정책을 편다고 밤새 머리 싸매고 고생했지만, 결과는 반대로 불공정하고 정의롭지 않게 나타난 것이 현실이다. 이러한 40여 년의 누적된 규제의 무게를 이겨 나갈 수 있을까? 이것을 이겨내고 규제의 굴레를 벗어버리지 못하면 절대로 집값을 잡을 수 없다는 국민의 요구가 2020년을 기점으로 점점 불길처럼 번지고 있다. 이것이 바로 공정한 주택정책의 가능성이다.

01 기회를 평등하게
주택청약제도는 기회를 평등하게 했는가?

우리나라의 주택청약제도는 1977년 8월 18일 「국민주택 우선 공급에 관한 규칙(주택공급규칙)」을 신설하면서 출발하였다. 처음에는 국민주택기금을 지원받아 건설되는 공공주택에 적용되었으나, 이듬해 민영주택에도 청약제도를 적용하면서 현재 청약제도의 모태가 되었다. 과열 청약을 막고자 시행한 민영아파트 20배수 제도는 1990년대 중반 이후 미분양이 증가하면서 1997년에는 250배수까지 적용되었다가 1999년 외환위기로 인한 경기침체로 폐지되었다. 또한 20년 넘게 지켜오던 1세대 1계좌 원칙까지 폐기하는 등 청약 규제가 대폭 완화되었다.

2000년대 들어 주택시장이 회복되자 2002년 투기과열지구제도를 재도입하고, 2003년 투기과열지구 내 전매제한을 강화하였다. 2004년엔 전용 85㎡ 이하 민간아파트의 75%를 무주택 세대주에게 우선 공급하도록 하고, 이듬해에는 공공택지 내 전용 85㎡ 이하 민간아파트의 75%를 무주택 세대주에게 우선 공급하도록 확대하였다. 전매제한도 조건에 따라 최장 5년으로, 재당첨 금지 기간도 조건에 따라 최장 10년으로 늘어났다. 2006년에는 최장 10년까지 전매를 제한토록 했다. 2007년 9월에는 실수요자 중심의 주택공급을 위해 청약가점제가 적용되기 시작했다. 이는 무주택기간(32점), 부양가족수(35점), 입주자저축 가입기간(17점)을 점수화하여 합산점수(총점 84점)가 높은 순으로 입주자를 선정하는 제도이다.[2]

무주택 실수요자의 '내 집 마련' 기회를 넓힌다는 취지는 긍정적이지만, 이번 정부 들어서만 청약제도가 열 차례 이상 바뀌면서 난수표 수준으로 복잡해졌다는 지적이 나올 정도이다. 무주택자이면서 특별공급 대상자의 경우, 상대적으로 일반공급보다 경쟁률이 낮아 당첨에 유리하다. 특별공급 대상자는 생애 최초,

---

2) 한국민족문화대백과, 한국학중앙연구원

3자녀 가구, 노부모 부양, 신혼부부, 기관 추천(국가유공자, 철거민, 장애인, 탈북새터민, 탄광근로자, 편부모 가구, 일본군 위안부 피해자 등)으로 나뉜다. 특별공급은 일생에 한 번만 청약할 수 있다. 다른 특별공급에 당첨된 적 있으면 다시는 특별공급에 청약을 할 수 없다. 또한 생애 최초 특별공급에 청약하는 경우 가구주와 가구원 모두 무주택이어야 한다. 무주택자면서 특별공급 자격에 해당하지 않는다면 청약가점에 따라 전략이 달라진다. 무주택기간(32점 만점), 부양가족수(35점 만점), 청약통장 가입기간(17점 만점) 등을 따져봤을 때 청약가점이 높으면 가점제로 지원하고, 반대로 청약가점이 낮으면 추첨제로 지원해야 한다.[3]

주택이 한 채 있는 1주택자는 무주택자만큼은 아니지만, 다주택자보다는 조금 더 유리하다. 투기과열지구·조정대상지역 등 규제지역이라도 기존 주택을 처분하기로 '서약'하면 추첨제 물량 중 25%에 도전해볼 수 있기 때문이다. 만약 '청약홈'에서 '기존 주택 처분 미서약'을 선택했는데, 청약 경쟁률이 예비 추첨자 비율을 초과하면 당첨 가능성이 아예 없어진다. 다만 기존 주택을 처분하기로 서약했더라도, 무주택자보다는 당첨 확률이 확연히 낮을 수밖에 없다. 물량 자체가 적어서다.

다주택자는 규제지역이나 광역시에서 청약에 당첨될 가능성이 없다. 다주택자가 청약을 넣을 수 있는 곳은 투기과열지구, 조정대상지역, 수도권과 광역시를 뺀 나머지 지역이다. 이들 지역은 비규제지역이라 중도금 대출이 가능하다. 특히 다주택자의 경우 주택 취득세가 주택가액의 8~12%(조정대상지역), 1~12%(비조정대상지역) 정도로 높다.

3기 신도시의 사전청약을 하려면 갖춰야 하는 요건이 있다. 우선 가구원 모두가 무주택자여야 한다. 또 신청자는 주택청약종합저축 또는 청약저축에 가입돼 있어야 한다. 또 청약을 하려는 지역에 일정 기간 이상 거주했어야 하며, 사전청약자는 본청약 때까지 무주택 요건 등 청약 자격을 유지해야 한다. 사전청약 당첨 후 다른 주택을 구매한 경우에는 본청약 신청이 불가능하다.

소득 요건 등은 일반 공공주택청약과 동일하다. 사전청약 당첨 후 연봉 상승 등의 이유로 소득 요건이 초과되더라도 기준 검증은 입주자 모집공고 시점이라 입주 예약자 자격은 유지된다. 가점이 낮아도 승산은 있다. 3기 신도시 사전청약

---

3) 매일경제, "갈수록 복잡해지는 '주택청약제도' 무주택자도 가점 낮으면 추첨제", 정다운 기자, 2021. 03. 24.

은 민간분양과 달리 가점제가 아니라 '순위순차제'가 적용돼서다. 순위순차제는 무주택 기간 3년만 충족하면 저축 총액이 많은 순(전용 40㎡ 이하는 납입 횟수가 많은 순)으로 당첨자를 선정하는 방식이다. 이것을 청약통장의 '납입인정금액'이라고 하는데 보통 이 금액이 청약의 당락을 가른다.[4]

지금까지 주택청약제도를 살펴본 것처럼 그동안 배수제에서 청약가점제로 진화되었고, 2021년 6월 현재는 무주택자와 1주택자를 나누고, 추첨제와 가점제로 나누었으며, 투기과열지구, 조정대상지역, 조정대상지역이 아닌 수도권·광역시, 기타지역으로 구분하여 아래의 〈표 1−1〉 지역별·면적별 가점제와 추첨제 비율을 정하여 시행하고 있다.

여기서 우리는 몇 가지 의문을 품을 수 있다. 우선 무주택자에게 우선권을 주는 것은 공정한가? 그리고 가점제는 공평한 것인가? 집을 먼저 하나 가졌다고 새로운 집을 더 갖는 것을 왜 어렵게 하는 것일까? 무주택기간, 부양가족수, 입주자저축 가입기간 등이 점수화되어 우선권을 주는 방식이 어떻게 정책적으로 당위성을 갖게 되었을까?

〈표 1−1〉 지역별·면적별 가점제와 추첨제 비율

지역별·면적별 가점제와 추첨제 비율 〈단위: %〉

구분			투기과열 지구	조정대상 지역	조정대상 지역이 아닌 수도권· 광역시	기타 지역
전용 85m² 이하	가점제		100	75	40	40
	추첨제	무주택자	–	18.75	45	60
		1주택*		6.25	15	
전용 85m² 초과	가점제		50	30	–	0
	추첨제	무주택자	37.5	52.5	75	100
		1주택*	12.5	17.5	25	

* 기존 주택을 처분하기로 서약한 경우에만 해당
* 조정대상지역 외, 기타 지역에서는 전용 85m² 이하 40% 가점제 가능

※ 자료: 국토교통부

---

4) 매일경제, "갈수록 복잡해지는 '주택청약제도' 무주택자도 가점 낮으면 추첨제", 정다운 기자, 2021. 03. 24.

현재 주택을 소유하고 있으니까 급하지 않다고 보는 이유는 무엇일까? 그래서 이들이 살고 싶은 곳으로 이사를 하려는데 새집을 마련하지 못하면, 전세를 살 수밖에 없다. 그러면 살기 좋은 곳의 전셋값이 상승하게 되며 결과적으로 집값의 상승으로 이어지는 것이다. 이것이 강남권의 집값이 오르는 이유 중의 하나이다.

한국건설산업연구원 김현아 연구위원은 최근 '주택시장의 구조변화에 따른 주택공급제도 선진화 방안' 보고서를 통해 민영과 공공주택의 청약제도를 분리하고, 민영주택의 경우 청약제도를 아예 폐지해야 한다는 주장이 나와 눈길을 끈다. 주택 수요가 다양하게 변화하는 등 주택시장 환경이 빠르게 변하는데 과거의 청약제도는 실효성이 떨어진다는 이유에서다.[5]

공급을 마음껏 확대할 수 있다면, 이 주택청약제도는 불필요해질 것이 자명하다.

---

5) 중앙일보 조인스랜드, "실효성 떨어지는 민영주택 청약제도", 2010. 11. 22.
　　김 연구위원은 먼저 "과거 청약제도는 모든 가구에 똑같이 1주택을 공급하는 목표를 기준으로 대규모로 획일적으로 공급하는 방식"이라고 분석했다. 그는 "단순히 주택청약자격 취득하기 위한 포괄적 청약제도, 교체수요자와 기관수요자에 대한 진입장벽, 대규모 단지의 일괄 준공 의무화는 달라진 시장 환경을 수용하기에 무리가 있어 제도개선이 수반돼야 한다"라고 지적했다. 그리고 "공공 민영 모두 청약할 수 있는 주택청약종합저축 도입으로 민영주택을 사야 할 계층까지 보금자리주택 청약에 참여해 경쟁률을 높이고 있다."며 "민영과 공공주택의 청약을 분리하고 공공주택은 더욱 엄격한 청약기준을 적용해 당첨 가능성을 높여야 한다."고 주장했다. 또 "선분양이 대부분인 국내 주택시장에서 계약금과 별도로 청약 자격을 얻기 위해 따로 저축에 가입해야 하는 것은 불필요한 규제"라며 "민영 중대형 주택을 시작으로 민영주택 청약제도는 점진적으로 폐지해야 한다."라고 강조했다.

02 과정을 공정하게
금융규제와 징벌적 세제는 공정했는가?

주택을 구매하기 위한 기회를 청약제도라고 본다면, 주택 구매 과정의 핵심은 금융과 양도 및 취득 절차이다. 주택 구매는 일반적 상품과 달리 대부분 가구주가 평생에 손꼽을 정도로 하며, 평생 모은 돈을 투자하는 모험이며, 특별히 금융의 도움이 꼭 필요한 소비과정이다.

2017년 6월 문재인 정부의 첫 번째 부동산 정책 발표자로 나선 김현미 국토교통부 장관은 집값을 잡겠다는 강한 의지를 표현하면서 "빚을 내서 집을 사는 일이 없도록 하겠다."라는 말을 하며, 대출 규제 정책을 시행했다. 물론 대출받아 집 사는 걸 비판했던 김현미 전 국토부 장관도 과거 대출로 집을 계속 불려왔던 것이 밝혀졌지만[6] 이 한마디의 파장은 마치 검은 구름이 소나기를 품고 있듯이 집값 폭등의 태풍을 예고한 것이었다.

부동산과 금융의 관계를 전혀 인식하지 못한 장관은 국토교통부 장관뿐이 아니다. 추미애 법무부 장관은 '금부분리'를 주장했다가 여론의 뭇매를 맞은 적이 있다. 익명을 요구한 한 금융연구기관 관계자는 "추 장관의 주장을 액면 그대로 받아들인다면 현물로만 부동산 거래를 하라는 것이냐"며 "금융과 부동산은 분리할 수 있는 게 아니다"라고 말했다.[7]

2019년 12·16 대책은 종부세율 인상과 15억 원 초과 주택의 주택담보대출 금지, 주택담보대출 비율 40% 축소 등이었다. 그 결과 15억 원 미만의 아파트값이 빠르게 오르면서 서울의 평균 아파트값은 2020년 9월 10억 원을 돌파하더니 2021년 4월에는 11억 원을 넘어섰다.[8]

---

6) [출처] https://blog.naver.com/1moon3star/222394024798 영끌 대출 말렸던 김현미, 본인은 빚내서 집 불려│작성자 머니울프
7) 머니투데이, "추미애 '금부분리'에 금융권 "현실 모르고, 말도 안 된다", 박광범 기자, 2020. 07. 20.

다음 글은 필자가 2019년 12월 18일 문화일보에 '주택자와 중산층을 잡는 12·16 대책'이라는 제목으로 기고한 글이다.

문재인 정부가 16일 18번째 부동산 대책을 내놨다. 아파트 추가 공급 없이 15억 원을 초과하는 아파트에 대해선 주택담보대출을 전면 금지해 시장 수요를 억누르겠다고 한다. 문 정부 출범 이후 지금까지 17번의 집값 대책을 내놨지만, 서울의 아파트값은 40%나 치솟았다. 공급 없는 규제 강화로 집값을 잡겠다는 정부 정책이 오히려 집값 폭등을 불러왔는데, 더 센 규제카드를 내놓은 것이다.

반지름 약 70㎞ 이내에 2,500만 명이 밀집해 있는 수도권, 그중에서 서울은 중심부에 있다. 특히, 편리한 교통에 교육·문화시설이 집중되고 양질의 일자리가 많은 강남권 지역에 돈과 사람이 몰리는 건 당연하다. 그만큼 강남을 중심으로 한 서울 집값을 인위적으로 잡는 게 힘들다는 이야기다. 고가주택 가격을 내리는 방법은 학문적이나 이론적으로도 존재하지 않을 뿐만 아니라, 자유시장경제 체제를 택하고 있는 나라에서 우리처럼 규제 일변도로 무모하게 집값 잡기에 매달리는 경우는 찾아보기 힘들다.

그동안 서울과 강남에 쏟은 재정과 민간 투자는 천문학적이다. 그 투자가 양적으로는 집값으로, 질적으로는 교육·문화 수준으로 표면화됐고 이는 도시의 경쟁력을 높였다. 도시 경쟁력의 최종 결과는 집값으로 나타난다. 그곳으로 사람과 투자가 몰리기 때문이다. 뉴욕과 도쿄, 그리고 런던의 집값이 이를 잘 보여준다. 우리 정부와 도시계획 전문가들은 그동안 이처럼 세계적으로 경쟁력 있는 도시를 만들기 위해 최선을 다해 왔다.

신입생들에게 부동산 상품과 일반 상품을 비교해 설명할 때면 늘 하는 말이 부동산 상품의 특수성이다. 부동산 가격은 '협상(鋏狀, scissors)가격차' 이론으로 설명될 만큼 서민들의 삶에 있어서 매우 민감하다. 협상가격차란, 독점적 산업(공산물) 부문과 비독점적(농산물) 산업 부문 간 생산물 가격의 차이를 말한다. 부동산 가격은 자연조건에 의해 제약받는 농산물처럼 공급이 조금만 부족해도 가격이 몇 배씩 급등하는 특성이 있다.

이 같은 기초적인 경제 이론을 이해하고 있다면 정부는, 시장이 원하는 지역에 제대로 된 공급 없이 규제 일변도로 집값을 잡을 수 있다는 허상에서 벗어나야 한다. 문 정부의 집값 대책이 강도를 점점 높여 가고 있는데도

---

8) 한국경제TV, "대책 내놓으면 집값 뛰어"…정부, 시장에 참패, 홍헌표 기자, 2021. 05. 10.

시장 반응은 정반대로 나타나는 게 그 방증이다.

집값을 잡겠다고 금액을 기준으로 대출을 통제하는 것은 세계적으로도 유례가 없는 일이다. 정부가 '12·16 부동산 대책'을 발표한 바로 다음 날 시세 15억 원 초과 아파트에 주택담보대출을 전면 금지한 것은 헌법상 행복추구권과 평등권, 재산권 등을 침해한다며 헌법소원이 제기됐을 정도다. 그리고 대책 발표와 함께 고위 공직자는 집을 한 채만 보유하라고 권고했다고 한다. 공급은 한계가 있고 집을 여러 채 사려는 수요는 늘고 있는데, 그 욕구를 줄이기 위해 공직자 주택 매도를 유도하고 은행에서 돈 빌려 집을 살 수 있는 길을 막으면 결국 부동산시장의 현금 부자들의 전유물이 되는 셈이다. 정부가 서민들의 주거 사다리를 걷어차 버리는 격이다. 게다가 평생 집 한 채 일군 중산층에게도 세금폭탄을 터뜨린다.

선진국에서는 부동산 금융의 역학구조가 시장에 미치는 영향을 잘 알고 있기에 이런 대출 통제 시도는 꿈도 꾸지 않는다. 일각에서는 9억 원 미만의 주택만 거래가 돼 소형 주택의 가격만 올라갈 것이란 풍선 효과를 우려하는 목소리도 높다. 정책 당국이 경청해야 할 시장의 목소리다.

부동산과 금융을 분리하겠다는 '금부분리'라는 발상은 주거 사다리를 걷어차서 서민들이 영원히 집을 못 갖게 하겠다는 의지의 표현과 같다는 것을 모르고 언급했다면, 정부의 일원이 될 자격이 없다고들 한다. 부동산 소유의 이익 중에 '레버리지 효과'라는 용어가 있다. 이것은 부동산 소유자가 금융권 대출을 통해 지가 인상분과 이자와의 차액을 이익으로 취하는 것을 말한다. 금산분리를 언급한 추 장관이 더불어민주당 대표 때, 헨리 조지의 '단일 조세론'을 들고나왔었기에, 지가 인상분과 이자와의 차액을 불로소득이라고 보고 이것을 없애야 한다고 말한 것으로 추측한다.

'금부분리'는 대한민국의 국무위원이 경제론 기초조차 모른다는 무지를 드러낸 국민적 부끄럼이다. 금융은 자본주의의 꽃이다. 재정·통화 등의 거시적 금융정책은 국가 경제의 경쟁력을 높이고, 금리·유동성 등의 미시적 금융정책은 서민경제와 중소기업 성장을 떠받치는 받침대이며, 가을의 수확을 위해 논에 댈 물의 저수지와 같다.

금융은 국가와 개인 자산의 자유로운 소유권을 기반으로 발전하기에 공산주의 국가에서는 공식적 금융이 존재하지 않는다. 국민 자산의 70%에 달하는 부동산을 금융과 분리하겠다는 것은, 금융의 기반을 무너트리고, 자유시장경제의 원천인 저수지를 허물겠다는 것을 거대 여당의 대표를 지냈으며, 법무부 장관인 분이 왜 알지 못하는지 모르겠다. 금융기관에 발 들일 수 없는 무산계층에게 한 풀이해 주려는 것인가 묻고 싶다. 그러나 그 한풀이가 그들의 사다리를 걷어차고 있다는 결과로 나타난 게 2021년 유례없는 주택가격 폭등과 "영끌", "벼락거지"라는 신조어의 출현이다.

금융을 지금과 같이 규제하게 되면, 결국 현금을 많이 보유하거나 현금 동원력이 있는 거부에게만 혜택이 돌아간다는 것은 역사적 교훈이며 우리나라 주택시장의 실태이다. 금융기관 측에서 보면 주택은 우량한 채권이다. 쉽게 말해 절대 원금을 떼어 먹히지 않는다. 어느 시대나 교환가치가 사용가치보다 큰 채권이기 때문이다. 주택저당채권(MBS, Mortgage Back Security)이 2007년 미국 서브프라임모기지 사태의 원인이 되었을 정도였다.[9]

문재인 정부의 금융규제는 그래서 공정하다고 볼 수 없다. 후분양제도 순식간에 현금을 수십억 원씩 마련할 수 있는 거부에게나 유리한 정책이다. LTV, DTI, DSR도 마찬가지이다. 돈을 많이 버는 사람에게 유리하다.

주택 분양가의 40%만 대출한다면, 집을 옮겨가고자 하는 사다리 계층의 경우, 분양받을 주택가격의 60%에 달하는 비용은 현재 사는 내 집을 팔아서 마련해야 한다. 예를 들어 분양가 10억이면, 6억을 마련해야 하는데, 기존 집을 처분할 때 양도세 내고, 이사비용, 취득세 등을 참작해서 7억 원 정도 가격의 집에 살고 있어야 한다. 5억 원밖에 못 마련한다면 나머지는 제2금융권의 고리대금이나, 살인적 금리의 사채를 얻을 수밖에 없다.

생애 첫 주택을 마련하고자 하는 계층도 이사비용과 취득세 등을 고려해서 7억 원 정도의 전세로 살고 있어야 무리가 없다. 아니면 사다리 계층과 마찬가지로 고금리를 써야 한다. 이것이 과연 공정한 것인가 의문이 든다.

문재인 정부의 금융규제가 전세금이고 주택이고 자산을 마련할 기회가 아직 없었던, 2030 청년층에게는 유리한지 살펴보고자 했으나 지면이 아까워 줄이겠다. 오죽하면 여야를 막론하고 2022년 대권 주자들이 나서서 금융규제를 풀겠다

---

9) 서브프라임모기지 사건은 주택저당채권이라는 파생 상품의 문제가 아니라, MBS 파생 상품의 판매고를 올리기 위해 이자를 갚을 수 없는 계층에게도 주택금융을 난발했기 때문에 발생했다. 그만큼 주택저당채권은 다른 채권에 비해 신용도가 높다는 것을 말한다.

고 하겠는가!

경제통으로 꼽히는 유승민 전 의원은 전날 자신의 페이스북에 '희망사다리 주택공약'을 발표하고 무주택자의 내 집 마련에 대한 주택담보대출비율(LTV) 규제를 80%까지 완화하겠다고 밝히며, "2030 세대가 생애 최초 내 집 마련을 더 쉽게 할 수 있도록 주택금융 규제를 대폭 완화하겠다"라며 LTV 완화에 더해 생애 최초 주택 구매자 또는 신혼부부에 대해서는 완화 폭을 더 확대하겠다고 했으며, 총부채상환비율(DTI), 총부채원리금상환비율(DSR) 규제도 장래 소득을 고려해 완화하겠다고 공약했다.[10]

여권에서도 파격적인 대출 규제 완화 방안들이 거론되고 있는데, 일례로 이낙연 민주당 전 대표는 '50년 만기 모기지'를 완화 방안으로 내놓았으며, 송영길 민주당 대표도 무주택자에만 LTV와 DTI를 각각 90%까지 상향할 것을 제안한 것으로 전해졌다. 이와 함께 총부채원리금상환비율(DSR)을 확대하는 방안도 나왔다. 현재 소득이 적지만 향후 상환 능력이 있는 청년층을 위해서 미래소득까지 고려해 DSR을 산정하자는 게 골자다. 이 역시 보궐선거를 거치며 확인된 청년층의 낮은 표심을 돌리려는 조치로 풀이된다.[11]

우리나라 주택정책은 언제부터인가, 주택 수요층을 사다리 계층, 내집마련계층, 청년·신혼계층으로 구분하고, 각각에 대한 차별적 정책을 주택정책의 골간으로 두고 있다. 이 차별적 정책이 시장에서 유지되고 있는 본질적 이유는 주택공급의 절대 부족 때문이다. 이제 이 공정하지도 유효하지도 않은 골간을 바꾸지 않으면, 심각한 주택문제는 해결되지 않을 뿐만 아니라 서민의 가처분 소득은 축소되어 경제발전의 더 큰 암초가 되어갈 것이 자명하다. 필자는 우리나라 국민소득이 다른 선진국에 비해 2만 달러에서 3만 달러로 올라가는데 두 배 이상의 시간이 걸렸고, 3만 달러 정도에서 오랫동안 제자리걸음을 하는 가장 큰 원인의 하나도 과다한 주택소비 때문이라고 본다.

우리는 여기서 위 세 계층에 대한 차별적 정책이 왜 공정하지 않은가를 살펴볼 필요가 있다. 지금의 차별성 골격은 주택 소유의 여부와 가구주의 노소에 있으므로 공정하지도 효과적이지도 않다. 주택의 소유 여부는 앞서 기회의 평등에

---

10) 세계일보, 홍준표 "양도세 폐지·거래세 도입" 유승민 "무주택자 LTV 80%로 완화", 이우중 기자, 2021. 07. 15.
11) 매일일보, 여당발 규제 완화 '잰걸음'…LTV·DTI '딜레마', 전기룡 기자, 2021. 04. 25.

서 언급했으므로 여기서는 가구주의 노소를 구별하여 대책을 내놓는 것에 대한 불공정성을 논하고자 한다.

가구주의 노소, 즉 연령층으로 주택금융을 규제하는 것은 한마디로 '표 퓰리즘'의 전형일 뿐 도저히 다른 의미를 부여할 수 없다. 필자는 지금까지 선진국에서 그런 규제가 있다는 것을 들어 본 적이 없다. 소비에 있어서 연령 규제를 하는 경우는 총기, 담배 등 위험하거나 해로운 경우에 국한해서 적용된다.

청년·신혼계층은 이제 막 사회생활을 시작하거나, 결혼과 더불어 집이 필요한 계층이다. 이들은 이른바 금수저가 아니면 자산을 축적할 시간적 기간이 부족하다. 그러므로 이들에게 시간이 없는 것이 무슨 혜택이나 되는 것처럼 오랜 시간을 사회생활을 한 가구주와 출발점을 맞추어 주는 것이 공정한 것인가 의문이 든다.

더불어민주당의 송영길 대표가 "현재 소득이 적지만 향후 상환 능력이 있는 청년층을 위해서 미래소득까지 고려해 DSR을 산정하자."라고 했는네 그 말은 아이들을 키우고, 생활하느라고 오랜 세월을 보낸 장년층은 향후 상환 능력이 부족하므로 차별을 해도 좋다는 것이다. 또 이런 방침에 대해 4050세대가 반발하니까 35세 이상의 가구주로서 청약가점제라는 아주 복잡한 기준에 도달하면 우선권을 주겠다고 한다. 이것은 국가 정책이라고 보기 어렵다. 친목회의 규정도 이 정도의 차별이 나타나면 그 친목회는 깨지기 마련이다.

주택가격의 상승 속도가 이자 누적 속도보다 훨씬 빠르므로 청년·신혼계층이 자산시장에 진입하기 쉽게 하겠다는 발상인데, 이 계층에는 '레버리지 효과'를 누리게 하고, 4050세대는 덜 누리라는 의미가 되며, '레버리지 효과'는 투기이며 불로소득이라고 한 추미애 장관의 '금부분리'와는 완전히 다른 맥락이라고 여겨진다. 그래서 국가의 미래보다는 지금의 선거에 집중하는 '표 퓰리즘' 정책은 누구에게도 불공정한 규제가 되는 것이다.

청년·신혼계층이 내집을 마련하도록 하겠다는 의지가 LTV와 DTI를 각각 90%까지 상향하는 금융 대출 규제의 완화로 시장에서 실현되려면, 그 90%에 대한 이자를 감당할 수 있는 자여야만 한다. 즉 현재 10%의 자산만 가진 사람과 50%의 자산을 가진 사람의 가처분 소득 차이가 생겨난다. 과연 40%의 이자를 더 부담하고 살아가도록 하는 것이 혜택일까? 허리가 휘어지든지, 부모의 지원을 받든지 하는 수밖에 없을 것이 자명하다. 이 두 가지가 모두 불공정의 결과인 것이다.

　부동산 마케팅에서 대상 사업지의 주요 수요층으로 보는 가구는, 1차 상권의 범위 내에 거주하는 분양가의 50%에 달하는 내 집 소유자이거나, 전세임차인이다. 마케팅의 50% 비밀이다. 나머지는 대출을 통해 충당하면 큰 무리가 없다는 실증적 숫자이다. 이 숫자를 넘겨서 벌어진 사태가 바로 서브프라임모기지 사태이다. 대출을 갚을 능력이 부족한 자에게 무리하게 대출을 난발하면서 벌어진 세계적 경제위기가 무지한 정책에 의해서 나온 것임을 자각해야 한다.

　부동산 정책에서 공정한 정책이란 출발점과 함께 과정도 누구에게나 동일하게 하는 것이다. 소위 금수저나 무수저나 똑같은 규제와 혜택을 볼 수 있어야 한다. 그게 무수저에게 혜택을 주고자 했던 문재인 정부의 주택정책이 완패한 이유이다. 아마 이들은 시장의 생리를 전혀 몰랐거나, 알았어도 권력으로 다룰 수 있다고 본 것이 아닌가 한다. 시장의 참여자들은 도덕적 인간이 아니라 경제적 인간이다.

　부동산 유통시장의 한 축인 양도와 취득의 과정을 살펴보자. 문재인 정부의 양도세 및 취득세 중과는 주택시장의 흐름에 병목현상을 초래하게 함으로써, 공급과 수요를 교란했다는 혐의를 받고 있다. 특히 다주택자의 양도세 중과 조치는 증여라는 방안으로 변질하여 문 정부가 가장 경계하던 부의 세습이 이루어지게 하였고, 취득세의 중과는 주택 유통시장의 흐름을 막아버렸고, 세금의 전가와 귀착의 원리로 인해 집값의 고공행진을 부추겼다.

　2021년 6월 1일 기준으로 조정대상지역의 다(多)주택자에 대해서는 75%의 양도소득세 세율이 적용되고, 취득세 또한 최고 12%까지 세율이 적용된다. 이것이 집값에 반영이 되어 집값이 떨어질 것이라는 여당의 예측과 달리 지금도 '키 맞추기 현상'이 멈추지 않고 있다.

　서울시립대 세무학과 김우철 교수는 현 정부 부동산 조세정책의 중대한 모순은 세제를 투기 방지와 불로소득 환수를 위한 수단으로만 인식하고 이를 남용한 데에 있으며, 정책 운영에서 부동산 세제의 기본 원칙과 방향을 무시하고, 주택의 수요 억제를 위한 대증요법만 양산한 것이 문제의 발단이라고 하였다.

　미국은 1년 이상 거주한 주택의 양도소득에는 최고 50만 달러까지 비과세가 적용되고, 이를 초과한 부분에 대해서만 최고 15%라는 비교적 낮은 세율로 양도세가 부과된다. 흥미로운 점은 지금보다 더 비싼 집을 재구매하는 경우 양도세가 부과되지 않으며, 더 싼 집으로 이사할 때도 그 차액에 대해서만 양도세가 매겨지므로 주거용 주택은 최종적인 현금화 단계까지 양도소득 과세를 유예하는 것이 가능해진다.[12]

징벌적 양도세 중과 규제를 완화하지 않으면, 주택 유통시장을 경색시켜 집값을 올린다는 전문가의 경고는 수없이 많다. 다주택자의 양도세를 중과하는 방식이 아닌 양도금액에 따라 양도세를 부과하는 것이 공정하다는 것이다.

1가구 1주택자의 경우, 수십억 원에 해당하는 양도세는 감면되면서 그 금액보다 훨씬 적은 다주택자에게는 가혹한 세금을 부과하는 방식이 공정하지 않다는 것이다. 그리고 주거용 주택의 양도는 타인에게 주거 공간을 제공하는 것이므로 가구주가 최종적으로 주택 소유를 포기할 때까지, 즉 타인에게 주택을 공급할 목적이 사라진 경우에만 과세함으로써, 주택의 유통을 원활하게 하고 공급을 확대하는 정책을 펴고 있다. 그래도 미국에서 주택가격이 올라가는 이유는 살기 좋은 지역에 필요한 주택공급이 이루어지지 못하기 때문이다. 우리나라는 공급도 제대로 하지 못하면서 세금 문제까지 과도하니 주택가격이 떨어질 것이라고 예상하기 힘들다. 그러므로 시장에서는 사재기가 벌어지는 것이다. 정부가 투기를 조장하는 셈이다.

다음은 취득을 주제로 살펴보자.

부동산을 취득하는 주된 방법은 매매, 증여, 상속, 경매, 압류 등이 있다. 이 방법들의 차이는 세금과 관련이 된다. 매매 또는 상속에 세금이 많이 부과되면, 소유자들은 증여, 경매 등의 방법으로 세금을 최소화하는 방안을 택한다.

시장의 작동원리이다. 최소한의 비용으로 최대한의 효과를 보도록 하는 것은 탈세나 변칙이 아니라 자유시장경제 체제에 있어서 자연스러운 경제 활동이다. 최근 문제인 정부의 임대차 3법이나, 다주택자에 대한 중과세로 인해 증여를 택하는 사례가 많이 늘고 있다. 다주택자에게 중과세하면 매물이 나와 집값이 안정되리라는 기대는 물거품이 되고, 자산의 이동이 유통시장이 아닌 대물림으로 변화되어 양극화는 더 극심하게 된 것이다.

또한 1주택 소유자와 다주택자에 대한 취득세의 차이는 아래의 그림에서 보이는 것처럼 매우 크다. 2020년 7월 28일 다주택자에 대해 중과세를 하는 지방

---

12) 김우철, "세금대란의 핵: 재산세와 종부세 통합하고, 양도세 낮춰야", 월간조선, 2021년 7월호

세법이 개정되었다. 주택을 많이 갖는 것을 막기 위한 세법인지, 다주택자가 되려면 세금을 더 내야 한다는 징세 목적의 세법인지, 아니면, 다주택자는 돈이 많을 테니까 부자라면 당연히 세금을 더 내야 한다는 것인지 불명확하지만, 이 세 가지 정도의 논리는 모두 공정하다고 보기 어렵다.

어떤 가구는 매우 비싼 1주택을 소유할 수도 있고, 다주택자라도 모두 합해서 1주택 소유자의 주택가격보다 낮은 가격의 주택을 소유할 수도 있으므로, 이러한 비현실적인 세법은 이른바 "강남의 똑똑한 한 채"라는 신조어를 만들면서 강남발 집값 상승을 주도했다.

법인과 개인의 취득세도 각각 다르다. 개인의 경우는 표와 같이 주택의 수와 대상 지역에 따라 중과세율이 적용된다. 법인의 경우는 2020년 8월 12일 취득분부터 주택의 수나 지역에 관계없이 개인의 최고 세율인 12%를 적용한다. 이렇게 개인에게는 다주택 여부에 따라 차등화하고, 법인의 경우 무조건 단일화하여 부과하는 이유는 소비자들이 잘 알지 못한다.

단지, 2020년 7월 28일 행정안전부가 발표한 보도자료에서 '주택실수요자 보호'와 '투기근절'이라는 목표를 두고 있다고 밝혔다. 아무리 생각을 해도 실수요자를 보호했으며, 투기를 근절했다는 증거는 없다. 2020년 8월 이후 주택가격은 천정부지로 올랐고, 투기도 근절된 것 같지 않다. 가격이 올라간다는 것은 집권층이 말하는 투기(?)가 계속되고 있기 때문이니까 말이다. 그냥 세금을 더 걷겠다는 것일 뿐이다. 법인의 매입 주택가격도 1가구 소유자의 주택가격보다 낮을

현행		
개인	1주택	주택 가액에 따라 1~3%
	2주택	
	3주택	
	4주택 이상	4%
법인		주택 가액에 따라 1~3%

현행 취득세 일괄 적용

개정안			
개인	1주택	주택 가액에 따라 1~3%	
		조정	비조정
	2주택	8%	1~3%
	3주택	12%	8%
	4주택 이상	12%	12%
법인		12%	

현행 취득세 다주택 분할 적용

▲ 그림 1-1 1주택 소유자와 다주택 소유자의 취득세율 개정안

수 있기 때문에 법인이라고 해서 세금을 더 많이 내는 것은 불합리하다. 한가지 의도는 법인을 이용한 투기를 막겠다는 것인데, 동일한 가격의 주택을 법인이 매입하면 투기이고 개인이 매입하면 투기가 아니라는 말을 이해할 수 있는 사람이 있는지 모르겠다.

나는 개인이니까 법인에 부과하는 중과세는 내가 알 바가 아니다. 나는 1주택 소유자이니까 다주택자에게 중과세하는 것은 참 잘하는 일이다. 이렇게 생각하는 사람들의 상당수가 1주택 소유자이며, 법인이 아니기 때문에 이러한 무모하고 불공정하며, 양극화를 심화시키는 정책이 시행되고 제도가 양산되는 것이다. 일반적이 아닌 사건이나, 특정한 계층에 대한 대책이 주택문제를 푸는 일반해가 되기는 어렵다. 공정하다는 것은 모두에게 같은 잣대를 대고 판단하는 것이다. 과정이 불공정한데 어떻게 결과가 공정할 수 있겠는가!

〈표 1-2〉 개인과 법인의 중과세율 적용 기준

개인이 주택을 유상 취득하는 경우 중과세율 적용

구분	종전	현행	
	조정대상지역 불문	조정대상지역	비조정대상지역
1주택	1~3%	1~3% ①	1~3%
2주택		8% ②	1~3%
3주택		12%	8%
4주택 이상	4%	12%	12%

법인이 주택을 유상거래하는 경우 중과세율 적용

주택수	종전	현행
주택수 · 소재지 무관	1~3%	12%

▶ 법인 주택 유상거래 시 취득세율 적용 시기
① 2020.08.12. 취득분부터 적용
② 2020.07.10. 이전에 주택에 대한 매매계약을 체결하고 계약금을 지급한 사실이 증빙서류에 의하여 확인되는 경우에는 2020.08.12. 이후 주택을 취득했다 할지라도 종전 규정 적용

03 결과를 정의롭게
임대차 3법으로 결과가 정의로워졌는가?

결과는 소유권 행사의 자유이다. 즉 양도, 상속, 임대 등에 관한 내용이 정의로워야 한다. 양도와 상속에 대해서는 징벌적 세금과 관련하여 앞에서 언급했으므로 여기서는 생략하고 임대에 관해서 주로 설명하고자 한다.

현재 임대차 3법과 다주택자와 법인에 대한 징벌적 과세의 결과로 서울을 비롯한 전국의 주택가격은 우리나라 주택가격 통계가 시작된 이후 가장 많이 올랐다. 전세 물건은 찾기가 어렵고, 전세가도 두 배나 오른 지역이 많다. 집권층이 가장 먼저 해소해야 한다고 주장했던 양극화는 어느 정부 때보다 극심하다. 무엇이 정의로운가 묻고 싶다.

집을 사라고 했던 박근혜 정부 때와 비교하여 집을 팔라고 했던 문재인 정부의 주택가격 상승 폭은 전 정권의 약 세 배 정도이며, 공시지가의 상승 폭은 5배 정도다. 송언석 국민의힘 의원이 분석한 공동주택 공시가격에 따르면 문재인 정부 출범 이후 4년간(2018년~2021년) 서울 공동주택(아파트) 공시가격 상승률은 72%에 달했다. 문재인 정부 출범 전 4년간(2014년~2017년) 상승률이 14.3%였다는 점을 참작하면 상승 속도가 5배 빨라진 것이다. 전국 아파트 공시가격 상승률도 출범 이후 4년간 43.2%로 직전 4년간 상승률 15.5% 대비 2.8배 늘었다. 문제는 실거래가격 상승률보다 훨씬 더 빠른 속도로 공시가격이 오르고 있다는 것이다. 송 의원이 한국감정원의 전국 공동주택 실거래가격지수를 분석한 결과 문재인 정부 출범 이후 4년간 실거래가 상승률(2017~2020년)은 22.9%, 출범 직전 4년간(2013~2016년)은 17.6%로 집계됐다. 이 지수는 실거래가 이뤄진 주택가격 상승분을 반영해 계산되는데, 문재인 정부 출범 이후 전국 아파트 공시가격 상승률(43.2%)은 실거래가 상승률(22.9%) 대비 2배에 육박했다.[13]

---

13) 매일경제, "과거 상승률의 5배…'악소리' 나는 문정부 서울 공시가 과속스캔들", 2021. 03. 22.

4년 새 급격히 악화된 한국의 주요 생활 관련 지표		
	2017년	**2021년**
삶의 질 지수	162.49 (22위)	130.02 (42위)
소득 대비 주택 가격비율(PIR)	12.38 (42위)	23.63 (12위)
생활비 지수	75.41 (19위)	81.20 (14위)

※삶의 질 지수는 높을수록, PIR과 생활비 지수는
　낮을수록 삶의 질에 유리
　생활비 지수는 미국 뉴욕을 100으로 놓고 산출
　자료: 넘베오(Numbeo)

한국 삶의 질, 상위 30%에서 중위권으로,
주택가격·생활비 부담은 완화　　출처: 넘베오(Numbeo)

지수	2017년		2021년	
	순위	수치	순위	수치
삶의 질	22	162.49	42	130.02
소득 대비 주택가격 비율(PIR)	42	12.38	12	23.63
생활비	19	75.41	14	81.20

삶의 질 지수는 순위가 높을수록 좋고,
PIR과 생활비 지수는 순위가 낮을수록 좋은 것으로 해석

▲ 그림 1-2　한국인의 삶의 질 지표 변화

　부동산 정책의 결과를 가격으로만 한정할 수는 없기에 삶의 질에 관해서도
살펴보았다. [그림 1-2]와 같이 박근혜 정부 집권 말기 세계 상위 30% 수준
(21-22위)이던 한국의 삶의 질 지표가 문재인 정부 4년 만에 조사 대상 83개국
중 중위권 수준인 42위로 추락했는데도 문대통령은 집권 5년차를 맞는 2021년
5월 10일 기자회견에서 우리 경제가 세계적인 모범이라고 엉뚱하게 자화자찬하
고 있다.[14) 15)]

　비베이트 조사는 "문재인 정부 Vs 박근혜 정부, 평가"와 관련한 안보, 보건복

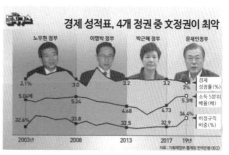

▲ 그림 1-3　문재인 정부의 경제정책 평가 결과

김태준, 유준호 기자

14) [출처] 문재인 정부 4년간 '삶의 질' 21계단 수직 추락, 세계 42위: 평가 대상국 83개국 중
　　개도국인 남아공 루마니아 푸에르토리코 보다 못한 초라한 실적
　　https://blog.naver.com/sansiblue/222355880309

15) [출처] 한국경제, https://www.hankyung.com/economy/article/2021051684471

지, 교육, 일자리 등 경제성장, 부동산 정책과 삶의 질에 대한 평가를 포함해 총 6개 항목으로 실시됐다.[16)]

　우선, '안보 분야'에 대한 평가에 대해서는 "박근혜 정부가 더 낫다"라고 선택한 투표자가 86.4%를 기록했다. 반면, "문재인 정부가 더 낫다"라고 투표한 참여자는 10.2%에 그쳤다. 또, '보건복지 분야'에 대한 평가에 대해서는 "박근혜 정부가 더 낫다"가 75.6%, "문재인 정부가 더 낫다"가 13.9%, "비슷하다"라고 답한 투표자가 10.4%를 차지했다. '교육 분야'에 대한 평가를 묻는 질문에 대해서는 투표자의 84.2%가 "박근혜 정부가 더 낫다"라고 답했고, "문재인 정부가 더 낫다"고 선택한 투표자는 9.8%에 그쳤다.

　또한, '일자리 등 경제성장'에 대한 평가에 대해서는 "박근혜 정부가 더 낫다"가 88.1%, "문재인 정부가 더 낫다"가 9.5%를 차지했다. 이어, '부동산 정책'에 대한 평가에 대해서는 "박근혜 정부가 더 낫다"라고 투표한 참여자가 89.7%, "문재인 정부가 더 낫다"가 8.9%를 차지해 10배에 달하는 압도적인 표 차이를 보였다. 마지막으로 가장 중요한 '삶의 질'에 대한 평가를 묻는 질문에 대해서는 "박근혜 정부가 더 낫다"라고 선택한 투표자가 86.1%를 차지했고, "문재인 정부가 더 낫다"와 "비슷하다"라고 선택한 참여자가 각각 9.8%와 4%를 차지했다.

　국민의 삶의 질은 기본적으로 가처분 소득과 연관이 된다. 연봉을 아무리 받아도, 육아, 교육, 주택 등에 드는 금액이 너무 많으면 힘에 부친다. 더구나 가장 큰 지출은 주택소비금액이다. 월급을 모아서 강남의 32평형 주택을 사려면 한 푼도 안 쓰고 10년 내지 20년이 걸린다는 말은 그래서 삶의 질을 대변한다.

　문재인 정부의 주택가격 폭등의 원인은 이념화, 불로소득 도그마 등 너무도 많은 문제점을 나고 있다. 다음은 문화일보에 필자가 기고한 글이다.[17)]

　　매년 6월 1일은 재산세 과세기준일이다. 하지만 문재인 대통령과 여권은 어떤 주술에 걸린 것처럼, 기존 부동산 정책 기조를 유지하겠단다. 다시 선거가 끝나자 원위치로 돌아간 것이다. 아니, 의무적 임대기간이 끝난 주택을 6개월 안에 팔지 않는 경우 양도소득세를 중과하는 등록임대제 개정 등 전보다 더한 규제를 검토하고 있다.

---

16) 출처: CCTV뉴스(http://www.cctvnews.co.kr) 2021. 08. 13. 업데이트자료
17) 윤주선, "불로소득 도그마가 더 망친 주택정책", 문화일보 포럼, 2021. 05. 24.

붉은 선글라스를 쓴 사람의 눈에는 푸른 바다와 맑은 하늘도 붉게 보인다. 언론에는 거의 매일 여권 정치인들이 재산세 감면 상한선 등 각종 대책을 준비하는 듯지만, 서민들의 바람과는 거리가 멀다. 그 눈높이 차이는 부동산에 대한 부정적 이미지 때문이다. '부동산 소득은 불로소득'이라는 색안경을 쓰고, '부동산시장은 투기장'이라는 선입견을 품고 있는 한, 주택 문제는 점점 엉켜 간다. 그릇된 확증편향이 최근 전세대란과 집값 폭등으로 나타났다.

서울 반포지역에서는 재건축으로 3.3㎡당 6000만 원에도 전세를 구할 수 없디. 85㎡가 20억 원 정도라고 한다. 이 흐름은 파도처럼 서울 수도권의 전세가와 자산 가격을 올릴 게 자명하다. 계약갱신청구권 등 임대차 3법과 양도세 중과로 인한 주택 유통시장의 붕괴 때문이다. 시장의 역습을 막기 위해 또 재건축 지역에 전세가 상한제라도 둘 것인가?

부동산 불로소득을 없애는 게 정의로운 것 같지만, 결과는 공정하게 나타나지 않는다. 가진 자에게 화살을 돌림으로써 자신들의 무능을 숨기려는 정치적 의도 때문이다. 현대 사상의 진원지 영국은 200여 년 전에 의회에서 맞붙은 신흥 산업자본가와 지주 계층의 이른바 곡물법 전쟁을 통해, '불로소득은 경제 발전에 필요 불가결한 요소'라는 결론을 내렸다. 그 후 선진국들은 합리적 소득세 징수를 통한 환수 정책 기조를 벗어나지 않고 있다. 과다한 징세나 무리한 임차인 보호 대책은 거의 실패했다. 프랑스는 정권까지 교체됐다.

노태우 대통령 시절의 토지공개념은 군사 정권의 정당성을 확보하기 위해, 가진 자들에게 화살을 돌린 제스처에 불과했지, 헌법 불합치는 물론 주택을 포함한 부동산 문제를 해결하지 못했다. 당시 정권 안보 차원의 토지공개념 유령이 한 세대가 지난 지금 다시 활개를 치게 된 것은, 집값 문제의 원인을 국민의 도덕성에 돌림으로써 정부 개입의 실패를 감추려는 논리가 필요하기 때문이다. 여당의 부동산특위조차 여기서 벗어나지 못하고 있다는 견해가 많다.

국민의 안위를 먼저 생각하고, 서민들의 설움을 진심으로 달래려면 집권층을 에워싸고 있는 지지층을 설득해야 한다. 노무현 대통령이 과감히 한·미 FTA를 밀어붙였듯이 집값 문제도 마찬가지다. 약 20%의 주거 취약 계층에 필요한 것은 저렴한 영구임대주택이다. 약 20%의 내 집 마련 준비 계층과 더 나은 거주 이동을 준비하는 약 40%의 사다리 계층에는 대출 규제 완화와 거래세 감면이 필수다. 그래야 공급이 자연스럽게 늘어나고 집값이 안정된다.

이 80%가 주거 안정의 꿈을 이루는 동안, 시장에서 민간 임대주택 사업자의 역할은 매우 중요하다. 서울시에서 매년 10만 호의 임대주택을 공급한다고 보면, 임대인에게 돌아갈 불로소득(?)만큼 주택 공급 비용으로 재정을 투입해야 한다. 불로소득 제로라는 이념적 정책을 세우게 되면, 다시 급등할 집값은 고스란히 서민과 청년들의 평생 버거운 짐이 된다. 지금 서민의 고통이 안중에 있는지 묻고 싶다는 사람이 폭증하고 있다.

최근 2022년 3월 대선을 앞두고 여당 후보들의 부동산 공약을 살펴보면 참으로 안쓰러울 정도이다. 재산권에 대한 개념도 없고, 헌법 정신도 없다.[18]

모든 국가는 자율 또는 통제 이념을 번갈아 투영하면서 발전과 쇠락의 길을 걸어 왔다. 개인적 자율을 중시하면 상위권 경제국가가 됐고, 전체적 통제에 찌든 국민은 늘 국가로부터 약탈당하고 있다. 대한민국헌법 제14조에서 제22조는 국민의 기본적 자유에 관한 규정이며, 결론처럼 이어진 제23조는 재산권의 보장에 관한 내용이다.

'자유'의 다른 말은 재산권 보장이다. 70여 년 전 러셀 커크가 "재산과 자유는 불가분하게 연결돼 있으며, 경제적 평준화는 경제적 발전이 아니다. 재산을 사적 소유에서 분리하면 자유는 소멸하고 만다"고 한 말이 소련을 해체했으며, 공산주의로부터 서방세계를 지켰다.

최근 대선 후보들의 공약이 난무하는 가운데, 여권 후보 8명의 공약은 다주택자 규제 및 징벌 증세 일변도다. 주요 후보인 이재명의 기본주택과 국토보유세, 이낙연의 토지공개념 및 개발이익 환수, 추미애의 다주택자 보유세 추가 강화 등 지난 4년간 실패한 정책을 되풀이하는 것을 넘어 '정책 경쟁'이 아닌 '규제 경쟁'을 하고 있다. 그것은 부자들을 때림으로써 얻는 반사이익에 초점이 있기 때문이다. 국가 경쟁력이나 민생 안정이라는 관점은 찾아보기 힘들다. 이 달콤한(?) 약속이 '레닌'으로부터 대한민국을 지킬 수 있을지 의문이다.

헌법에서 '자유'라는 용어를 빼내려 한 정권의 속내를 잘 보여준다. 이들의 공약대로 간다면, 베네수엘라행 열차를 타는 것이라고들 하지만, 최악의 결과가 나타날 것이다. 지난 70여 년의 성장을 일구고, 기적을 만든 '자유'라는 돛대가 부러지면 대한민국호는 망망대해를 방황하다 일순간 침몰할 수 있다.

---

18) 윤주선, "與 후보 공약에 떠도는 레닌 망상", 문화일보 포럼, 2021. 07. 09.

아직 야권 주자들의 정책은 뚜렷하게 나타나지 않고 있다. 야권의 경선이 시작되면, 양측의 색깔이 더욱 선명하게 드러날 것이지만, 단언컨대 여권은 '부자 정책'이냐 '서민 정책'이냐의 프레임을 씌우려 할 것이며, 야권은 '공급과 안정'이냐 '규제와 폭등'이냐의 틀로 나누려 할 것이다. 그러나 이 두 가지는 모두 민생 안정과는 거리가 멀다. 둘 다 국가만이 무엇을 할 수 있다고 믿는 정책 만능주의의 산물이기 때문이다.

걱정거리 많은 거친 세파에서 국민의 소원은 집 걱정이라도 없이 사는 것이다. 더는 반값 아파트에 속지 않는다. 태어나서 죽을 때까지 쫓겨 다니지 않고 살 집이면 된다. 하지만 마구잡이로 지어주는 영구임대 아파트는 울며 겨자 먹기다. 국가는 이를 위해 엄청난 세금을 거둬야 한다. 현 여권의 공약은 그래서 증세 일변도이며 부자들에게는 빼앗고 서민들은 한 번 더 울리는 것이다.

필자의 대안은, 4대 보험에 추가해 '국민주택보험제도'를 만드는 것이다. 55세 은퇴자에게 사망할 때까지 국민연금처럼, 보험료는 고용주와 피고용자가 반씩 부담하고, 개인의 주택보험금만큼으로 지불 가능한 평생 보험주택을 지어주는 것이다. 지자체는 은퇴 시기에 맞춰 살고 싶은 지역에 원하는 평수의 주택을 지어주면 된다. 보험금과 임대료의 차액은 국민연금에서 지불하고, 보험주택에 살고 싶지 않은 사람은 연금에 보태 쓰면 된다. 보험주택은 수요에 따라, 높여준 용적률의 반을 공급하면 된다. 기본주택을 공급하는 것보다 재정도 최소화되며, 누구나 은퇴자가 되므로 자연스럽게 소셜믹스가 된다. 일석삼조다. 보다 구체적인 내용은 제3편 3장의 해법7에 설명해 놓았으니 참고하기 바란다.

문재인 정부의 부동산 정책이 낳은 결과가 왜 이렇게 정의롭지도 못한가 하는 것에 대한 필자의 생각은, 반성 대신에 선동을 일삼고 있으며, 대책 대신에 압박하고 있기 때문이라고 본다. 그 결과 국민을 잘살게 하겠다고 시작한 정권이 국민을 약탈하는 정부로 변해가고 있다.[19]

홍남기 부총리 겸 재정기획부 장관의 7·28 부동산 담화문과 관련, 정부는 혹독한 비판을 받고 여당 지지율은 추락했다. 거래 71만 건 중 실거래가 조작은 12건으로 0.001%, 공공재건축 공급도 지난해 8·4 대책 발표 1년 후인 3일 현재 3%에 불과하다. 그런데 또다시 '국민 탓'이라는 흘러간 옛 노래로 대선용 편 가

---

19) 윤주선, "괴벨스的 부동산 선동의 실상과 대책", 문화일보 포럼, 2021. 08. 04.

르기라는 의구심만 증폭시키고, 주춤하던 집값은 신고가를 갱신한다. 집권당이 왜 무리한 정책을 밀어붙일까? 정권 초기부터 필자가 내놓은 이념적 편향, 지지층 결집, 표(票)퓰리즘 정도로는 이제 답변이 궁색하다. 오랫동안 많은 언론이 사회주의적 주택정책이 공정한 듯 포장해준 것도 한몫한다.

1980년대와 2020년대 국민의 성숙도를 비교하기조차 조심스럽다. 미국의 사전 출판사 메리엄 웹스터는 매년 올해의 단어를 선정하는데, 2006년에는 '진실화(truthness)'였다. 사실에 근거하지 않은 채 자신이 믿고 싶은 것을 진실로 받아들이려는 성향이라는 뜻이다. 나치 정권의 선전·선동가인 파울 요제프 괴벨스가 이를 가장 잘 활용한 사람에 속할 것이다. 괴벨스는 "나한테 한 문장만 주면 누구나 범죄자로 만들 수 있다"며, 각종 선동 전략을 만들어 히틀러가 독재자가 되는 데 일조했다.

코로나19는 물론 집값 문제에서도 문재인 정부는 국민을 공포와 질투라는 감옥에 가두고, 전염병과 불로소득이라는 무기로 헌법에 보장된 자유시장경제 활동을 탄압한다. 여권 대선 후보는 개인 택지 소유를 400평으로 제한하고, 여당 의원은 1주택자가 아니면 양도세 장기보유특별공제 80%를 받을 수 없게 하는 공산주의식 토지공개념 법안을 발의했다. 이런데도 야권은 괴벨스 전략에 '가스라이팅' 당했는지, 대항 논리가 부족한지 미지근한 대응을 보인다.

군사정권의 정통성 논란을 덮으려고 꺼낸 토지공개념은, 국민을 투기꾼으로 모는 잣대가 됐고, 정부 대신 임대주택을 공급하는 다주택자와 임차인을 선악으로 갈라치며, 도시발전 현상인 젠트리피케이션을 '둥지 내몰림'이라는 용어로 변질시킴으로써 헌법정신을 짓밟아 왔음에도 야권 대선주자들은 이에 대해 시원한 대책을 내놓지 못한다.

선진적 국가를 만들어야 할 학자, 언론인, 정치인들은 실질적 해답을 찾는 노력 없이, 편의상 토지독점을 불평등의 주범으로 지목하는 실수를 지속해 왔으며, 서민은 그렇게 믿음으로써 자신의 처지를 합리화하고 부자에 대한 증오심을 키워왔다. 그런 측면에서 괴벨스의 진지전은 이기고 있는 것처럼 보이나, 그는 1945년 5월 1일 히틀러를 보좌하다가, 아내와 6명의 자녀를 데리고 동반 권총 자살로 삶을 마감했다.

우리 사회는 주택가격 폭등과 퍼주기 정책으로 인한 심각한 후유증을 오랫동안 앓게 될 것이다. 집권층은 괴벨스적 선동 유혹에서 벗어나고, 언론은 받아쓰기보다 실상을 비추며, 전문가는 1800년대 서구농촌사회에서 태동한 낡은 토지 독점론에서 탈피해야만 공정한 정책이 가능하다. 현 정부의 주택정책을 놓고 "기회는 평등하고, 과정은 공정하며, 결과는 정의로운가"에 대한 의문이 커지는 이때, 청약제도의 평등성, 금융과 세제의 공정성, 집값의 정당성을 하나씩 짚어나가는 국민적 대각성만이 '괴벨스적 진실화' 선동에서 벗어나는 길이다.

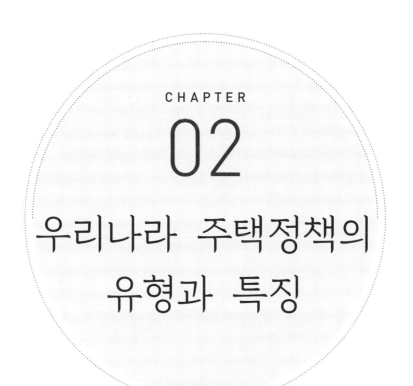

CHAPTER

02

우리나라 주택정책의 유형과 특징

01 우리나라 주택정책의 유형

　　우리나라의 주택정책은 크게 두 가지 유형으로 설명될 수 있으며, 역대 정부에서는 정부의 주택정책 기조에 따라 두 가지 유형의 주택정책을 시행해 왔다.

　　첫 번째 유형은 가격안정 정책이다. 이 정책은 주택시장의 과열을 막기 위해 시행하는 정책으로 투기억제 정책으로서 노무현 정부와 문재인 정부에서 집중적으로 시행하였다. 가격안정 정책은 수요억제 측면에서는 거래규제, 조세강화, 금융규제 등과 관련한 내용이 시행되었다. 공급규제 측면에서는 신규 주택과 임대주택을 건설하는 공급확대와 재건축, 재개발 등의 정비사업 개발규제 등의 공급억제 정책이 있다. 또한 여전히 논란이 되고 있는 부동산 공개념제도나 실거래가 신고 의무제, 분양가상한제, 투기단속, 자금출처 조사 등이 대표적인 투기억제 정책이다. 문재인 정부의 경우 26번의 주택정책을 발표하는 동안 〈표 1−3〉 주택정책 유형과 시행제도에 정리되어 있는 가격안정 정책(투기억제 정책)을 대부분 시행하였다.

　　두 번째 유형은 경기활성화 정책이다. 이 정책은 국내 경기를 활성화하기 위해 시행하는 경기부양 정책으로 2008년 말 글로벌 금융위기 이후 이명박 정부와 박근혜 정부에서 집중적으로 시행하였다. 경기활성화 정책은 수요증진 측면에서는 거래 활성화, 자금지원, 조세감면 등과 관련한 내용이 시행되었다. 공급확대 측면에서는 주택건설과 관련한 공급규제 완화와 신도시 및 택지지구 개발 등의 대규모 신규개발 정책이 있다.

　　그리고 위 두가지 유형 외에도 서민주거안정을 위한 주택정책이 있다. 서민주거안정 정책은 정부의 주택정책 기조에 따라 비중의 차이만 있을 뿐, 역대 정권에서 모두 필수적으로 시행해 온 서민과 취약계층을 위한 주거복지 정책이다. 대표적으로 주택자금 지원 제도와 임대주택 공급에 대한 것들이 있다.

〈표 1-3〉 주택정책 유형과 시행제도

주택정책 유형			주택정책 시행 제도
가격안정 정책 (투기억제 정책)	수요 억제	거래규제	• 주택거래신고제 • 조정대상지역 / 투기과열지구 / 투기지역 지정 • 청약저축 제도 / 청약자격제한 및 우선 공급대상 지정 / 분양권 전매제한
		조세강화	• 부동산 관련세의 과표 현실화 (취·등록세, 양도세 등) • 종합부동산세 강화 • 재산세 강화
		금융규제	• 주택담보인정비율(LTV) 규제 • 총부채상환비율(DTI) 규제 • 기존 DTI에 원금을 포함한 신DTI 규제 • 총체적상환능력비율(DSR) 규제
	공급 규제	공급확대	• 신규 분양 및 임대주택 공급
		공급억제	• 재건축, 재개발 관련 규제 강화 • 수도권 과밀억제권역 내 소형 주택건설 의무화
	부동산 공개념제도		• 개발이익 환수제 • 채권입찰제 및 가격 제한
	등기관리		• 실거래가 신고 의무제
	기타		• 분양가상한제 도입 • 부동산중개업 관리 강화 • 투기단속 및 투기관련자 제재 • 세무조사 및 자금출처 조사
경기활성화 정책 (경기부양정책)	수요 증진	거래 활성화	• 주택거래신고제 폐지 • 청약자격 완화 • 분양권 전매제한 완화
		자금지원	• 구입자금 및 전세자금 지원 • 금리 인하, LTV 및 DTI 규제 완화
		조세감면	• 취·등록세, 종합부동산세, 재산세 감면 및 면제
	공급 확대	공급규제 완화	• 주택건설 및 공급 규제 완화
		신규개발	• 신도시 및 택지지구 개발계획
	기타		• 분양가상한제 폐지 • 건설사 자금 및 신용보증 지원 등
서민 주거 안정	주택자금 지원		• 전세자금 지원금 확대 및 금리 인하
	임대주택 활성화		• 임대주택 건설용지 확대 • 임대주택 건설지원

※ 자료: 김재태·김기홍 외, 현대사회와 부동산관계론, 부연사, 2013, p.194 재구성

02 우리나라 주택정책의 특징

1960년대로 거슬러 올라가 우리나라의 부동산 정책의 특징을 살펴보게 되면, 원래 우리나라의 부동산 정책은 토지정책을 중심으로 시행되었다. 가장 큰 이유는 1960년~1970년대에 고도성장기에 나타난 도시화와 산업화로 토지가격이 급등하였기 때문이다.

1980년대에 이르러 아파트가 우리나라의 새로운 주거형태로 보편화되기 시작하면서 단순히 토지정책만으로는 부동산시장의 문제를 해결하기 어려워지게 되자 정부에서도 토지정책 외에 주택정책에 대해 본격적인 관심을 가지고 관련 정책을 시행하기 시작하였다. 그리고 1997년 말 IMF 시기 이후부터는 주택의 전세가격의 급등하는 상황이 발생하면서 지금까지 시장에서 사용되고 있는 주택 실수요, 투기수요 등이 혼재되어 주택시장이 과열현상이 나타나기 시작했

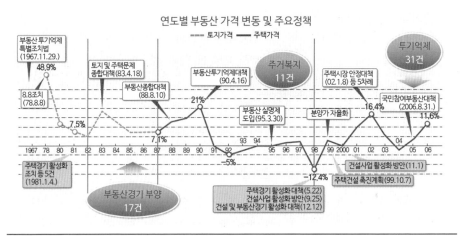

▲ 그림 1-4 1960년대~2000년대 정부의 부동산 정책의 변화

※ 자료: 국정브리핑 특별기획팀, 『대한민국 부동산 40년』, 한스미디어, 2008.

다.[1] 2000년대 중반 이후부터 부동산 버블현상까지 나타나며 주택가격 상승에 따른 주택시장 안정이 정부의 가장 큰 고민거리가 되었고, 사람들에게는 가장 큰 관심사가 되기 시작하였다. 그리고 2021년 현재에 이르기까지 매번 정권이 바뀔 때마다 주택정책은 다양하게 시행되어 온 것이다.

우리나라 주택정책의 가장 큰 특징은 앞서 살펴본 주택정책의 유형이 정권이 바뀔 때마다 정부의 성향에 따라 투기억제 정책과 경기부양 정책이 반복되거나 일관성 없이 추진되어 왔다는 것이다. 사실 이러한 부분은 우리나라 주택정책의 특징이기도 하지만 우리나라 주택정책의 가장 큰 문제점이라고 할 수 있다.

주택정책이 일관성 없이 반복되어 온 것은 성과주의식의 정책 시행이 가장 큰 원인 중의 하나일 것이다. '빨리빨리'라는 사회적 문화가 내재된 우리나라의 국민 정서에 부응하기라도 하는 듯 정부에서는 주택정책을 시행하고 단기간 내 성과가 나오지 않으면, 여론이나 민심을 의식해 후속적인 주택정책을 계속적으로 발표하는 땜질식 정책을 지속해 왔던 것이다. 그리고 그러한 행동을 취해 온 역대 정부들은 주택정책을 정치에 이용해 왔기 때문에 더욱더 주택가격 안정 여부가 정권 재창출과 직결되어 있다고 인식하여 사활을 걸어왔다.

하지만 공급과 수요의 논리에 의해서 주택가격이 상승과 하락을 반복해 나가는 주택시장의 특성으로 인해 "장기적으로 정부는 시장을 이길 수 없다."라는 속설이자 진리와도 같은 현상이 있음에도, 매번 정권에서는 주택가격을 안정화시킬 수 있다는 편협된 시각으로 주택정책을 시행왔기에 지금까지 단 한번도 제대로 주택정책을 통해 주택가격을 잡아 본 적이 없는 것이다.

또한 우리나라 주택정책의 특징에는 주택수요에 대한 다양성을 인정하지 않는 부분도 크다. 민주주의 사회, 자본주의 사회, 제도권 내의 자유경쟁 사회임에도 불구하고 유독 주택시장에 대해서만 가혹할 정도로 투기수요와 실수요의 흑백논리로 주택시장을 단정짓는 어리석음을 왜 벗어나지 못하는지 이해하기 어렵다. 공정한 주택정책을 위한 해법에서 다룰 내용이지만 주택수요에 대한 이분법적인 정부의 논리가 더 이상 지속되지 않기를 바랄 뿐이다.

단언하건데 지금과 같은 방식으로 주택정책을 계속 시행한다면 앞으로도 주택가격을 안정시키는 것은 불가능에 가깝다. 왜냐하면 전 세계에서 가장 머리가

---

1) 김대용(2013), 우리나라 부동산 정책 변화에 대한 검토 및 시사점, 주택금융 월보 5월호, 통권 106호

우수한 민족 중의 하나인 우리나라 사람들은 이미 20년이 넘게 지속되어 온 정부의 주택정책이 주택가격 변화에 어떻게 영향을 미쳤는지, 그리고 가격변동의 매커니즘이 어떻게 작용하였는지를 알고 있는 학습된 투자자들이 너무나도 많다. 그 학습된 투자자에는 투기 수요도 있을 것이고, 실수요도 있는데, 어떻게든 법과 제도의 허점을 알고 틈새를 찾거나 기다리면서 시장이 정부를 이기는 게임으로 만들어 갈 것이기 때문이다.

정리하자면 우리나라의 주택정책은 정치와 연결하여 성과주의식 주택정책을 시행해 왔다는 점과 주택수요의 다양성을 인정하지 않는 공정하지 못한 주택정책이 가장 큰 특징이자 작금의 주택시장 문제를 국가적 화두로까지 이어오게 한 문제점이라고 할 수 있다. 결론적으로 우리나라의 주택정책은 실패할 수밖에 없는 주택정책을 시행해 왔다는 것이 가장 큰 특징이며 답답한 주택시장의 상황을 해결해 줄 대안이 간절히 필요한 상황이다.

2022년 3월 대선을 앞두고 또 다시 새로운 주택정책이 발표되고 있고, 주택가격 안정을 자신을 넘어 확신을 하는 후보까지 나오고 있는 상황이지만, 그들의 공약이 주택시장 안정을 위한 근본적인 대안이 될 것으로 판단되지는 않는다.

이제는 5년 후 또는 10년 후 우리나라 주택정책 역사상 가장 성공한 주택정책으로 평가받고, 대한민국 주택정책의 가장 큰 특징으로 인정받을 수 있는 주택정책을 만들어 가야 할 시점이 도래했다고 생각된다. 그렇기에 더 이상 물러날 곳이 없는 우리나라 주택정책에 대한 근본적인 해법을 찾기 위해 대한민국의 주택정책은 지금까지 시행하지 않은 새로운 정책이 필요한 상황이다. 이는 파격을 넘어 우리나라 주택정책의 근본을 바꾸는 대수술과도 같은 혁신적인 해법이 요구되는 이유이기도 하다.

제 2 편

문재인 정부의
부동산 정책은
공정하였는가?

대한민국 주택정책의 대수술
공정한 주택정책의 길을 찾다

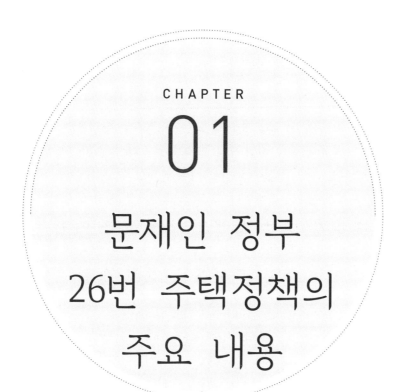

CHAPTER

01

문재인 정부
26번 주택정책의
주요 내용

01

2017년 6월 19일

주택시장의 안정적 관리를 위한 선별적·맞춤형 대응방안

　2017년 6월 19일에 문재인 정부 출범 이후 최초로 주택정책을 발표하였다. "주택시장의 안정적 관리를 위한 선별적·맞춤형 대응방안"이라는 목표를 가지고 조정대상지역을 추가 선정하고 서울 지역을 대상으로 전매제한 기간을 소유권 이전 등기 시까지로 강화하였다. 그리고 조정대상 지역에 대한 규제비율을 LTV는 70%에서 60%로, DTI는 60%에서 50%로 강화하였다. 재건축 규제강화

	조정대상지역 실효성 제고			
조정대상지역 추가 선정	**전매제한기간 강화**	**맞춤형 LTV·DTI 강화**	**재건축 규제강화**	**주택시장 질서 확립**
△경기 광명, 부산 기장 및 부산진구 추가 선정 ☞ 11.3 대책의 37개 지역+6.19 대책의 3개 지역 = 총 40개 * 맞춤형 청약제도, 투자수요 관리방안 적용	△강남 4개구 외 21개구 민간택지 전매제한기간을 소유권이전등기시까지로 강화 ☞ 서울 전 지역 전매제한기간: 소유권 이전 등기 시까지	△조정대상지역에 대하여 LTV·DTI 규제비율을 10%p씩 강화 ☞ LTV: 70% → 60%, DTI: 60% → 50% △잔금대출 DTI 신규적용 △서민층 무주택 세대는 실수요자 보호 차원에서 배려	△재건축조합원 주택 공급수 제한 ☞ 최대 3주택 → 2주택	△관계기관 합동 불법행위 점검 무기한 실시 △실거래가 허위신고에 대한 신고제도 활성화, 적극 홍보 △시스템을 활용한 불법행위 모니터링 강화

주택시장의 안정적 관리를 위한 선별적·맞춤형 대응방안

⇨ 과열이 지속·확산 시 투기과열지구 지정 등 추가 조치 강구

▲ 그림 2-1 2017년 6.19 대책의 주요 내용

※ 자료: 대한민국 정책브리핑 정책위키, 문재인 정부 부동산 대책 발표 현황, 2021년 8월 기준

조치로 최대 3주택까지 받을 수 있었던 재건축 주택공급을 최대 2주택으로 축소했고, 조정대상지역의 경우에는 사실상 1주택까지만 분양을 허용하는 것으로 규제를 강화하였다.

서울 지역 청약경쟁률 추이

	2013년	2014년	2015년	2016년	2017년
강남 4구 (강남 서초 송파 강동)	9.6 : 1	14.4 : 1	27.8 : 1	30.7 : 1	11.6 : 1
기타 21개구	1.3 : 1	2.1 : 1	10.6 : 1	18.9 : 1	11.8 : 1
서울전체	4.9 : 1	5.2 : 1	14.1 : 1	21.8 : 1	11.7 : 1

신규 조정대상지역 아파트값 변동 추이 (단위 : %)

	경기 광명	경기 전체	부산 기장	부산진구	부산 전체	서울	전국
5월 3주	0.10	0.04	0.19	0.19	0.09	0.13	0.03
4주	0.16	0.05	0.10	0.19	0.15	0.20	0.05
5주	0.19	0.05	0.36	0.25	0.16	0.28	0.07
6월 1주	0.24	0.05	0.12	0.16	0.12	0.28	0.06
2주	0.19	0.04	0.10	0.16	0.10	0.18	0.04

▲ 그림 2-2 실효성 없는 6.19 대책

※ 자료: 국민일보, "박근혜 정부 정책 연장…알맹이 없어" 저평가, 공희정 기자, 2017년 6월 20일 기사

02

2017년 8월 2일

실수요 보호와 단기 투기수요 억제를 통한 주택시장 안정화방안

　　문재인 정부는 6.19 대책 이후에도 서울을 중심으로 주택가격 상승세가 지속되자, 보다 강력한 규제내용을 담은 8.2 대책을 발표하였다. 8.2 대책은 실수요 보호와 단기 투기수요 억제를 통한 주택시장 안정화라는 정책 목표를 가지고, 과거 노무현 정부시절에 시행했던 투기지역과 투기과열지구 지정을 부활시켰다.

실수요 보호와 단기 투기수요 억제를 통한 주택시장 안정화			
투기수요 차단 및 실수요 중심의 시장 유도		**실수요·서민을 위한 공급 확대**	
과열지역에 투기수요 유입 차단	실수요 중심 수요관리 및 투기수요 조사 강화	서민을 위한 주택공급 확대	실수요자를 위한 청약제도 등 정비
◈ 투기과열지구 지정 ·서울 전역, 경기 과천, 세종 ◈ 투기지역 지정 ·서울 11개구, 세종 ◈ 분양가상한제 적용요건 개선 ◈ 재건축·재개발 규제 정비 ·재건축 초과이익환수제 시행 ·재개발 분양권 전매 제한 ·재개발 임대주택 의무비율 상향 ·재건축 등 재당첨 제한 강화	◈ 양도소득세 강화 ·다주택자 중과 및 장특배제 ·비과세 실거주 요건 강화 ·분양권 양도세율 인상 ◈ 다주택자 금융규제 강화 ·투기지역 내 주담대 제한 강화 ·LTV·DTI 강화(다주택자) ·중도금 대출요건 강화(인별→세대) ◈ 다주택자 임대등록 유도 ◈ 자금조달계획 등 신고 의무화, 특별사법경찰제도 도입 등	◈ 수도권 내 다양한 유형의 주택공급 확대를 위한 공공택지 확보 ◈ 공적임대주택 연간 17만호 공급 ·수도권 연간 10만호 ◈ 신혼희망타운 공급 ·5만호(수도권 3만호)	◈ 청약제도 개편 ·1순위 요건 강화, 가점제 확대 등 ◈ 지방 전매제한 도입 ·광역시 6개월, 조정대상지역 1년 6개월~소유권이전등기 시 ◈ 오피스텔 공급·관리 개선

▲ 그림 2-3　2017년 8.2 대책의 주요 내용

※ 자료: 대한민국 정책브리핑 정책위키, 문재인 정부 부동산 대책 발표 현황, 2021년 8월 기준

박근혜 정부에서 해제하였던 민간택지 분양가상한제 적용요건을 개선시켰으며, 2018년 1월부터 재건축 초과이익 환수제를 예정대로 시행하겠다고 공표하였다.

특히 재건축과 관련한 강력한 규제정책으로 투기과열지구 내 재건축 조합원 지위 양도 규정에 대한 제한을 강화하였고, 재건축과 재개발 사업의 조합원 분양권 전매제한을 시행하였다. 또한 조정대상지역에 대해 양도소득세를 강화하였고, 조정대상지역에서 분양권 전매 시에는 보유기간과 관계없이 양도소득세율을 50%로 적용한다고 하였다.

그리고 투기지역 내에서는 주택담보대출을 세대당 1건으로 제한하는 규정을 신설하였고, LTV와 DTI도 강화하였다.

▲ 그림 2-4 8.2 대책으로 혼란스러운 주택시장의 모습

※ 자료: 하우징 헤럴드, 317호 하우징만평-8.2 부동산대책 시장 혼란, 2017년 8월 3일 만평

03

2017년 10월 24일
가계부채 종합대책

    10월 24일에는 가계부채를 줄이기 위한 금융대책을 발표했다. 주택시장에 대해서는 대출을 통한 수익형 부동산투자를 규제하는 방안이 나왔다. 특히 규제지역(투기지역·투기과열지역·조정대상지역)에 대한 新DTI[1]와 DSR[2]을 도입해 대출 상환능력 검증 기준을 강화했다. 그리고 소득산정기간 확대와 산정방식 변경 등으로 주택담보대출에 대한 비율을 축소하였다.

신DTI와 DSR 비교

(만 가구, 조원, %)

	신DTI(Debt to Income)	DSR(Debt Service Ratio)
명칭	총부채상환비율	총체적 상환능력 비율
산정방식	모든 주담대 원리금상환액+ 기타대출 이자상환액 / 연간소득	모든 대출 원리금상환액 / 연간소득
활용방식	대출심사 시 규제비율로 활용	금융회사 여신관리 과정에서 다양한 활용방안 마련 예정

▲ 그림 2-5 신DTI와 DSR 비교

※ 자료: Finda 포스트, 10.24 가계부채 종합대책: 알아보자! 경제이슈, 이유미 기자, 2017년 10월 31일

---

1) 현재 DTI는 신규 주택담보대출 원리금과 기존 주택담보대출의 이자만 반영해 대출 한도를 정하고 있다. 그러나 신DTI는 신규 주택담보대출 원리금 상환액과 기존 주택담보대출 원리금 상환액을 합친 금액을 연간소득으로 나눈 것이다. 즉, 현 DTI는 기존 주택담보대출의 경우 '이자'만 반영했지만 신DTI는 원금까지 더한 '원리금'까지 합산한다. 따라서 다주택자들의 추가 주택담보대출이 어려워지거나 대출 한도가 줄어들게 된다.

2) DSR(총부채원리금상환비율)은 연간 소득 중 모든 대출 원리금 상환액이 차지하는 비율을 나타낸다. 다시 말해 신DTI가 기존 주택담보대출 원리금 상환액만 포함시킨 것과 달리 DSR은 기존 주택담보대출뿐만 아니라 마이너스통장, 신용대출, 자동차할부, 카드론 등 금융권 모든 대출의 '원리금' 상환액까지 고려하여 신DTI보다 강력한 규제라 할 수 있다.

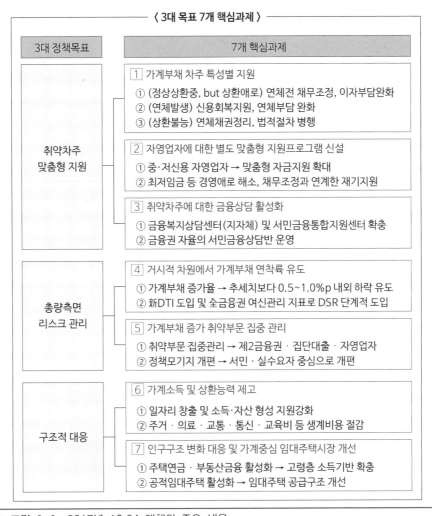

〈 3대 목표 7개 핵심과제 〉

3대 정책목표	7개 핵심과제
취약차주 맞춤형 지원	① 가계부채 차주 특성별 지원 　① (정상상환중, but 상환애로) 연체전 채무조정, 이자부담완화 　② (연체발생) 신용회복지원, 연체부담 완화 　③ (상환불능) 연체채권정리, 법적절차 병행 ② 자영업자에 대한 별도 맞춤형 지원프로그램 신설 　① 중·저신용 자영업자 → 맞춤형 자금지원 확대 　② 최저임금 등 경영애로 해소, 채무조정과 연계한 재기지원 ③ 취약차주에 대한 금융상담 활성화 　① 금융복지상담센터(지자체) 및 서민금융통합지원센터 확충 　② 금융권 자율의 서민금융상담반 운영
총량측면 리스크 관리	④ 거시적 차원에서 가계부채 연착륙 유도 　① 가계부채 증가율 → 추세치보다 0.5~1.0%p 내외 하락 유도 　② 新DTI 도입 및 全금융권 여신관리 지표로 DSR 단계적 도입 ⑤ 가계부채 증가 취약부문 집중 관리 　① 취약부문 집중관리 → 제2금융권 · 집단대출 · 자영업자 　② 정책모기지 개편 → 서민 · 실수요자 중심으로 개편
구조적 대응	⑥ 가계소득 및 상환능력 제고 　① 일자리 창출 및 소득·자산 형성 지원강화 　② 주거 · 의료 · 교통 · 통신 · 교육비 등 생계비용 절감 ⑦ 인구구조 변화 대응 및 가계중심 임대주택시장 개선 　① 주택연금 · 부동산금융 활성화 → 고령층 소득기반 확충 　② 공적임대주택 활성화 → 임대주택 공급구조 개선

▲ 그림 2-6 2017년 10.24 대책의 주요 내용

※ 자료: 대한민국 정책브리핑 정책위키, 문재인 정부 부동산 대책 발표 현황, 2021년 8월 기준

04

2017년 11월 29일
주거복지 로드맵

　11월 29일에는 사회통합형 주거사다리 구축을 위한 「주거복지로드맵」을 발표했다. 문재인 정부 출범 이후 수요 억제 중심의 부동산 대책만 이어져 오다가 약 6개월 만에 공급 확대에 초점을 두고 발표된 정책이다. 정부는 2023년까지 5년간 연평균 20만호씩 무주택 서민·실수요자를 위한 공적지원 주택 100만호를 공급하고 또한 청년·신혼부부·고령자·저소득층에 대한 주거지원을 확대하겠다고 밝혔다. 이를 위해 기 확보한 77만호 공공택지 외에 수도권 인근 우수한 입지에 40여 개 신규 공공주택지구를 개발하여 16만호 부지를 추가 확보하였다.

│100만호의 허실
정책으로서 임대주택 취지는 좋지만, 실질적으로 필요한 곳은 서울과 서울 근교의 입지 좋은 곳이다. 임대주택은 경기, 지방의 공급증가로 부동산 시장에 악재로 작용할 것이고, 서울과 지방의 양극화는 더욱 심화될 것으로 본다.

▲ 그림 2-7　100만호의 허실

※ 자료: 투미 부동산 블로그, 11.29 주거복지 로드맵과 부동산 시장 영향, 2017년 12월 3일

사회통합형 주거사다리 마련

⬆

사각지대 없는 촘촘한 주거복지망 구축

1. 생애단계별 · 소득수준별 맞춤형 주거지원	2. 무주택 서민 · 실수요자를 위한 주택 공급 확대	3. 임대차시장의 투명성 · 안정성 강화(별도발표)
1-1 청년층 ① 청년주택 30만실 공급 ② 우내형 청약통장 도입, 전월세 자금 지원 강화 ③ 주거관련 정보 · 교육 제공	**2-1 공적임대 연 17만호** ① 공공임대 연 13만호 ② 공공지원 연 4만호	
1-2 신혼부부 ① 공공임대 20만호 공급 ② 신혼희망타운 7만호 공급 ③ 분양주택 특별공급 확대 ④ 전용 구입 · 전세자금 대출 ⑤ 저소득 신혼부부 주거비 지원	**2-2 분양주택 공급 확대** ① 공공분양 연 3만호 분양 ② 민간분양용 공공택지 공급 확대(연 8.5만호)	2017년 12월 13일에 후속대책으로 임대주택 활성화 방안 별도 발표
1-3 고령층 ① 어르신 공공임대 5만실 공급 ② 연금형 매입임대 등 보유주택을 활용한 지원 ③ 주택개보수 지원강화	**2-3 택지 확보** ① 40여 개 공공주택지구를 신규개발 ☞ 16만호 추가확보	
1-4 저소득 · 취약가구 ① 공적임대 41만호 공급 ② 주거급여 지원 강화 ③ 무주택 서민 금융지원 강화 ④ 취약계층 주거지원사업 ⑤ 재난 피해주민 주거지원	**2-3 특별공급제도 개선** ① 배려계층 특별공급 제도개선	

⬆

추진과제 실천을 위한 기반 구축

1. 법 · 제도 정비	2. 협력적 거버넌스 구축	3. 재원 마련
① 주택임대차보호법 관리체계 개편 ② 주거실태조사 강화 ③ 공공임대 수요자 편의성 강화	① 주거복지 전달체계 개편 ② 지자체의 임대주택 공급 확대 ③ 사회주택 공급 활성화 ④ LH · HUG 주거지원 역량 강화	① 재원소요: 5년간 119조 ② 확보방안 - 주택도시기금 활용 확대

▲ 그림 2-8 2017년 11.29 대책의 주요 내용

※ 자료: 대한민국 정책브리핑 정책위키, 문재인 정부 부동산 대책 발표 현황, 2021년 8월 기준

05

2017년 12월 13일
임대주택 등록 활성화방안

12월 13일에는 문재인 정부의 5번째 주택정책으로 집주인과 세입자가 상생하는 「임대주택 등록 활성화방안」을 발표하였다. 지방세·양도소득세·종합부동

집주인과 세입자가 상생하는 임대차 시장 정착

집주인	세입자

임대주택 등록 시 지원 확대

1 지방세 감면 확대
· '21년까지 취득세·재산세 감면
· (8년 임대 시) 40㎡ 이하 소형주택 재산세 감면 호수기준(2호) 폐지
· (8년 임대 시) 다가구주택(모든 가구당 40㎡ 이하)도 감면
2 임대소득세 감면 확대
· 1주택만 임대해도 감면
· 필요경비율 차등화 (등록 70%, 미등록 50%)
3 양도세 감면 확대
· (8년 임대 시) 양도세 중과배제, 장기보유특별공제 70% 적용
4 종부세 감면기준 개선
· (합산배제) 5년 → 8년 임대 시
5 건보료 부담 완화
· (4년 임대) 40% (8년 임대) 80% 감면

주거안정 강화

1 4~8년간 거주 가능
· 이사걱정 없이 한 집에서 오래 거주
· 이사 및 중개비용 절감
2 임대료 절감: 연 5% 이내 인상
⇨ 전월세상한제 수혜대상 확대 ('16년) 23% → ('22년) 45%

권리보호 및 거래안전 강화

1 권리보호 강화
· 계약갱신 거절 통지기간 단축
· 임대차 분쟁조정위원회 실효성 강화
2 거래안전 강화
· 소액보증금 최우선변제범위 확대
· 전세금 반환보증 활성화

임대차시장 정보 인프라 구축

1 정보 인프라 구축: 임대등록시스템 및 임대차시장 정보 DB 구축
2 행정지원 강화: 등록절차 간소화, 임차인에게 등록임대주택 정보제공 등

▲ 그림 2-9 2017년 12.13 대책의 주요 내용

※ 자료: 대한민국 정책브리핑 정책위키, 문재인 정부 부동산 대책 발표 현황, 2021년 8월 기준

산세 등의 세제감면 혜택을 확대해 집주인의 임대주택등록을 활성화하고, 이를 통해 임대차시장 데이터를 확보·분석하여 전세금반환보증 활성화 등 임차인 권리보호에 초점을 맞춘 내용이 발표되었다.

기준 들쭉날쭉한 임대주택 세제 감면 제도

		재산세	임대 소득세	양도 소득세			종합 부동산세
세제 혜택		단기임대: 40㎡ 이하 면제, 40~60㎡ 50% 감면, 60~85㎡ 25% 준공공임대: 40㎡ 이하 면제, 40~60㎡ 75%, 60~85㎡ 50%	단기: 30% 감면 준공공: 75%	장기보유 특별공제 확대	중과 배제 및 장기보유 특별공제 적용	양도세 100% 감면	합산 배제
요건	주택 크기	85㎡ 이하	85㎡ 이하	85㎡ 이하	제한 없음	85㎡ 이하	제한 없음
	주택 가격	제한 없음	6억 이하	제한 없음	6억원 이하(수도권), 지방은 3억원 이하	제한 없음	6억원 이하 (수도권)
	임대 기간	4~8년 이상	4~8년 이상	8년 이상	8년 이상	10년 이상	8년 이상

※ 지난 13일 '임대주택 등록 활성화' 방안에 따른 개편 내용.
단기임대는 임대의무기간 4년, 준공공임대는 8년, 가격은 등록 시점 공시가격

지역별 등록 임대사업자·임대주택 현황

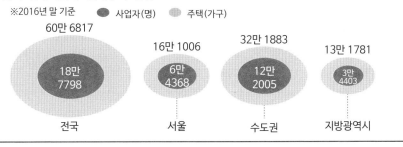

※2016년 말 기준   ● 사업자(명)   ● 주택(가구)

60만 6817
18만 7798
전국

16만 1006
6만 4368
서울

32만 1883
12만 2005
수도권

13만 1781
3만 4403
지방광역시

▲ 그림 2-10 기준 들쭉날쭉한 임대주택 세제 감면 제도

※ 자료: 더 중앙, 등록 임대주택, 종전 계약금의 5% 넘게 못 올려, 안장원 기자, 2017년 12월 21일 기사

06

2018년 6월 28일

2018년 주거종합계획, 제2차 장기 주거종합계획(2013~2022) 수정계획

　　2018년 6월 28일에는 2018년도 첫 번째 주택정책으로 2018년 주거종합계획을 발표하였다. 주요 내용으로 임대차 시장의 투명성과 안정성을 높이는 임차인 권리보호 방안이 담겨있었으며, 재건축초과이익 환수제를 차질 없이 시행하고, 소규모 정비사업 활성화를 위해 기금 융자 및 통합지원센터를 통한 행정지원을 실시하겠다는 계획을 포함하였다.

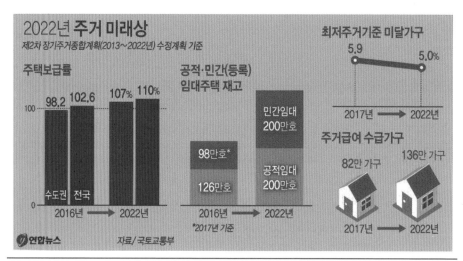

▲ 그림 2-11　2022년 주거 미래상

※ 자료: 연합뉴스, 제2차 장기 주거종합계획 확정, 김토일 기자, 2018년 6월 28일 기사

주거정책 패러다임 변화	■ 잔여적 복지 ■ 공급자 중심 ■ 단편적·분적절 주거지원 ■ 중앙정부 중심		■ 포용적 복지 ■ 수요자 중심 ■ 생애단계·소득수준별 통합지원 ■ 지자체·민간과의 협력적 거버넌스

비전	"국민 누구나 집 걱정 없는 더 나은 주거생활"
목표	■ 주거비 부담 완화와 주거권 보장 ■ 실수요자 중심의 주택시장 조성 ■ 안전하고 쾌적한 주거환경 조성

정책 방향	**1 수요자 맞춤형 지원으로 사회통합형 주거사다리 마련** 생애단계별·소득수준별 맞춤형 주거지원 무주택 서민·실수요자를 위한 공공주택 공급 임대주택 업그레이드를 통한 수요자 만족 제고 **2 주거정책의 공공성 강화와 주거복지 사각지대 해소** 지방분권형·민간협력형 거버넌스 구축 취약계층의 주거복지 접근성 강화· 촘촘한 주거 안전망 구축 **3 임대차시장의 투명성·안정성 강화와 상생문화 구축** 임대주택 등록 활성화 임차인 권리 보호장치 강화 임대차시장 안정을 위한 인프라 구축 **4 실수요자 중심의 주택시장 관리** 안정적인 주택 수급 관리 주택 공급제도 개편 서민 중심의 주택금융 지원 강화 주택시장 안정을 위한 제도기반 강화 **5 미래에 대비하는 주거환경 조성 및 주택관리** 주택품질·서비스 향상 및 미래형 주택 공급 정비사업·도시재생사업을 통한 주거여건 개선 공동주택 관리 투명성·효율성 강화 커뮤니티 중심의 사회통합형 주거문화 구축

▲ 그림 2-12 2018년 6.28 대책의 주요 내용

※ 자료: 대한민국 정책브리핑 정책위키, 문재인 정부 부동산 대책 발표 현황, 2021년 8월 기준

07 2018년 7월 5일
신혼부부·청년 주거지원방안

7월 5일에는 집 걱정 없이 일하고, 아이 키울 수 있는 나라를 만들기 위한 「신혼부부·청년 주거지원방안」을 발표하여 신혼부부 및 청년주거 지원 정책의 밑그림을 제시하였다. 신혼부부를 위한 주거지원 방안은 주거지원 사각지대 해소를 위해 최대 88만쌍에게 공공주택·자금을 지원하고, 한부모가족도 신혼부부에 준하여 지원하겠다고 하였다. 청년 주거지원 방안은 청년 임대주택 본격 공급, 대학 기숙사 확충, 희망상가 공급, 청년의 주거금융 지원 강화 등을 통해 5년간 75만가구를 지원하겠다고 하였다.

▲ 그림 2-13 신혼부부·청년 주거지원(CG)

※ 자료: 연합뉴스, 신혼부부·청년 위한 '문재인 홈' 추진…재원조달 문제 없나, 윤종석 기자, 2018년 7월 5일 기사

지원대상	공공주택 및 창업·보육시설 지원	금융지원
신혼부부 주거지원 (88만가구)	**1. 공적임대주택 25만호 공급(+5)** - 공공임대 20→23.5만, 공공지원 0→1.5만 - 매입·전세임대 입주자격 확대 - 매입임대 아이돌봄시설 100개소 설치 **2. 신혼희망타운 10만호 공급(+3)** - 주거복지로드맵 대비 3만호 확대 - 신규후보지 23개소 추가공개 - 입주자격 등 공급방안 구체화 **3. 분양가상한제 적용주택 10만호(공공 3만, 민간 7만) 특별공급** - 특별공급 확대(공공 15→30%, 민영 10→20%) - 일부물량 소득기준 완화(100→120%) **4. 한부모가족 공공주택 지원강화** - 모든 유형의 공공수택 신혼부부 지원 프로그램에 한부모가족의 신청 허용	**1. 구입자금 15만가구 지원(+8.5)** - 소득요건 완화, 대출한도 확대, 최저금리 1.20~2.25%로 인하 - 연 3만 가구로 지원 확대(+1.7만) **2. 전세자금 25만가구 지원(+10)** - 소득요건 완화, 대출한도 확대, 최저금리 1.00~1.60%로 인하 - 연 5만 가구로 지원 확대(+2만) **3. 전세금 안심대출보증 및 반환보증 3만가구 지원(+1.5)** - 보증한도 확대(80→90%) - 보증료 인하(10%) **4. 한부모가족 기금지원 강화** - 구입자금대출 우대금리(0.5%p) 도입 - 전세자금대출 우대금리(1%p) 요건 완화
청년가구 주거지원 (75만가구)	**1. 청년주택 27만실 본격 공급(+2)** - 일자리연계형·셰어형 등 다양한 형태 - 매입·전세임대 입주자격 확대, 1만호 확대 - 집주인임대사업 청년 우선공급 1만호 확대 **2. 대학생 기숙사 6만명 입주(+1)** - 대학 기숙사 5만명 입주 - 기숙사형 청년주택 1만명 지원 **3. 청년 일자리 창출을 위한 희망상가 공급** - 임대주택 단지내 상가를 청년·소상공인·사회적 기업에 저렴하게 임대	**1. 청년 우대형 청약통장** - 최고 3.3% 금리, 비과세·소득공제 - 非근로소득자까지 대상 확대 **2. 기금대출 40만가구 지원(+13.5)** - 보증부 월세대출 신설 - 단독세대주 대출한도 확대 - 버팀목대출 청년 0.5%p 우대 - 중기 취업청년 임차보증금 융자 **3. 민간은행 이용 2만가구 지원(+2)** - 2금융권대출→버팀목 전환 확대 - 전세금안심대출보증 보증한도 확대(80→90%) 및 보증료 인하(10%p)

집 걱정 없이 일하고 아이를 키울 수 있는 나라, 대한민국

( )는 주거복지로드맵 대비 증가 규모: 신혼부부 60→88만, 청년 56.5→75만

▲ 그림 2-14 2018년 7.5 대책의 주요 내용

※ 자료: 대한민국 정책브리핑 정책위키, 문재인 정부 부동산 대책 발표 현황, 2021년 8월 기준

08

2018년 8월 27일

수도권 주택공급 확대 추진 및 투기지역 지정 등을 통한 시장안정 기조 강화

7번의 주택 정책 시행에도 불구하고 일부 지역을 중심으로 집값 과열현상이 지속되어, 8월 27일에는 규제지역 조정 방안의 내용을 담은 「수도권 주택공급 확대 추진 및 투기지역 지정 등을 통한 시장안정 기조 강화」 대책을 발표하였다. 핵심적인 내용은 투기지역, 투지과열지구, 조정대상지역을 추가로 지정하였고, 일부 지역은 조정대상지역에서 해제하는 내용을 포함하였다.

구분		조정대상지역	투기과열지구	투기지역
기존 지정 지역		서울 전역(25개구), 경기도 과천·성남·하남·고양·광명·남양주·동탄2신도시, 부산시 해운대·연제·동래·부산진·남·수영구·기장군, 세종시	서울 전역(25개구), 경기도 과천·성남시 분당구, 대구시 수성구, 세종시	서울 강남·서초·송파·강동·용산·성동·노원·마포·양천·영등포·강서구, 세종시
추가 지역		경기도 구리·안양시 동안구·광교신도시 ※부산시 기장군(일광면 제외)은 해제	경기도 광명·하남시	서울 동대문·동작·종로·중구
규제 내용	대출	주택담보인정비율(LTV) 60%, 총부채상환비율(DTI) 50%	LTV·DTI 각 40%, 중도금 대출 보증 세대당 1건	주택담보대출 만기 연장 제한, 주택담보대출 건수 제한(세대당 1건)
	세제	다주택자 양도세 중과(2주택자+10%포인트, 3주택자 이상+20%포인트), 다주택자 장기보유특별공제 배제, 1주택자 양도세 비과세 2년 거주요건 추가, 분양권 양도세율 50%		양도세 주택수 산정시 농어촌주택 포함
	전매 제한	분양권 전매제한(6개월~소유권 이전 등기까지)	분양권 전매 금지 (소유권 이전 등기까지)	

자료: 국토교통부

▲ 그림 2-15 2018년 8.27 대책의 주요 내용

※ 자료: 중앙시사매거진, [달라진 부동산 대책 약발 먹힐까] 수요 누르고 공급 늘리는 '투 트랙', 안 장원 기자, 2018년 9월 10일 기사

09

2018년 9월 13일

주택시장 안정대책

    규제지역의 확대에도 불구하고 갭투자 방식의 투기가 지속되자 문재인 정부는 9월 13일 「주택시장 안정대책」을 발표하였다. 대책의 핵심적인 내용은 고가주택세율을 3억원 초과분부터 0.2~0.7%p 인상하고, 3주택이상 보유자와 조정대상지역 2주택이상 보유자는 0.1~1.2%p 추가과세를 부과하는 내용을 담고 있었으며, 부담상한율도 150%에서 300%까지 상향되었다. 또한 수도권에 입지가 좋

□ "투기수요 근절, 맞춤형 대책, 실수요자 보호"라는 3대원칙 아래 서민주거와 주택시장 안정에 전력

• (종부세) 고가주택 세율 인상(1주택자 시가 약 18억원, 다주택자 시가 약 14억원 초과구간 +0.2~0.7%p), 3주택이상자·조정대상지역 2주택자 추가과세(+0.1~1.2%p)

  ■ 세부담 상한 상향(조정대상지역 2주택자 및 3주택이상자는 150→300%)

• (다주택자) 2주택이상세대의 규제지역내 주택구입, 규제지역내 비거주 목적 고가주택 구입에 주담대 금지 등

  ■ 조정대상지역 일시적 2주택자, 양도세 비과세기준 강화(종전주택 3→2년 내 처분)

• (주택임대사업자) 투기지역·투기과열지구 내 주택담보 임대 사업자대출 LTV 40%, 임대업 대출 용도 외 유용 점검 강화

  ■ 조정대상지역 주택취득·임대등록 시 양도세 중과종부세 과세

• (주택공급) 수도권 공공택지 30곳 개발(30만호), 도심내 규제완화(상업지역 주거비율 및 준주거지역 용적률 상향 등)를 통해 공급 확대

• (조세정의) 종부세 공정시장가액비율 추가 상향조정(현 80% → 연 5%p씩 100%까지 인상), 공시가격 점진적 현실화

• (지방 주택시장) 미분양 관리지역 지정기준 완화(5~10여 곳 추가 전망), 특례보증 도입, 분양물량 수급 조절 등

▲ 그림 2-16 2018년 9.13 대책의 주요 내용

※ 자료: 대한민국 정책브리핑 정책위키, 문재인 정부 부동산 대책 발표 현황, 2021년 8월 기준

은 양질의 공공택지 30만호를 공급함에 있어, 공공성을 강화하여 주택 실수요자의 주거안정을 도모하고자 하였다.

수도권 분양가상한제 적용주택 전매제한 기간 개선안

구분			전매제한		거주 의무기간
			투기과열	그 외	
수도권	공공택지 (공공분양) (민간분양)	분양가격 인근 시세의 100% 이상	3년	3년	-
		85~100%	4년	4년	1년
		70~85%	6년	6년	3년
		70% 미만	8년	8년	5년
	민간택지	분양가격 인근 시세의 100% 이상	3년	1년 6개월	-
		85%~100%	3년	2년	-
		70~85%	3년	3년	-
		70% 미만	4년	4년	-

바뀐 청약제도 적용 시점

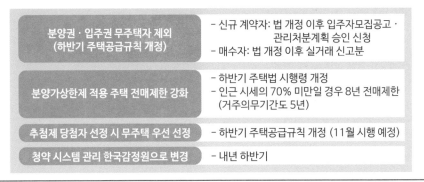

▲ 그림 2-17 수도권 분양가상한제 적용주택 전매제한 기간 개선안

※ 자료: 서울경제, [9.13 주택시장 안정대책] 분양권 소유자, 무주택서 제외...유주택자는 사실상 당첨 불가, 한동훈 기자, 2018년 9월 13일 기사

10

2018년 9월 21일
수도권 주택공급 확대방안

9월 21일에 발표된 문재인 정부의 10번째 정책은「수도권 주택공급 확대방안」이었다. 양질의 저렴한 주택이 충분히 공급될 수 있도록, 정부가 향후 5년간 수도권 지역에 주택 30만호를 공급하겠다는 계획이 핵심이었다. 입지가 우수한 공공택지(30만호)를 2019년 상반기까지 1차로 3.5만호 규모를 확보하겠다고 하였고, 신혼희망타운(10만호)은 사업 단축 등을 통해 2018년부터 분양에 착수하는 내용을 발표하였다. 그리고 도시규제 정비 등을 통한 도심 내 주택공급을 확대하겠다는 내용도 포함하였다.

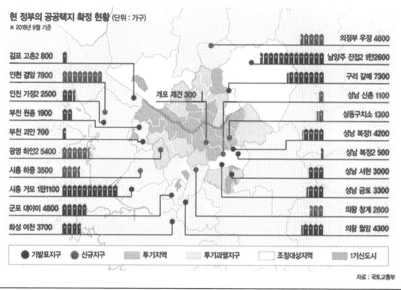

▲ 그림 2-18 문재인 정부의 공공택지 확정 현황

※ 자료: 파이낸셜 뉴스, 서울과 일산, 분당, 평촌 사이 신도시 4~5곳 30만 가구 공급, 김관웅 기자, 2018년 9월 21일 기사

◆ 수도권 공공택지 확보를 통한 30만호 추가 공급

신규 택지 확보	⟨1⟩ 1차 17곳, 3.5만호 선정 ㅇ (서울) 11곳 약 10,000호, (경기) 5곳 17,160호, (인천) 1곳 7,800호
	⟨2⟩ 향후 26.5만호 택지확보 계획 ㅇ 서울과 1기 신도시 사이 대규모 택지 4~5개소 20만호, 중소규모 택지 약 6.5만호 공급

주택 공급	① 공급시기를 최대한 앞당겨 '21년부터 순차적으로 주택 공급 ② 전매제한 강화(최대 8년), 거주의무기간(5년) 등 투기목적 주택구입 방지

투기 방지	① 모니터링 강화, 개발행위 제한, 투기단속반 투입, 토지거래허가구역 등 지정

◆ 신혼희망타운 조기 공급

조기 공급	① (부지확보 실적) 전국 목표 10만호 중 택지 8.0만호 확보 완료 (확보율 80%) 수도권 공급목표 7만호 중 택지 6.0만호 확보 완료 (확보율 86%) ② (조기공급) 올해 첫 분양(위례, 평택 고덕), '22년까지 수도권 5.4만호 분양

◆ 도심 내 주택공급 확대

도시규제 등 정비	⟨1⟩ 도시규제 완화를 통한 상업지역 등 주택공급 확대 ① (상업지역) 주거용 비율 80%로 상향, 주거용 용적률 상향(400→600%) ② (준주거지역) 초과용적률의 50%이상 임대 공급 시 용적률 상향(400→500%)
	⟨2⟩ 개발사업의 기부채납 제도 개선 ① (대상확대) 기부채납 시설을 공공임대주택까지 확대
	⟨3⟩ 역세권 분양·임대주택 공급확대를 위한 제도 개선 ① (역세권 종상향) 역세권 용도지역 상향을 통해 주택공급 확대 추진 ② (주차장 설치기준) 지자체 조례로 완화할 수 있도록 위임범위 확대 검토

소규모 정비 활성화	① (인센티브 확대) 공적임대주택이 세대수의 20%인 경우에도 인센티브를 부여하고, 기반시설 설치 시에도 인센티브 제공 ② (요건 완화) 사업 대상에 연립주택 추가 및 가로구역 인정 요건 완화 ③ (금융지원 등) 일반분양분 전량 매입 임대리츠 설립 및 기금 융자기간 연장

▲ 그림 2-19 2018년 9.21 대책의 주요 내용

※ 자료: 대한민국 정책브리핑 정책위키, 문재인 정부 부동산 대책 발표 현황, 2021년 8월 기준

11

2018년 12월 19일
2차 수도권 주택공급 계획 및
수도권 광역교통망 개선방안

12월 19일에 발표된 「2차 수도권 주택공급 계획 및 수도권 광역교통망 개선 방안」은 수도권 3기 신도시 개발이 포함된 대규모 주택 공급대책으로 100만㎡ 이상 4곳(12.2만호), 100만㎡ 이하 6곳, 10만㎡ 이하 31곳을 개발하는 내용을 담고 있었다.

대규모 개발지역은 남양주(1,134만㎡), 하남(649만㎡), 인천계양(335만㎡), 과천 (155만㎡) 4곳이 지정되었고, 사실상 수도권 3기 신도시 개발을 공표한 것이다. 3기 신도시 개발 지역은 1기 신도시와 2기 신도시 사이에 위치하는 지역 중에 대부분 훼손되거나 보존가치가 낮은 그린벨트 지역을 선정하였다.

중소규모 개발은 국공유지(24곳), 유휴 군부지(4곳), 장기미집행 공원부지(4 곳) 등이 선정되었고, 서울(32곳, 1.9만호), 경기(8곳, 11.9만호), 인천(1곳, 1.7만호) 에 지정되었다.

또한 수도권의 폭발적인 인구증가에 따른 교통계획으로서 광역교통망 계획 도 함께 발표되었다.

▲ 그림 2-20 3기 신도시 교통대책

※ 자료: 연합뉴스, 신도시 성패 변수는 교통망…정부 대책은, 이진우 기자, 2018년 12월 19일 기사

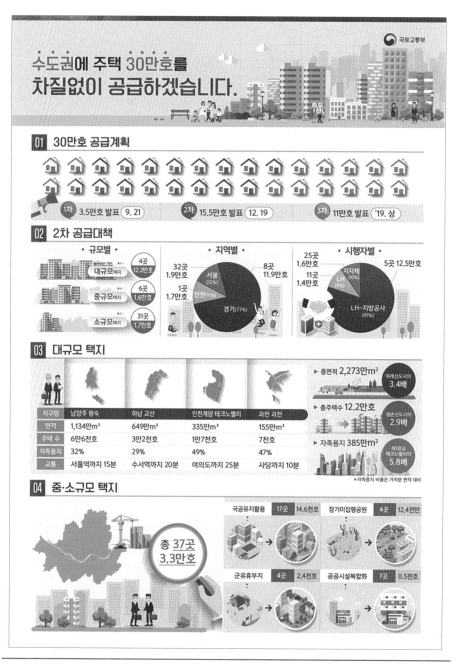

▲ 그림 2-21　2018년 12.19 대책의 주요 내용

※ 자료: 대한민국 정책브리핑 정책위키, 문재인 정부 부동산 대책 발표 현황, 2021년 8월 기준

12

2019년 1월 9일

등록 임대주택 관리 강화방안

2019년 1월 19일에는 문재인 정부의 12번째 주택정책으로 임차인 거주 안정성 제고를 위한 「등록 임대주택 관리 강화방안」이 발표되었다. 핵심내용은 전월세 임대차시장 안정성 강화를 위해 임대주택관리시스템 구축과 세제감면 혜택에 따른 임대인의 의무조건으로서 임대료 증액제한과 등록임대주택 부기등기제 의

비전	무주택 임차가구의 주거 안정성 제고

정책방향	주요과제
등록 임대주택 관리기반 구축	① 등록임대주택 일제정비 및 정기조사 실시 ② 등록임대주택 운영관리 전담체계 구축
과세체계와 연계한 관리강화	① 임대사업자 의무준수 검증 체계 구축 · 임대조건 준수와 세제 감면 연계 　– 양도소득세 · 임대소득세 · 종부세 감면 신청서식 개정 · 세제 감면 · 추징 조건 추가 　– (임대소득세 · 종부세) 임대료 증액제한을 감면조건으로 추가 　– (취득세 · 재산세) 사후 추징 규정 정비 ② 임대소득 과세(2천만 원 이하)에 따른 사전준비
세제혜택 조정 (19.1.7 기 발표)	① 임대사업자 거주주택 양도세 비과세 요건 강화 ② 양도세 비과세 주택보유 기간 요건 강화
임차인 권리 보호 강화	① 등록임대주택 정보제공 강화(부기등기 의무화) ② 임대사업자 의무 미준수에 대한 과태료 강화

▲ 그림 2-22 2019년 1.9 대책의 주요 내용

※ 자료: 대한민국 정책브리핑 정책위키, 문재인 정부 부동산 대책 발표 현황, 2021년 8월 기준

무화 등을 시행한다고 하였다. 그리고 양도세 비과세 주택보유 기간 요건을 강화하여 1세대 1주택 비과세 요건으로서 2년 보유기간 산정 시 다주택 보유 기간은 제외하고 1주택이 된 이후부터 보유한 기간만 인정하는 내용을 포함하였다.

임대사업자 관리 강화방안 주요 내용

과태료
• 임대사업자의 임대료 증액(5% 이내) 제한, 위반 과태료 현행 1000만원에서 3000만원 상향 추진
• 의무 임대기간(4~8년) 내 주택 양도 금지, 위반 과태료 현행 1000만원에서 5000만원 상향 추진

세 금
• 연간 2000만원 이하 임대소득 과세도 올해부터 시행
• 임대소득세, 종합부동산세 감면받으려면 임대차계약 신고확인서 필히 제출

자료: 국토교통부

▲ 그림 2-23 임대사업자 관리 강화방안 주요 내용

※ 자료: 파이낸셜 뉴스, 다주택자 옥죄기…임대사업자 혜택 줄인다, 홍창기 기자, 2019년 1월 9일 기사

13 2019년 4월 23일
2019년 주거종합계획

　4월 23일에는 「포용적 주거복지, 실수요 중심의 안정적 시장관리」를 위한 2019년 주거종합계획을 발표하였다. 주요 내용은 공적임대(17.6만호)와 주거급여(110만가구), 전월세자금(26만가구) 등의 지원으로 서민과 실수요자 중심의 주거 안정성을 강화한다는 부동산 금융지원책이 나왔다. 반면, 정비사업과 관련하여 공공성 및 투명성 제고를 위해 임대주택 부과비율 상향과 추진위원회 정비업체 업무제한, 공사비검증 등의 규제책을 내놨다.

비전	포용적 주거복지, 안정적 주택시장, 편안한 주거환경
목표	■ 주거복지로드맵 성과 창출 및 임대인과 임차인의 공존 유도 ■ 투기수요 차단, 실수요 보호, 공급확대를 통해 안정적 시장 관리 ■ 편안한 주거환경 조성 및 미래형 주택 활성화

2019년 중점 추진과제
1. 포용적 주거복지 성과의 본격 확산
2. 실수요자 중심의 안정적 주택시장 관리 공고화
3. 임대인과 임차인이 공존하는 공정한 임대차 시장 조성
4. 고품질의 편안한 주거환경 조성

▲ 그림 2-24 2019년 4.23 대책의 주요 내용

※ 자료: 대한민국 정책브리핑 정책위키, 문재인 정부 부동산 대책 발표 현황, 2021년 8월 기준

14

2019년 5월 7일
제3차 신규택지 추진계획

5월 7일에는 「수도권 주택 30만호 공급방안에 따른 제3차 신규택지 추진계

---

① 서울 도심까지 30분 내 출퇴근 가능 도시

☐ 서울 접근성이 양호한 곳에 입지(3기 신도시 서울부터 평균거리: 1km 대)
☐ 지구지정 제안단계부터 지하철 연장, Super-BRT 등 교통대책 마련
 * 기존 주민들도 혜택을 보는 방향으로 노선·역 신설 계획
☐ 입주 시 교통 불편이 없도록 대광위와 함께 교통대책 조기 추진

② 일자리를 만드는 도시

☐ 기존 신도시 대비 2배 수준의 자족용지 확보(주택용지의 2/3 이상)
☐ 스타트업 육성 등을 위해 기업지원허브, 창업지원주택 등도 공급

③ 자녀 키우기 좋고 친환경적인 도시

☐ 모든 아파트단지에 국공립 어린이집 계획, 유치원도 100% 국공립 운영
☐ 전체면적 1/3 이상을 공원 등으로 조성하고 복합커뮤니티센터 설치
☐ 제로에너지 타운, 수소BRT(수소충전소) 등 친환경·에너지 자립도시 조성

④ 전문가와 지방자치단체가 함께 만드는 도시

☐ 지자체는 지방공사를 통해 참여하고 전문가 신도시 포럼*도 운영
 * 도시·건축, 교통, 스마트시티, 환경, 일자리, 교육·문화 등 6개 분과에 40여 명 참여
☐ 총괄건축가, 3D계획*을 통해 도시 디자인을 높이고 스마트시티로 조성
 * 평면적 계획(2D)에서 벗어나 설계공모를 통해 입체적인 도시 마스터플랜 수립
☐ 원도심도 혜택을 볼 수 있도록 도시재생사업 지원(공모 시 가점)

▲ 그림 2-25 2019년 5.7 대책의 주요 내용

※ 자료: 대한민국 정책브리핑 정책위키, 문재인 정부 부동산 대책 발표 현황, 2021년 8월 기준

획」으로서 11만호 규모의 3차 주택공급계획이 발표되었다. 고양 창릉지구와 부
천 대장지구가 3기 신도시로 추가지정되었다.

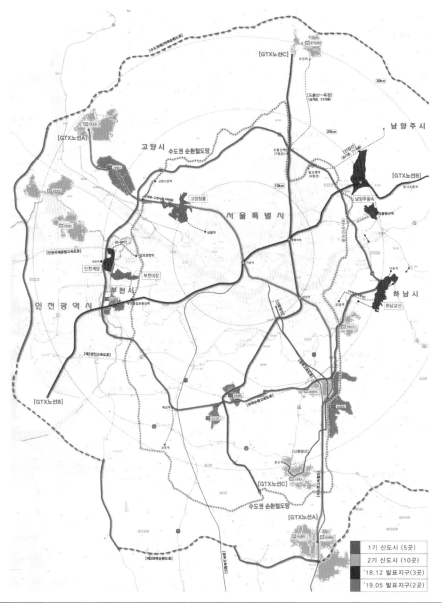

▲ 그림 2-26 2019년 5.7 대책의 주요 내용 (3기 신도시 위치도)

※ 자료: 대한민국 정책브리핑 정책위키, 문재인 정부 부동산 대책 발표 현황, 2021년 8월 기준

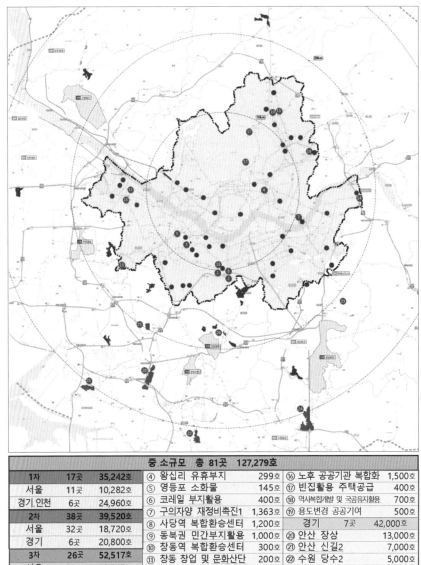

중.소규모 총 81곳 127,279호					
1차	17곳	35,242호	④ 왕십리 유휴부지	299호	⑯ 노후 공공기관 복합화 1,500호
서울	11곳	10,282호	⑤ 영등포 소화물	145호	⑰ 빈집활용 주택공급 400호
경기.인천	6곳	24,960호	⑥ 코레일 부지활용	400호	⑱ 역사복합개발 및 국공유지활용 700호
2차	38곳	39,520호	⑦ 구의자양 재정비촉진1	1,363호	⑲ 용도변경 공공기여 500호
서울	32곳	18,720호	⑧ 사당역 복합환승센터	1,200호	**경기** 7곳 42,000호
경기	6곳	20,800호	⑨ 동북권 민간부지활용	1,000호	⑳ 안산 장상 13,000호
3차	26곳	52,517호	⑩ 창동역 복합환승센터	300호	㉑ 안산 신길2 7,000호
서울	19곳	10,517호	⑪ 창동 창업 및 문화산단	200호	㉒ 수원 당수2 5,000호
① 봉천동 관사		250호	⑫ 마곡 R&D센터 도전숙	170호	㉓ 성남 공영주차장 400호
② 한울아파트		900호	⑬ 항동지구 주차장1	60호	㉔ 용인 구성역 11,000호
③ 대방동 군부지		1,000호	⑭ 고덕강일 주차장4	100호	㉕ 광명 테크노 4,800호
			⑮ 마곡 공공청사부지	30호	㉖ 안양 인덕원 800호

* 사업추진 과정에서 구체적 물량은 변경 가능(⑦~⑲은 서울시 제안)

▲ 그림 2-27 2019년 5.7 대책의 주요 내용 (중소규모 택지 위치도)

※ 자료: 대한민국 정책브리핑 정책위키, 문재인 정부 부동산 대책 발표 현황, 2021년 8월 기준

15

2019년 8월 12일

민간택지 분양가상한제 적용기준 개선 추진

8월 12일에는 서울 아파트가격이 또다시 상승세로 전환되면서 「민간택지 분양가상한제 적용기준 개선 추진」 대책을 발표하였다. 주요 내용으로 상한제 적

민간택지 분양가상한제 적용기준 개선 주요 내용

적용대상	민간택지 중 주거정책심의위원회 심의를 거쳐 국토부장관이 지정하는 지역의 공동주택

민간택지 내 적용지역 지정기준 현행 ➡ 개선

		현행	개선
필수요건	ⓐ주택가격	최근 3개월 주택가격 상승률이 물가상승률의 2배 초과	주택가격 상승률이 물가상승률보다 현저히 높아 투기과열지구로 지정된 지역
선택요건	ⓑ분양가격	최근 1년 분양가격 상승률이 물가상승률의 2배 초과	최근 1년 평균 분양가격 상승률이 물가상승률의 2배 초과*
	ⓒ청약경쟁률	최근 2개월 월평균 모두 5:1 초과 (국민주택규모 10:1 유지)	
	ⓓ거래	최근 3개월 주택거래량이 전년동기 대비 20%이상 증가	
정량요건 판단		ⓐ+(ⓑ 또는ⓒ 또는ⓓ)	

*분양실적 부재 등으로 분양가격상승률 통계가 없는 경우 주택건설지역(특별시·광역시)의 통계 사용

지정효력 적용시점 개선	민간택지 분양가상한제 지역 지정에 따른 효력의 적용 시점을 일반주택사업과 동일한 '최초 입주자모집승인 신청한 단지'부터로 일원화

수도권 투기과열지구 주택 전매제한기간 개선	현재 3~4년에서 인근 주택 시세 대비 분양가 수준에 따라 5~10년으로 확대

적용주택 전매제한기간 현행 ➡ 개선

현행		개선	
분양가격 인근 시세의 100% 이상	3년(1.6년)	분양가격 인근 시세의 100% 이상	5년
분양가격 인근 시세의 85~100%	3년(2년)	분양가격 인근 시세의 80~100%	8년
분양가격 인근 시세의 70~85%	3년(3년)	분양가격 인근 시세의 80% 미만	10년
분양가격 인근 시세의 70% 미만	4년(4년)	( ): 투기과열 외	

자료: 국토교통부   연합뉴스

▲ 그림 2-28 2019년 8.12 대책의 주요 내용

※ 자료: 대한민국 정책브리핑 정책위키, 문재인 정부 부동산 대책 발표 현황, 2021년 8월 기준

용요건을 투기과열지구로 확대하고, 상한제 지정효력 시점을 관리처분인가 신청에서 최초 입주자모집 승인신청일로 앞당겼다. 또 분양가상한제 주택의 전매제한 기한을 3~4년에서 5~10년으로 확대하였다.

▲ 그림 2-29 민간택지 분양가상한제 적용기준 개선에 대한 전문가 평가

※ 자료: 뉴스웨이, "선분양이 유리…재건축 포기나 리모델링 늘 것", 이수정 기자, 2019년 8월 12일 기사

16

2019년 10월 1일

부동산시장 점검 결과 및 보완방안(시장안정대책, 분양가상한제 시행령 개정안 보완방안)

10월에는 서울지역 외에도 지역마다 국지적인 주택가격 상승이 지속되면서 또 다시 규제를 강화하는「최근 부동산시장 점검 결과 및 보완방안」대책을 발표하였다. 투기지역·투기과열지구의 개인사업자·법인의 LTV규제를 강화하는 내용이 발표되었고, 1주택 보유자도 고가주택 보유자라면 공적보증이 제한되도록 하였다. 또한 민간택지 분양가상한제 적용검토 기준을 일반분양 물량이 많거나 분양가 관리를 회피한 곳으로 확대해 핀셋 구역지정의 요건을 마련하는 내용을 포함하였다. 그리고 민간택지 상한제 주택은 5년 범위에서 거주의무기간을 부과하였고, 거주의무기간의 실제 거주여부 확인을 위한 실태조사 등에 대한 근거와 위반 시 처벌 등을 마련하는 내용을 포함하였다.

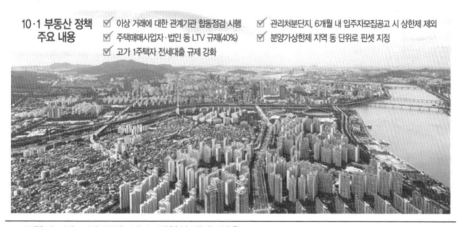

▲ 그림 2-30 2019년 10.1 대책의 주요 내용

※ 자료: 서울경제, [머니+부동산Q&A] 10.1 부동산 보완정책에 따른 내 집 마련 방안은, 권혁준 기자, 2019년 10월 5일 기사

17

2019년 11월 6일

민간택지 분양가상한제 지정

11월 6일에는 박근혜 정부에서 해지했던 민간택지 분양가상한제를 다시 시행하는 「민간택지 분양가상한제 지정」 대책을 발표하였다. 분양가상한제 적용지역은 집값 불안우려 지역을 선별하여 동(洞) 단위로 핀셋 지정(서울 27개동)함으로써 시장에 미치는 영향을 최소화하는 방향으로 시행한다고 하였다. 민간택지 분양가상한제 지정 대상지역은 강남구, 서초구, 송파구, 강동구 22개동과 마포구, 용산구, 성동구 지역 내 4개동, 그리고 영등포구 여의도동이 포함되었다. 이와 더불어 집값 상승세가 지속된다면 추가적으로 민간택지 분양가상한제 지역을 지정할 것이라고 하였다.

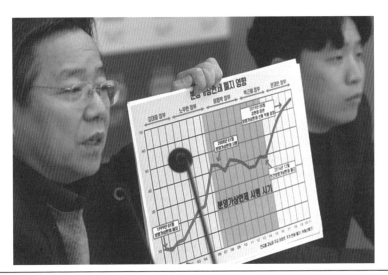

▲ 그림 2-31 경실련의 서울 아파트 값 변화 분석발표 기자회견

※ 자료: 한국일보

[사설] 분양가상한제 역풍 확산, "e정책 오판" 시장 비판 새겨들어야, 2019년 12월 4일

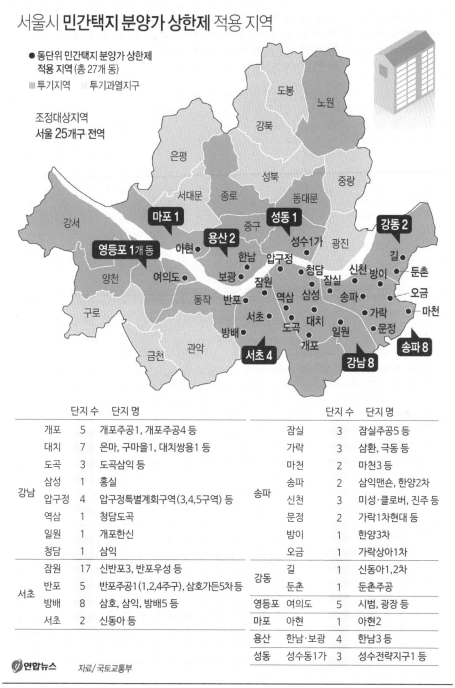

	단지 수	단지 명		단지 수	단지 명
강남 개포	5	개포주공1, 개포주공4 등	**송파** 잠실	3	잠실주공5 등
대치	7	은마, 구마을1, 대치쌍용1 등	가락	3	삼환, 극동 등
도곡	3	도곡삼익 등	마천	2	마천3 등
삼성	1	홍실	송파	2	삼익맨숀, 한양2차
압구정	4	압구정특별계획구역(3,4,5구역) 등	신천	3	미성·크로버, 진주 등
역삼	1	청담도곡	문정	2	가락1차현대 등
일원	1	개포한신	방이	1	한양3차
청담	1	삼익	오금	1	가락상아1차
서초 잠원	17	신반포3, 반포우성 등	**강동** 길	1	신동아1,2차
반포	5	반포주공1(1,2,4주구), 삼호가든5차등	둔촌	1	둔촌주공
방배	8	삼호, 삼익, 방배5 등	**영등포** 여의도	5	시범, 광장 등
서초	2	신동아 등	**마포** 아현	1	아현2
			용산 한남·보광	4	한남3 등
			성동 성수동1가	3	성수전략지구1 등

연합뉴스   자료/ 국토교통부

▲ 그림 2-32   2019년 11.6 대책의 주요 내용

※ 자료: 대한민국 정책브리핑 정책위키, 문재인 정부 부동산 대책 발표 현황, 2021년 8월 기준

18

2019년 12월 16일

주택시장 안정화방안

    문재인 정부는 12월 16일에 대한민국 주택정책 중에서 가장 강력한 규제정책이라고 불리우는 종합규제대책인 「주택시장 안정화방안」을 발표하였다. 주택

투기수요 억제 및 공급확대를 통한 주택시장 안정화			
투기수요 차단 및 실수요 중심의 시장 유도			**실수요자 공급 확대**
투기적 대출수요 규제 강화	**주택 보유부담 강화 및 양도소득세 제도 보완**	**투명하고 공정한 거래 질서 확립**	**실수요 중심의 공급 확대**
◆ 투기지역·투기과열지구 주담대 관리 강화 ·시가 9억원 초과 LTV 강화 ·초고가 아파트 주담대 금지 ·차주 단위 DSR 한도 규제 ·주담대 실수요 요건 강화 ·구입용 사업자대출 관리 강화 ·부동산임대업 RTI 강화 ·상호금융권 대출 관리 강화 ◆ 전세대출 이용 갭투자 방지 ·사적보증의 전세대출보증 규제 강화 ·전세대출 후 고가 신규주택 매입 제한	◆ 보유부담 강화 ·종합부동산세 세율 등 상향 ·공시가격 현실화·형평성 제고 ◆ 양도세 제도 보완 ·1주택자 장특공제에 거주기준 요건 추가 ·2년 이상 거주자에 한해 1주택자 장특공제 적용 ·일시적 2주택 전입요건 추가 및 중복보유 허용기간 단축 ·등록 임대주택 양도세 비과세 요건에 거주요건 추가 ·조정대상지역 다주택자 양도소득세 중과 시 주택 수에 분양권도 포함 ·2년 미만 보유 주택 양도세율 인상 ·조정대상지역 내 한시적 다주택자 양도세 중과 배제	◆ 민간택지 분양가상한제 적용지역 확대 ◆ 거래 질서 조사체계 강화 ·고가주택 자금출처 전수분석 ·실거래·정비사업 점검 상시화 ·자금조달계획서 제출대상 확대 및 신고항목 구체화 ·자금조달계획서 증빙자료 제출 ◆ 청약규제 강화 ·불법전매자 등 청약제한 ·청약 당첨 요건 강화 ·청약 재당첨 제한 강화 ◆ 임대등록 제도 보완 ·취득세·재산세 혜택 축소 ·임대사업자 합동점검 ·임대사업자 등록요건 강화 ·임대사업자 의무 강화	◆ 서울 도심 내 공급의 차질 없는 추진 ◆ 수도권 30만호 계획의 조속한 추진 ◆ 관리처분인가 이후 단계 정비사업 추진 지원 ◆ 가로주택정비사업 활성화를 위한 제도개선 ◆ 준공업지역 관련 제도개선

▲ 그림 2-33 2019년 12.16 대책의 주요 내용

※ 자료: 대한민국 정책브리핑 정책위키, 문재인 정부 부동산 대책 발표 현황, 2021년 8월 기준

시장 안정화방안에는 30여 개에 달하는 종합적인 규제책을 시행하는 내용을 포함시켰다. 주요 내용으로는 투기적 대출수요 규제 강화를 위해 시가 9억원 초과 주택에 대한 담보대출 LTV 추가 강화, 전세대출을 이용한 갭투자 방지, 종합부동산세 세율 상향조정, 공시가격 현실화율 제고, 1세대 1주택자 장기보유특별공제에 거주기간 요건 추가, 자금조달계획서 증빙자료 제출, 임대등록 시 취득세·재산세 혜택 축소 등에 대한 규제 등이다.

12·16 부동산 종합 대책 주요 내용 ( ) 적용시점

▲ 투기적 대출수요 규제 강화

---

1. 투기지역·투기과열지구 주택담보대출 관리 강화
   ▷ 시가 9억원 초과 주택 담보대출 강화 9억 초과분 LTV 40% → 20%(12월 23일)
   ▷ 시세 15억원 초과 초고가 아파트 주택담보대출 금지(17일)
   ▷ DSR 관리 강화 시가 9억원 초과 주택, 금융사별 → 차주별(23일)
   ▷ 주택담보대출 실수요 요건 강화 일시적 2주택자 1년내 전입, 기주택 처분(23일)
   ▷ 주택구입목적 사업자대출 관리 강화(23일)
      투기지역 내 주택임대업 외 업종 주택구입용 주담대 금지
   ▷ 주택임대업 개인사업자에 대한 이자상환비율(RTI)강화 1.25배 → 1.5배(23일)

2. 전세대출 이용한 갭투자 방지(20년 1월)
   ▷ 사적보증의 전세대출보증 규제 강화
   ▷ 전세자금대출 후 신규주택 매입 제한 대출 후 9억 초과 주택 구입시 대출 회수

▲ 주택 보유부담 강화·양도소득세 제도 보완

---

1. 공정과세 원칙에 부합하는 주택 보유부담 강화 (2020년 상반기)
   ▷ 종합부동산세 인상 일반 0.1~0.3%p, 다주택자 0.2~0.8%p까지 인상
   ▷ 공시가격 현실화 및 형평성 제고 공동주택 현실화율 최대 80%까지 인상

2. 실수요자 중심의 양도소득세 제도 보완 (2020년 상반기)
   ▷ 일시적 2주택 양도세 비과세 요건에 전입요건 강화, 1년 이내 해당 주택 전입하고 1년 기존주택 처분
   ▷ 단기보유 양도세 차등 적용 1년 미만 세율 40% → 50%, 2년 미만 기본세율 40%

▲ 투명하고 공정한 거래질서 확립

▷ 민간택지 분양가상한제 적용지역 확대 (12월 17일)
▷ 서울 13개구 전역, 5개구 37개동, 과천·하남 등 322개동으로 확대

▲ 임대등록제도 보완

▷ 임대등록 시 세제혜택 축소 (2020년 상반기)
▷ 취득세, 재산세 혜택, 수도권 공시가격 6억원 이하 주택으로 제한

▲ 그림 2-34 12·16 부동산 종합 대책 주요 내용 적용시점

※ 자료: 주간한국, 또 '단기적' 초강력 부동산 대책 "정책 목표가 뭔지 모르겠다…수요공급 균형 필요", 이종혜 기자, 2019년 12월 23일 기사

19

2020년 2월 20일

투기 수요 차단을 통한 주택시장 안정적 관리 기조 강화

2020년 2월 20일에는 경기도 지역의 집값 상승세를 규제하고자 「투기 수요 차단을 통한 주택시장 안정적 관리 기조 강화」 대책을 발표하였고, 수원시 영통 구, 권선구, 장안구 및 안양시 만안구, 의왕시를 조정대상지역으로 신규 지정하 였다. 또한 주택가격 9억원 이하는 LTV 50%를, 초과분은 LTV 30%로 변경(기존

	투기지역	투기과열지구	조정대상지역
서울	강남, 서초, 송파, 강동, 용산, 성동, 노원, 마포, 양천, 영등포, 강서('17.8.3), 종로, 중구, 동대문, 동작 ('18.8.28)	전 지역 ('17.8.3)	전 지역 ('16.11.3)
경기	–	과천('17.8.3), 성남분당('17.9.6), 광명, 하남('18.8.28)	과천, 성남, 하남, 고양(7개 지구*), 남양주(별내·다산동), 동탄2('16.11.3), 광명('17.6.19), 구리, 안양동안, 광교지구('18.8.28), 수원팔달, 용인수지·기흥('18.12.31), 수원영통·권선·장안, 안양만안, 의왕('20.2.21)
대구	–	대구수성('17.9.6)	–
세종	세종('17.8.3)	세종('17.8.3)	세종('16.11.3)

* (고양시 7개 지구) 삼송택지개발지구, 원흥·지축·향동 공공주택지구, 덕은·킨텍스1단계 도시개발지구, 고양관광문화단지(한류월드)

** 음영 지역은 금번 신규 지정 지역

▲ 그림 2-35 2020년 2.20 대책의 주요 내용

※ 자료: 대한민국 정책브리핑 정책위키, 문재인 정부 부동산 대책 발표 현황, 2021년 8월 기준

에는 60% 일괄적용)하여 대출규제를 강화하였다. 뿐만 아니라 임대주택 사업자의 주택담보대출 제한지역이 조정대상지역까지 확대되었고, 1주택자의 주택담보대출도 실수요 요건에 신규주택 전입의무 조건이 추가되었다.

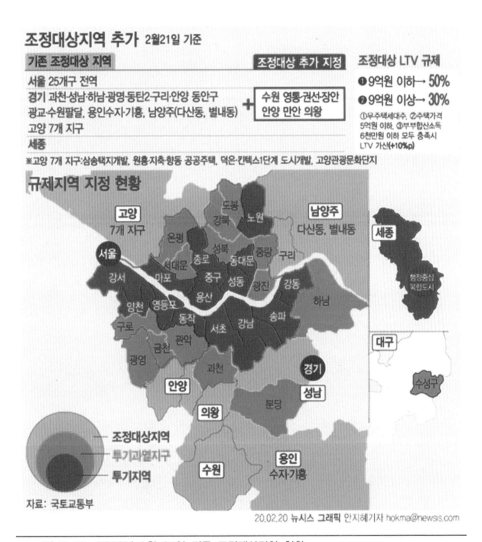

▲ 그림 2-36   2020년 2월 21일 기준 조정대상지역 현황

※ 자료: 경기매일, 국토교통부, 조정대상지역 수원·안양·의왕 5곳 추가, 박창희 기자, 2020년 2월 20일 기사

20

2020년 5월 6일
수도권 주택공급 기반 강화방안

2020년 5월 6일에 발표된 문재인 정부의 20번째 주택정책은「수도권 주택 공급 기반 강화방안」에 대한 내용으로, 기존의 3차에 걸친 대규모 주택공급 계획과 더불어 2023년 이후의 수도권 주택공급을 위한 방안에 대한 내용이 담 겼다.

문재인 정부는 지난 19번의 주택정책과 달리 최초로 정비사업을 활성화하겠 다는 내용을 포함하였고, 공공이 주도적으로 재개발 사업을 추진하겠다고 하였 다. 그러나 민간 정비사업에 대해서는 조합정관 투기방지조항 명시, 정비구역 지정에 따른 지가변동 모니터링 강화 등 규제 방안을 추가적으로 시행하는 내용 을 포함하였다.

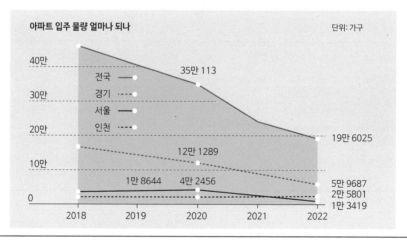

▲ 그림 2-37 아파트 입주물량 얼마나 되나

※ 자료: 더 중앙, 3기 신도시 일부 분양 1~2년 앞당겨…내년 9000가구 공급, 한은화·염지현 기자, 2020년 5월 7일 기사

┌───┐
│ '23년 이후 수도권의 주택공급 안정세 공고화 │
│ ⇨ 수도권 주택 공급량 年 25만호 + α 수준 유지 │
└───┘

▲

도심 내 공급 기반 강화 (서울 7만호 추가 공급)			수도권 공급계획의 조기 이행
공공성을 강화한 정비사업 활성화	유휴공간 정비 및 재활용	도심 내 유휴부지 추가 확보	

① 공공재개발 활성화 - LH · SH 사업참여 및 주택공급활성화 지구 지정 ② 소규모정비 보완 - 가로주택정비사업 추가 제도개선 - 공공기여 시 민간 소규모 재건축 지원 ③ 역세권 민간사업 - 용도지역 상향 등	① 준공업지역 내 공장 이전 부지 활용 - 민관합동 공모를 통한 앵커조성 등 ② 오피스 공실 등을 1인용 공공임대로 용도변경	① 국공유지 활용 - 문화체육시설 등과 공공임대주택 건설 ② 코레일 부지 활용 - 역세권 우수입지 활용 공공임대 건설 ③ 공공시설 복합화 - 노후 공공시설 복합개발 ④ 사유지 개발 공공기여 - 사유지 용도지역 변경 시 기부채납	① 수도권 30만호 조기화 - 3기 신도시 등 지구지정 완료 - 지구계획 · 토지보상 병행 등 패스트트랙 적용 ② 수도권 공공택지 아파트 지속공급 - 항후 77만호 공급 - 일부 공공택지에서 사전 청약제 시행

┌───┐
│ ◆ 수도권 주택공급 기반 강화 방안의 3대 원칙 │
│ ① 공공주도로 수도권의 좋은 입지에 양질의 주택을 충분히 공급 │
│ ② 소유자와 세입자 모두에게 이익이 되는 상생(win-win) 구조 │
│ ③ 실수요자 우선공급 및 투기방지 │
└───┘

▲ 그림 2-38   2020년 5.6 대책의 주요 내용

※ 자료: 대한민국 정책브리핑 정책위키, 문재인 정부 부동산 대책 발표 현황, 2021년 8월 기준

21

2020년 5월 20일
2020년 주거종합계획

5월 20일에는 주택시장의 규제뿐만 아니라 대규모 공급을 통한 주택시장 안정화를 목표로 「2020년 주거종합계획」을 발표하였다. 핵심내용은 2023년부터 수도권에 연평균 25만호 이상을 공급하고, 3기 신도시를 계획보다 앞당기겠다는 내용이다. 그리고 수도권 공급 확대를 위해 공공이 사업에 참여하는 방식인 공공 재개발을 본격적으로 도입하는 내용이 포함되었다.

비전	집 걱정 없는 삶, 공정한 시장질서, 편안한 주거환경
목표	■ 포용적 주거복지 성과의 가시화 ■ 주택시장의 안정적 관리 지속 ■ 소비자 중심의 공정한 주택·토지 시장질서 정립 ■ 편안한 주거환경 조성 및 미래형 주택 실증

2020년 중점 추진과제
1. 사각지대 없는 포용적 주거복지 실현
2. 실수요자 중심의 주택시장 관리 공고화
3. 공정하고 투명한 시장질서 정립
4. 고품질의 편안한 주거환경 조성

▲ 그림 2-39 2020년 5.20 대책의 주요 내용

※ 자료: 대한민국 정책브리핑 정책위키, 문재인 정부 부동산 대책 발표 현황, 2021년 8월 기준

22

2020년 6월 17일
주택시장 안정을 위한 관리방안

21번의 주택정책 시행에 대한 풍선효과로 인해 비규제 지역들을 중심으로 주택가격 상승세가 이어지면서 6월 17일에는「주택시장 안정을 위한 관리방안」을 또 다시 발표하였다.

▲ 그림 2-40 6.17 대책으로 내 집 마련이 더욱더 힘들어진 30대

※ 자료: 주간조선, 6.17 부동산 대책의 최대 피해자 30대의 분노, 배용진 기자, 2020년 6월 29일 기사

최근 주택가격 급등세를 보이는 경기, 인천, 대전, 청주에 대해서 조정대상지역과 투기과열지구로 추가 지정하는 것이 핵심내용이었다. 그리고 주택담보대출 및 전세자금대출 규제 강화, 법인을 활용한 투기수요 근절 방안이 담겼으며, 조합원 실거주 의무화, 안전진단 강화, 재건축 부담금 현실화 등의 재건축사업에 대한 강력한 규제정책도 함께 발표되었다.

과열요인 차단을 통한 주택시장 안정화

과열지역에 투기수요 유입 차단	정비사업 규제 정비	법인을 활용한 투기수요 근절	12.16 대책 및 공급대책 후속조치 추진
◆ 조정대상지역 지정 - 경기·인천·대전·청주 대부분 ◆ 투기과열지구 지정 - 경기·인천·대전 17개 지역 ◆ 토지거래허가구역 지정 ◆ 거래질서 조사체계 강화 - 실거래 기획조사 시행 - 자금조달계획서 및 증빙자료 제출 대상 확대 ◆ 주택담보대출 및 전세자금대출 규제 강화 - 규제지역 주담대 및 보금자리론 실거주 요건 강화 - 전세자금대출보증 제한 강화	◆ 재건축안전진단 절차 강화 - 안전진단 시·도 관리 강화 및 부실안전진단 제재 - 2차 안전진단 현장조사 강화 및 자문위 책임성 제고 ◆ 정비사업 조합원 분양 요건 강화 - 투기과열지구·조정대상지역에서 조합원 분양신청 시까지 2년 이상 거주 필요 ◆ 재건축부담금 제도개선 - 재건축 부담금 본격 징수 - 공시가격 현실화에 따른 공시비율 적용 및 재건축부담금 귀속비율 조정	◆ 주택 매매·임대사업자 대출규제 강화 - 모든 지역 개인·법인 사업자 주담대 금지 ◆ 법인 등 세제 보완 - 종부세율 인상 및 공제 폐지 - 조정대상지역 신규 임대주택 종부세 과세 - 주택 양도 시 추가세율 인상 및 장기등록임대도 적용 ◆ 부동산 매매업 관리 강화 ◆ 법인 거래 조사 강화 - 법인대상 실거래 특별조사 - 법인용 실거래 신고서식 도입, 모든 법인 거래에 자금조달계획서 제출 의무화	◆ 주택시장 안정화방안 (12.16대책) 후속조치 - 분양가상한제 및 12.16 대책 관련 5개 법률 신속 개정 ◆ 수도권 주택공급 기반 강화방안(5.6) 후속조치 - 공공참여 가로주택정비사업 1차공모 사업지구 선정 및 2차 사업지 공모 착수(8월) - 공공재개발 시범사업 공모(9월) - 준공업지역 민관합동사업 공모(9월) - 오피스·상가 주거 용도 변경 사업 시범사업 선정(10월)

대책 발표 이후 시장상황을 면밀히 모니터링하여, 필요한 경우
세제·금융·공급 등 근본적인 시장안정 방안을 강구

▲ 그림 2-41 2020년 6.17 대책의 주요 내용

※ 자료: 대한민국 정책브리핑 정책위키, 문재인 정부 부동산 대책 발표 현황, 2021년 8월 기준

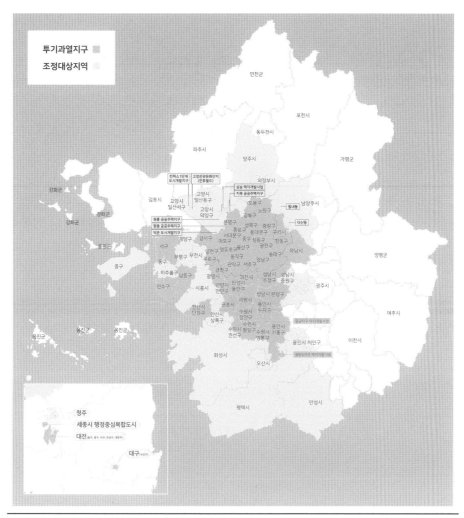

▲ 그림 2-42   2020년 6.17 대책의 주요 내용

※ 자료: 대한민국 정책브리핑 정책위키, 문재인 정부 부동산 대책 발표 현황, 2021년 8월 기준

23

2020년 7월 10일
주택시장 안정 보완대책

문재인 정부는 6.17 대책의 후속대책으로 7월 10일에 또 다시 「주택시장 안정 보완대책」을 발표하였다. 주요 내용은 크게 3개 분야로 생애최초 특별공급 확대에 대한 내용으로서 적용대상을 국민주택뿐만 아니라 민영주택에도 도입하겠다고 밝히고, 공급비율을 국민주택도 20→25%까지 확대하고, 85㎡ 이하 민영

▲ 그림 2-43 2020년 7.10 대책의 주요 내용

※ 자료: 대한민국 정부 트위터(@haellopolicy), 주택시장 안정 보완대책 자료

주택 중 공공택지는 분양물량의 15%, 민간택지는 7%를 배정하는 내용을 포함시켰다.

그리고 신혼부부 특별공급 소득기준을 완화시키고, 주택 임대사업자등록 제도의 경우 단기임대(4년)는 신규 등록을 폐지하고, 단기임대의 장기임대(8년) 전환도 불허하는 것으로 제도를 보완하였다.

▲ 그림 2-44 2020년 7월 10일 대책에 대한 만평

※ 자료: 경인일보, 시장 반응 조사, 이공명 화백, 2020년 7월 10일 만평

24

2020년 8월 4일

서울권역 등 수도권 주택공급 확대방안

　8월 4일에는 문재인 정부가 서울 도심에 대규모 주택공급을 위한 「서울권역 등 수도권 주택공급 확대방안」을 발표하였다. 신규택지를 발굴하여 개발하고, 3기 신도시 등 공공택지 용적률 상향에 대한 내용을 포함하였다. 특히 '공공참여형 고밀재건축(공공재건축)'에 대한 내용을 발표하였고, 선보였다. 또 지난 5.6 대책에서 발표하였으나 주택시장에서 외면받아온 공공재개발에 대한 내용을 수정·보완하여 구역해제된 재개발 구역도 공공재개발에 참여할 수 있도록 사업 참여대상의 폭을 확대하는 내용을 포함하였다.

▲ 그림 2-45 2020년 8월 4일 대책에 대한 만평

※ 자료: 경인일보, 뒷일을 부탁해, 이공명 화백, 2020년 8월 5일 만평

☞ 서울권역 중심으로 주택 총 26.2만호+α 추가 공급 추진
　= 신규 공급 13.2만호 + α + 공공분양 사전청약 6만호
　　　　　　　　　　+ 旣 발표 공급 예정 물량 7만호(5.6대책)

* 금번 대책을 포함해, 향후 수도권 지역에는 총 127만호 공급 예정
　= 3기 신도시 등 공공택지 77만호 + 서울도심 내 주택공급 7만호(5.6대책)
　　+ 수도권 내 旣 추진중 정비사업 30만호 + 금번 대책 신규공급 13.2만호

───────────── 〈 요 약 〉 ─────────────

(규모) 중앙부처, 지자체 협업으로 모든 가용 정책수단 점검하여 26.2만호+α 마련
(대상) 서울권역 등에 필요한 주택을 실수요자 대상 집중 공급
(방법) 군부지, 이전기관 부지 등 신규 택지를 최대한 발굴
　　　　+ 노후단지를 고밀로 재건축하여 도심 내 공급

❶ '20.5.6 발표한 서울도심 내 주택공급: 7만호 ('23~'28년, 이하 모집기준)
　* 정비사업 활성화 4만호(공공재개발 2만호, 소규모정비사업 2만호), 유휴공간 정비 및 재활용 3만호(용산
　　정비창 8천호 등)

❷ 금번 서울권역 주택공급 물량 확대: 13.2만호+α ('21~'28년)

구 분	공급 물량
1. 신규택지 발굴 (군부지, 이전기관 부지 등)	3.3만호
2. 3기 신도시 등 용적률 상향 및 기존사업 고밀화	2.4만호
3. 정비사업 공공성 강화	7.0만호
1) 공공참여형 고밀 재건축 도입	(5.0만호)
2) 공공재개발 활성화	(2.0만호)
4. 규제완화 등을 통한 도심공급 확대	0.5만호+α
1) 노후 공공임대 재정비	(0.3만호)
2) 공실 상가오피스 주거전환	(0.2만호)
3) 택지 용도 전환 및 준공업지역 순환정비 촉진 등	(+α)
합 계	13.2만호+α

❸ 당초 계획된 공공분양물량 사전청약 확대 : 6만호 ('21~'22년)

▲ 그림 2-46　2020년 8.4 대책의 주요 내용

※ 자료: 대한민국 정책브리핑 정책위키, 문재인 정부 부동산 대책 발표 현황, 2021년 8월 기준

〈 서울권역 등 수도권 주택공급 확대방안 총괄표 〉

구 분	과 제		호 수(만호)
	합 계		13.2 + α
1. 신규택지 발굴 (3.3만호)	❶ 태릉CC	〈서울 노원〉	1.00
	❷ 용산 캠프킴	〈서울 용산〉	0.31
	❸ 정부 과천청사 일대	〈경기 과천〉	0.40
	❹ 서울지방조달청	〈서울 서초〉	0.10
	❺ 국립외교원 유휴부지	〈서울 서초〉	0.06
	❻ 서부면허시험장	〈서울 마포〉	0.35
	❼ 노후 우체국 복합개발	〈수도권 일대〉	0.10
	❽ 공공기관 유휴부지 활용 등 17곳 ① LH 서울지역본부(0.02)　⑧ 상암 자동차 검사소(0.04) ② 상암DMC 미매각 부지(0.20)　⑨ 상암 견인차량 보관소(0.03) ③ SH 마곡 미매각 부지(0.12)　⑩ 구로 시립 도서관(0.03) ④ 면목행정복합타운(0.10)　⑪ 흑석 유수지 부지(0.02) ⑤ 문정 미매각 부지(0.06)　⑫ 거여 공공공지(0.02) ⑥ 천왕 미매각 부지(0.04)　⑬ 감정원, 일자리 연계 행복주택 등(0.04) ⑦ LH 여의도 부지(0.03)　⑭ 미공개부지(0.19)		0.94
2. 용적률 상향 및 고밀화 (2.4만호)	❶ 3기 신도시 용적률 상향		2.00
	❷ 기존 도심 내 개발예정 부지(서울의료원, 용산정비창) 공급 확대		0.42
3. 정비사업 공공성 강화 (7.0만호)	❶ [재건축] 공공참여형 고밀 재건축 도입		5.00
	❷ [공공재개발] 정비구역 해제지역 등에도 재개발사업 허용		2.00
4. 도시규제 완화 등 (0.5만호+α)	❶ 노후 공공임대 재정비		0.30
	❷ 공실 등 유휴공간을 활용하여 주거공급 확대		0.20
	❸ 도심고밀 개발을 위한 도시계획 수립기준 완화 등		+ α

▲ 그림 2-47 2020년 8.4 대책의 주요 내용

※ 자료: 대한민국 정책브리핑 정책위키, 문재인 정부 부동산 대책 발표 현황, 2021년 8월 기준

25

2021년 2월 4일

공공주도 3080+, 대도시권 주택공급 획기적 확대방안

2021년 2월 4일에는 25번째 주택정책으로「공공주도 3080＋, 대도시권 주택공급 획기적 확대방안」의 대책을 발표하였다. 해당 정책의 핵심은 압도적 물량공급으로 수급 불안심리를 해소하겠다는 것이다. 공급물량은 서울지역에만 분당신도시 3개, 강남3구 APT 수와 유사한 32만호를 공급하고, 정비사업의 경우 사업추진기간을 5년 이내로 단축하겠다고 발표하였다. 뿐만 아니라 공공분양을 통해 시세보다 저렴한 주택을 공급하고, 청약과 관련하여 분양주택 중심(70~80%)으로 추진하고, 일반공급 비중을 상향(15→50%)하며, 추첨제를 도입(일반공급 30%)하는 내용이 담겼다. 이 외에도 강한 규제혁신과 개발이익 공유를 위해 용도지역 변경 + 용적률 상향 + 기부채납 부담 완화에 대한 내용과 파격적 인센티브와 새로운 비즈니스 기회 창출할 수 있도록 토지주에게 10~30%p 추가수익＋사업기간 단축＋공공이 리스크 부담하는 주택공급 확대를 위한 공격적 정책 내용이 포함되었다.

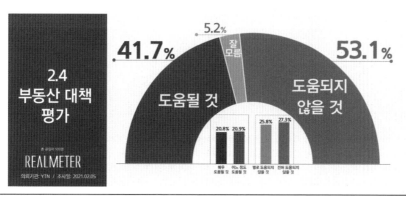

▲ 그림 2-48 2021년 2월 4일 부동산 대책 평가

※ 자료: 리얼미터, 2.4 부동산 대책, "도움 되지 않을 것" 53.1%, 2021년 2월 8일 기사

1. 주택공급 목표

◆ '25년까지 전국 대도시에 약 83만호 주택 공급부지 확보
⇨ 수도권 약 61만호(서울 약 32만호) + 5대 광역시 등 약 22만호
⇨ 공공분양(70~80%) + 공공자가·공공임대(20~30%) 혼합 공급

◆ 주거뉴딜 추진을 통해 다기능 임대주택을 전국에 공급
⇨ 사회서비스 연계 + 혁신공간 연계 + 지역균형발전 사업과 연계

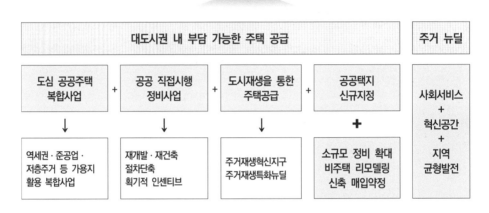

〈공급 부지확보 물량('21~'25) 추계치 총괄〉

〈단위: 만 호〉

| | | 총계 | 정비사업 | 도심공공주택복합사업 | | | 소규모 | 도시재생 | 공공택지** | 비주택리모델링 | 신축매입 |
				역세권	준공업	저층주거					
계		83.6	13.6	12.3	1.2	6.1	11	3	26.3	4.1	6
	서울	32.3	9.3	7.8	0.6	3.3	6.2	0.8	–	1.8	2.5
	인천경기	29.3	2.1	1.4	0.3	1.3	1.6	1.1	18.0	1.4	2.1
	5대광역	22.0	2.2	3.1	0.3	1.5	3.2	1.1	(광역)5.6 (지방)2.7	0.9	1.4

* 지방 중소도시 등에 대한 주거뉴딜의 물량 등 구체적인 사업계획은 금년 상반기 중 별도 발표
** 신규 공공택지 지정 25만호, 행복도시 추가공급(용도변경 등) 1.3만호 등 총 26.3만호 공급
*** 부지확보 기준: (정비사업) 정비계획 변경 (도심공공·공공택지) 지구지정 (소규모) 사업시행인가 (도시재생) 지구지정 (비주택·신축매입) 물건 확보

▲ 그림 2-49 2021년 2.4 대책의 주요 내용

※ 자료: 대한민국 정책브리핑 정책위키, 문재인 정부 부동산 대책 발표 현황, 2021년 8월 기준

2. 기본방향

1) 주민 희망 시 공공주도 Fast-track 옵션 제공 ☞ 신속한 공급
   * 공공기관(기획), 정부·지자체(인허가), 민간(창의적 설계·시공), 전문가(개발구상)

2) 역세권 등 도심 내 가용용지와 공공택지를 통해 충분한 물량 공급
   * 도심 내 역세권·준공업·저층주거지와 신규 공공택지를 활용

3) 생활인프라, 혁신공간, 일자리와 연계된 품질 높은 주택공급
   * 단지내 커뮤니티시설, 도시교통 인프라, 일자리 창출 공간 등과 연계된 주택 공급

4) 수요자가 선호하는 주택 공급(임대주택은 돌봄·육아·일자리 등 연계)
   * 분양주택을 중심으로 공공자가주택과 공공임대주택 등을 혼합 공급

5) 사회적 합의에 기초한 개발이익 배분 및 선제적 투기수요 차단
   * 개발이익은 생활 SOC 구축 등에 사용하고, 투기수요는 면밀하게 관리

3. 추진전략

◈ **新개발모델 도입 + 정비·재생사업 활성화 ⇨ 도시구조 개편 + 주택공급 확대**

[1] 신규 가용지 (역세권·준공업·저층주거지): 新 개발수단 + 도시기능 재편

[2] 재개발·재건축: 공기업 직접시행 ⇨ 획기적 인센티브 + 절차단축

[3] 도시재생: 재생사업과 정비사업 연계 ⇨ 실행력 제고 + 주택공급

[4] 소규모 정비: 소규모 재개발 + 기존사업 유연화 ⇨ 개발 사각지대 해소

[5] 공공택지: 수도권, 지방광역시를 중심으로 전국 15곳 내외 신규 지정

[6] 단기 주택확충: 비주택 리모델링 + 매입임대 확대 등 전세대책 보완

※ 주거뉴딜을 통한 다기능 임대주택 공급은 개발이익의 배분, 예산, 입지, 제도, 물량 등 종합 검토 후 발표(상반기 중)

▲ **그림 2-50** 2021년 2.4 대책의 주요 내용

※ 자료: 대한민국 정책브리핑 정책위키, 문재인 정부 부동산 대책 발표 현황, 2021년 8월 기준

26

2021년 8월 30일
제3차 신규 공공택지 추진계획

가장 최근인 8월 30일에는 지난 2.4 대책과 연계된 내용으로 「제3차 신규 공공택지 추진계획」을 발표하였다. 핵심적인 내용은 의왕·군포·안산 지역과 화성 장안에 3기 신도시가 추가로 지정되었고, 인천 구월, 화성 봉담, 남양주 진건, 양주 장흥, 구리 교문 등이 수도권 내 신규 공공택지 개발지역에 포함되었다. 지방권에서는 대전 죽동2, 세종 조치원, 세종 연기가 소규모 택지지구로 지정되었다.

3차 신규 공공택지 지정

	수도권	지방권
신도시 규모 (330만㎡ 이상)	의왕군포안산 (4만1000가구) 화성진안 (2만9000가구)	–
중규모 택지 (100만㎡ 이상)	인천구월2 (1만8000가구) 화성봉담3 (1만7000가구)	–
소규모 택지 (100만㎡ 미만)	남양주진건 (7000가구) 양주장흥 (6000가구) 구리교문 (2000가구)	대전죽동2 (7000가구) 세종조치원 (7000가구) 세종연기 (6000가구)
소계	12만가구 (7곳)	2만가구 (3곳)
합계	14만가구 (10곳)	

▲ 그림 2-51 3차 신규 공공택지 지정 현황

※ 자료: 뉴스핌, '신도시 규모' 의왕군포안산·화성진안 등 10곳 신규 공공택지 선정…14만가구 공급
   박우진 기자, 2021년 8월 30일 기사

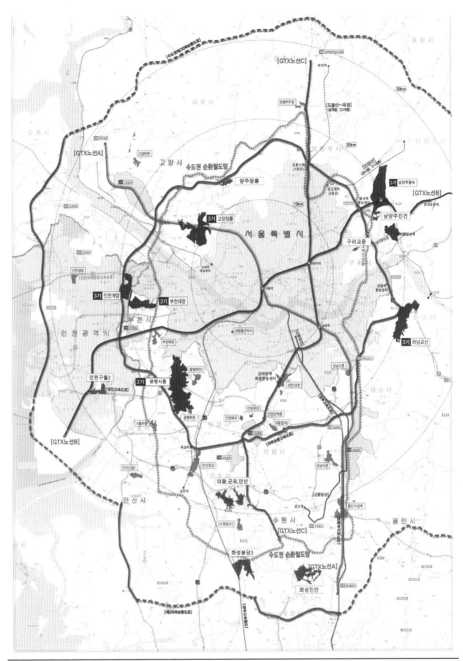

▲ 그림 2-52 2021년 8.30 대책의 수도권 3차 신규 공공택지 지정 위치

※ 자료: 대한민국 정책브리핑 정책위키, 문재인 정부 부동산 대책 발표 현황, 2021년 8월 기준

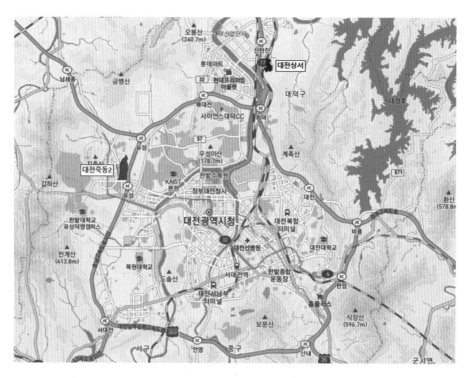

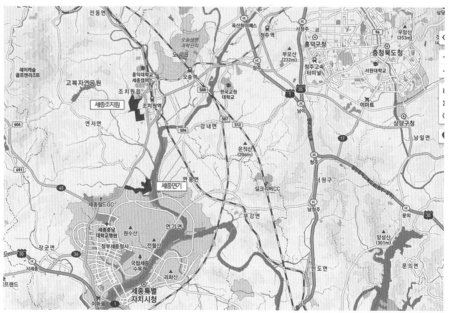

▲ 그림 2-53 2021년 8.30 대책의 지방권 3차 신규 공공택지 지정 위치

※ 자료: 대한민국 정책브리핑 정책위키, 문재인 정부 부동산 대책 발표 현황, 2021년 8월 기준

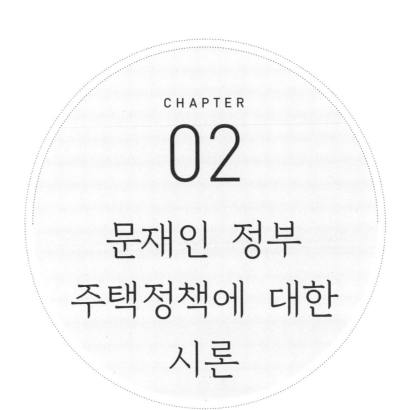

CHAPTER

02

문재인 정부
주택정책에 대한
시론

01 부동산 보유세 인상 정책[1)

부동산 보유세 인상이 답인가?

　지난 대선을 통하여 새로운 문재인 정부가 들어섰다. 문재인 대통령은 당선 확정 후 이 정부를 제3기 민주정부, 더불어민주당의 정부라고 천명하였다. 문 정부의 이제까지 대선공약을 살펴볼 때 부동산 정책도 진보 경향의 정책을 추진하게 될 것으로 판단된다.

　또한, 지난 제19대 대선에서 모든 대통령 후보자들이 부동산 정책 중 부동산 세금에 대한 '부동산 보유세에 대한 인상' 공약을 발표한 바 있다. 대선 후보들은 부동산 정책과 관련하여 국민의 복지정책을 실현하기 위하여 이에 대한 자금확보가 필연적이라고 판단하고 있는 것이다. 복지정책을 실현하기 위한 재원을 마련하기 위하여 세금의 증세가 필요하다. 증세방안으로 부동산에 대한 보유세의 인상을 주장하였다.

　세금은 국가를 유지하고 국민생활의 안녕을 위하여 국민이 소득의 일정 부분을 국가에 납부하여야 하며, 이에 따라 국민은 조세납부의 의무를 진다. 세금의 기원은 인류가 농사를 짓고, 공동체가 형성되면서부터라는 설이 일반적이다. 그리고 국가가 만들어지면서 세금의 규모가 점차 커지게 되었다. 이에 여러 가지 부작용으로 과세공평의 문제, 과세위험의 문제, 과세 투명성의 문제 등이 나타나게 되었다.

세금은 국민의 지불능력을 고려한 과세이어야 한다.

　벤저민 프랭클린은 "세금과 죽음은 피할 수 없다", 공자도 "세금은 호랑이보다 무서운 것", 애덤 스미스는 "세금은 국민의 지불능력에 따라 부과되어야 한다"고 하였다. 대통령 후보들은 대선 때만 되면 부동산에 대한 보유세를 올려야

---

1) 조세금융신문(2017. 07. 11)에 기고한 글을 수정 및 보완한 글입니다.

한다고 목소리를 높이고 있다. 복지 국가건설을 위하여 복지재정의 확충은 불가피하지만 그렇다고 국민의 표를 의식한 이러한 포퓰리즘 식의 주장은 여러 가지 측면에서 부작용이 있다.

부동산 투기를 예방하고 국토의 합리적·효율적 이용을 촉진하기 위하여 보유세를 올리게 되면, 가계경제에 부담을 주게 되고, 가계소비의 위축을 가져온다. 경제학의 기본 원칙이다.

부를 많이 가진 자에게 좀 더 많은 세금을 부과하고, 이러한 세금을 복지재정에 충당하게 되면 서민들의 복지 향상에 도움이 될 수 있다. 이러한 주장은 단순하게 일리가 있는 것으로 들린다.

하지만 세금으로 부동산의 보유를 억제하려는 방안은 아주 위험할 수 있다. 부동산에 대한 보유세를 인상하여 부동산 투기를 예방하고, 복지재원을 마련하는 것이 여러가지 여건을 고려할 때 불가피한 선택이라는 점은 공감하지만 아래에서 시술하고 있는 방향을 고려하여 부동산에 대한 보유세의 인상을 추진해야 할 것이다.

첫째, 부동산 조세제도를 종합적으로 검토하여 보유세의 세율만 조정할 것이 아니라 전면적인 부동산 조세제도의 개선이 필요하다. 보유세의 인상을 주장할 때 우리나라의 보유세 수준이 일부 선진국보다 낮다고 주장한다. 2011년 기준 경제협력개발기구(OECD)의 발표한 자료에 따르면 회원국들은 평균적으로 보유세부담률이 국내총생산(GDP) 대비 1.09%이고 한국의 경우에는 0.79%이기 때문에 보유세의 수준이 낮다고 주장한다. 그런데 이러한 단순비교를 통해 보유세의 인상을 주장하는 것은 설득력이 부족하다. 부동산 관련 세금은 크게 보유세(재산세, 종합부동산세)와 거래세(양도소득세, 취득세 등)로 나눌 수 있다. 지금 현재 우리나라는 보유세보다는 양도세의 비율이 높은 편이다. OECD 선진국들은 거래세보다는 보유세의 비율이 높다. 따라서 우리나라도 보유세의 인상만 추진할 것이 아니라 거래세도 함께 검토하여 종합적으로 개선하여야 조세정의, 조세의 형평성 등의 조세정책목표를 달성할 수 있을 것이다.

보유세보다는 양도세 비율이 높은 현 조세체계의 조정

둘째, 국세와 지방세의 조정이 이루어져야 한다. 현재 우리 나라의 재산세는 지방세이지만 세율은 지방세법에서 동일한 세율을 적용하고 있다. 재산세는 주민의 편익원칙을 적용하여 지방자치단체에서 과세하고, 거래세는 국세로 과세하고 있다. 보유세를 현실화하고 거래세를 낮추게 되면 국세의 감소를 가져오게 된다. 국세의 감소는 국가재정의 감소로 이어지기 때문에 과세배분조정제도를 통하여 적정한 조정이 선행되어야 할 것이다.

셋째, 보유세의 세율은 높이되, 거래세의 비중을 함께 낮춰야 한다. 우리나라는 취득세, 양도소득세 등 부동산 거래에 따른 과세는 높은 편인데, 재산세, 종합토지세 등 부동산의 보유에 따른 과세는 낮은 편이다. 우리나라 총세입에서 차지하는 부동산의 거래에 따른 과세 비중과 부동산 보유에 따른 과세의 비중이 7.1 : 4.0으로 나타나 있다. 선진국의 경우 거래과세의 비율과 보유과세의 비율이 독일은 0.7 : 1.4, 프랑스는 1.6 : 3.9, 일본은 0.7 : 9.7, 대만은 1.3 : 7.5이다. 우리나라도 다른 선진국들처럼 보유세의 비율을 높이는 방향으로 제도 개선이 필요하다. 부동산에 대한 보유세를 인상하여 부동산 투기를 예방하고, 복지재원을 마련하는 것이 여러 가지 여건을 고려할 때 불가피한 선택이라는 점은 공감하지만 세금으로 부동산의 보유를 억제하려는 방안은 아주 위험할 수 있다. 즉, 부동산의 경우에는 이용중심의 개념으로 변화되어야 하기 때문에 부동산거래를 활성화시켜야 한다.

부동산을 효율적으로 이용하지 않고, 무작정 부동산을 보유하는 데 초점을 맞추는 부동산은 세부담을 가중시켜 이용을 촉진하고, 부동산을 이용하고자 하는 소비자에게는 거래세의 세율을 낮추어 세부담을 줄여줘야 할 것이다. 그리고 국세의 감소를 방지할 수 있도록 앞에서 서술한 과세배분조정제도를 통하여 적정한 조정이 선행되어야 할 것이다.

종합적 검토를 통한 보유세와 거래세의 세율 조정

넷째, 실거래가 등을 기준으로 한 실질과세가 이루어져야 한다. 지금 현재 우리나라는 취득세와 양도소득세는 실거래가를 기준으로 과세하여 실질과세가 이루어지고 있다. 그러나 보유세는 실질가격으로 부과하는 것이 아니라 공동주택은 기준시가, 단독주택은 공시가격, 토지는 공시지가를 기준으로 과세된다. 그런데 이러한 여러 가지 가격들은 시장가격을 제대로 반영하지 못하고 있다. 재산세는 일종의 정책조세로 수익자부담원칙 및 소득재분배의 기능을 고려할 때 실질 가치를 반영하여야 한다. 수익자부담원칙에 의하여 지방정부가 부동산 보유자에게 양질의 공공서비스를 제공하게 되면 부동산 가치에 따라 차등하여 세부담을 하는 것이 원칙이다. 소득재분배의 기능에서 볼 때도 우리나라의 재산세는 소득재분배의 기능을 다하고 있지 못하는 것으로 분석되고 있다. 따라서 소득재분배의 기능을 할 수 있도록 보유세는 고가의 부동산을 소유하는 소유자에게 부담을 증가시킴으로써 보유세의 기능을 발휘할 수 있도록 하여야 할 것이다. 그러나 이러한 보유세의 세율을 인상하는 것도 앞에서 서술한 거래세에 대한 세율을 조정하여 국민이 조세부담능력의 범위 내에서 과세가 이루어져야 한다.

취약계층에게는 일정 부분 세부담을 경감하는 제도 도입 필요

다섯째, 보유세의 세율을 증가시키더라도 미국이나 선진국들처럼 조세부담이 어려운 계층에게는 일정 부분 세부담을 경감해 주는 제도도 도입되어야 한다. 미국이나 일본의 경우에 소유자가 실제 거주하고 있는 주택은 세부담을 줄이고, 토지나 비주거용 건축물은 세금을 중과하고 있다. 특히 미국의 경우에는 서킷 브레이크(Circuit braker) 제도를 운용하고 있다. 이는 보유세가 소득의 일정 비율을 초과하는 경우에는 지방정부에 이미 납부한 재산세를 연방정부가 환급해 주는 제도이다. 소득에 비하여 과도한 재산세를 납부하는 것은 조세저항의 우려와 조세정책의 불신으로 이어질 가능성이 있기 때문에 납세자의 조세부담 능력을 고려해 주는 제도이다. 따라서 우리나라도 1가구 1주택, 고령자 주택, 소형주택, 저소득층 주택 등에 대해서는 보유세를 일정 부분 감면해주는 제도 도입을 검토할 필요가 있다.

이상과 같이 부동산과 관련된 조세제도는 보유세를 인상해야 한다고 주장하는 포퓰리즘 식의 주장보다는 우리나라 조세제도에 대한 전반적인 재검토와 국민의 조세부담률에 대한 검토 그리고 조세제도의 기능 등을 종합적으로 검토하여 국가재정의 안정, 국민경제생활의 안정, 소득재분배의 실현 등의 목적을 달성할 수 있도록 신중히 접근하여야 할 것이다.

02 가계부채관리정책과 대출규제[2]
가계부채관리, 가계부채 구조개선이 먼저다!

한국은행에 따르면 올해 6월 말 기준 가계부채는 총 1,388조원에 달하고 있다. 이 가운데 주택담보대출은 744조원으로 가계부채 전체에서 54%를 차지한다. 이 중 일반주택담보 대출은 501조원으로 가계부채 전체에서 67%이며, 집단대출은 137조원(18%), 정책모기지는 109조원(15%)이다. 가계부채는 총량관리가 중요하다. 하지만 총량관리에 따른 대책은 여러 가지 부작용을 일으킨다.

가계부채를 줄이기 위하여 금리인상 등의 대책을 추진하면 가진 자와 못 가진 자의 양극화는 심화되고, 소비는 축소된다. 이는 내수경기의 침체를 초래하여 국가경제를 더욱 어렵게 만든다. 마찬가지로 부동산담보대출 축소는 부동산경기 또는 건설경기에 부정적 영향을 미친다. 따라서 가계부채는 관리하지 않아도 문제고, 대책을 수립하여 시행해도 부작용으로 인한 여러 가지 문제점이 발생한다.

정부는 10월 24일 가계부채종합대책을 발표하였다. 2018년부터는 신(新)총부채상환비율(DTI)과 총체적 상환 능력심사(DSR)제도를 도입한다. 신DTI는 현행 DTI와 달리 기존 대출의 원금 상환액도 반영하여 대출가능금액을 설정한다.

또 내년 하반기부터는 DSR을 도입하여 대출한도를 정할 때 신용대출과 마이너스통장 등 모든 금융권 대출 상환액을 연소득과 비교하여 산정한다. 이러한 제도의 시행으로 대출 요건은 강화되고, 대출한도는 줄어들게 된다.

게다가 2018년 3월부터는 부동산 임대 업자가 대출할 때도 여신심사 가이드라인을 적용하기로 하였다. 부동산 임대업자의 상환능력을 심사할 때 임대업 이자 상환비율(RTI, Rent To Interest)을 산출해 참고지표로 적용하는 등 부동산 임대업자의 대출 요건을 강화할 계획이다.

---

2) 조세금융신문(2017. 12. 20)에 기고한 글을 수정 및 보완한 글입니다.

이에 따라 부동산 임대업자는 대출이자가 연간 임대소득보다 적어야 신규 대출이 가능해진다. 즉, 갭투자(전세와 대출을 끼고 주택에 투자하는 것)나 상가투자를 통하여 임대수입을 얻으려는 수요자는 부동산 구입자금을 마련하는 데 어려움이 따를 것으로 보인다.

원금과 이자 상환 가능한 실수요자만 대출 가능해

최근 DTI(Debt To Income), 신DTI, DSR(Debt Service Ratio) 등 일반인에겐 이름도 생소하고 이해하기 힘든 대출규제정책이 쏟아지고 있다.

이러한 대출규제정책을 쉽게 설명하면 예전에 담보대출을 통하여 부동산을 구매하고 대출이자만 상환하다가 집값이 상승하면 집값 상승분으로 대출금을 상환할 수 있었는데, 이제는 부동산 투기를 하지 말고, 실수요자만 원금과 이자를 상환할 수 있는 범위 내에서 대출을 받으라는 의미다.

즉, 능력, 수입, 직장이 있는 수요자만 대출금 상환 능력 범위 내에서 대출을 받아 집을 장만하라는 정부 정책이다. 그러나 이러한 대책은 부작용으로 풍선효과를 유발할 것이다. 제1금융권보다 상대적으로 금리가 높은 제2금융권의 가계대출 수요가 증가할 것이고, 향후 금리가 인상되면 다중채무자나 저신용·저소득가구 등 취약가구는 물론 정상적으로 가계대출을 받은 소비자까지 원리금 및 대출이자 상환에 어려움을 겪을 것이다.

이는 주택시장에도 상당한 영향을 미칠 것으로 보인다. 주택을 매수하고자 하는 열기, 주택임대사업자의 추가수요, 주택임대사업희망자의 수요까지 사라지며 대출이 필요 없는 부자만이 주택을 매수할 수 있을 것이다.

또한 실수요자는 관망세로 돌아서 전세수요로 전환될 것이다. 이는 전세가격의 상승으로 이어져 서민들의 전세금부담을 가중시킬 것이다. 물론 거주수요가 지속적으로 발생하는 지역, 정주여건이 양호한 지역, 초과수요가 있는 특별한 지역 등은 소폭 상승 또는 보합하는 추세가 되겠지만, 지방이나 투자수요가 감소한 지역, 신규물량이 많은 지역은 주택시장의 침체기를 맞이할 가능성이 있다. 이처럼 가계부채 문제는 해결하는 데 어려움이 있다. 해결방안이 나와도 여러 가지 부작용이 나타난다.

따라서 가계부채의 문제는 근본적 해결이 선행되어야 한다. 가계부채가 증가하는 근본원인을 제거하고, 건전한 가계부채로 유도하여 국가경제발전에 기여하는 방향으로 가계부채 구조를 개선하여만 이에 따른 부작용을 방지할 수 있다.

가계부채 구조, 근본적인 개선 필요

최근 은행의 가계대출이 증가하는 이유는 여러 가지 있다. 우리나라는 외환위기를 겪으면서 안전자산을 선호하는 금융소비자가 늘어나고, 기업들은 부채비율 관리 및 신규투자가 줄어들어 기업여신수요가 감소하면서 시중 자금들이 은행권으로 몰려 은행자금의 유동성이 풍부해졌기 때문이다. 기업여신의 감소는 가계여신중심으로의 변화를 초래하게 되고, 이는 가계 대출의 증가로 이어진다.

금융관계자의 연구에 따르면 아파트가격 상승률과 가계신용 대출의 증가율은 정(+)의 상관관계로, 가계대출의 56% 이상이 주택을 구입하는 데 사용한 것으로 집계됐다. 아파트가격 상승에 따른 아파트구매 수요증가도 가계대출이 증가된 요인인 것으로 나타났다.

이러한 가계부채의 문제는 대출규제를 강화하여 총량을 관리하는 것도 중요하지만, 가계부채 구조를 근본적으로 개선하여 건전성을 유지하는 것도 중요하다. 따라서 아래와 같은 방향으로 가계부채의 문제를 해결할 수 있을 것이다.

첫째, 대출기관의 가계대출 집중현상을 예방하려면 은행들이 스스로 적극적인 신용평가제도를 도입하여 기업대출시장을 개척하고 혁신적 자산운용전략을 마련해야 할 것이다. 예를 들어 대출소비자 또는 대출기업에 대한 철저한 신용평가로 대출위험을 줄이고, 하이리스크는 대출이자에 포함시키는 등 기업대출시장을 개척하고 대출이자수입을 극대화하는 등 전략수정이 필요하다.

둘째, 포괄적이고 장기적인 측면에서 가계소득을 증가시키는 전략이 선행되어야 한다. '가계부채 디레버리징', '총량 규제' 등을 통하여 무리하게 가계부채의 총량을 관리하거나 가계부채 증가율을 억제하면 내수경기 둔화, 풍선효과 심화 등의 부작용이 나타날 수 있다. 현재 정부가 발표한 소득주도 성장이 효과적인 가계부채대책이 될 수 있다.

실질적으로 가계부채 증가율을 낮추기 위해서는 가계의 대출 수요를 줄여야 한다. 수요가 줄어들지 않는 상황에서 공급을 줄인다는 것은 한계가 있다. 효과적인 가계부채 관리를 위해서는 부동산 투기억제, 주거 안정, 가처분소득 증대, 자영업의 경영구조개선 등을 포함한 종합대책을 마련하는 것이 우선이다.

셋째, 저신용·저소득가구 등 취약가구에 대한 가계부채 문제도 해결되어야 한다. 노약자, 장애인 등 소득이 낮은 계층에 대한 복지적 측면의 대책도 수립할 필요가 있다. 개인워크아웃, 개인회생 및 개인파산 등 이미 시행되고 있는 사회복지 시스템을 활용하여 문제를 해결할 필요가 있다.

물론 제도를 악용하여 문제를 해결하는 도덕적 해이문제, 성실 채무자의 상대적 박탈감 및 상환 의지 약화문제, 재원 마련의 문제 등 많은 부작용이 있다. 하지만 과거 2013년 국민행복기금, 2015년 안심전환대출 등과 같은 제도가 시행된 바 있다.

이상과 같은 방향으로 가계부채관리대책을 수립하여 시행된다면 가계부채의 부실위험, 내수경기의 위축 등의 부작용을 감소시킬 수 있고, 금융시장의 안정화를 통하여 국가경제발전에 기여할 수 있을 것이다.

가계부채 차주 특성별 분석 *괄호 안은 비중

그룹		가구수	부채규모(원)	특징
A	상환능력 충분	746만(68.4%)	724조(53.9%)	소득·자산 모두 충분
B	상환능력 양호	313만(28.7%)	525조(39.1%)	자산은 적지만 소득 충분, 또는 소득은 적지만 자산 충분
C	상환능력 부족	32만(2.9%)	94조(7%)	소득·자산 모두 부족
D	상환 불능	–	100조	장기연체, 소멸시효 완성채무

▲ 그림 2-54 가계부채 차주 특성별 분석

※ 자료: 세계일보, 총량보다 증가세 줄이기…1400조 가계부채 연착륙하나, 염유섭 기자, 2017년 10월 24일

03 부동산공시가격제도의 논란[3)]
부동산공시가격의 신뢰성 논란

정부는 2019년 표준지공시지가가 지난해보다 9.4% 올랐고, 전국 표준단독주택은 올해 1월 1일 기준으로 단독주택 22만 가구의 공시가격 변동률을 조사한 결과 지난해보다 평균 9.13% 상승했다고 발표했다. 이를 기준으로 평가한 개별 단독주택의 경우 올해 1월 1일을 기준으로 396만 가구의 공시가격 변동률은 지난해 대비 6.97% 올랐다고 밝혔다. 공동주택 공시가격의 변동률은 2018년 5.02%에서 0.2p가량 상승한 5.24%로 발표했다.

정부 공시가격 발표, 공시가격 신뢰성 및 형평성 논란

정부의 부동산공시가격 발표에 대하여 많은 논란이 일어나고 있다. 첫째는 정부의 공시가격과 시장가격과의 괴리 또는 형평성에 대한 논란이다. 둘째는, 인상비율이 예전에 비하여 너무 많이 상승하였다는 것이다. 셋째, 공시가격에 대한 평가기준과 그 근거가 무엇인지 정보가 공개되지 않아 신뢰할 수 없다는 것이다. 이로 인하여 공시가격에 대한 신뢰성과 형평성에 대한 문제가 제기되고 있다.

'공시지가'란 합리적이고 일관성이 있는 지가정보체계를 세우기 위해 부동산가격공시 및 감정평가에 관한 법률에 따라 산정해 공시되는 토지의 가격이다. 즉, 공시지가는 국토교통부장관이 조사 및 평가하여 토지에 대한 기준이 되는 가격이고, 건축물을 제외한 순수한 토지의 가격이라고 보면 된다.

이러한 공시지가의 기준일은 원칙적으로 1월 1일이며, 현시가의 70~80% 정도 반영해 단위 면적당 가격을 평가한다. 공시지가는 표준지공시지가와 개별공시지가로 나뉘는데 개별공시지가는 표준지공시지가를 기준으로 '토지가격비준

---

3) 조세금융신문(2019. 06. 19)에 기고한 글을 수정 및 보완한 글입니다.

표'를 이용해 산정한 개별 토지의 단위 면적당 가격을 말한다.

표준지공시지가는 국토교통부장관이 최종 공시 주체이며, 조사절차는 현장조사 및 평가, 소유자 의견청취, 중앙부동산가격공시위원회 심의, 결정·공시, 이의신청, 조정·공시 등의 순으로 표준지공시지가가 결정된다. 다만, 표준지는 전국 50만 필지 대상으로 1,000여 명의 감정평가사에게 조사·평가 업무를 의뢰하고 있으며, 의뢰를 받은 감정평가사들에게는 지역·개별요인 및 가격자료(실거래가, 감정평가선례 등)분석 등을 통해 지역개황 파악, 토지특성 및 적정가격 등을 조사·평가하도록 하고 있다.

공시가격이란 자방자치단체와 국세청이 부과하는 재산세등 각종 조세 부과의 기초자료로 활용하기 위해서 만든 가격으로 개별단독주택 공시가격과 아파트, 다세대 연립주택 등의 공동주택 공시가격이 있다. 개별 단독주택 공시가격은 매년 국토교통부장관이 결정·공시하는 표준단독주택 가격을 기준으로 시장 군수·구칭징이 조사한 개별주택의 특성과 비교표준단독주택의 특성올 상호 비교해 산정한 가격에 대해 한국감정원의 검증을 받은 후 주택 소유자 등의 의견 수렴과 시·군·구 부동산가격 공시위원회의 심의를 거쳐 시장·군수·구청장이 결정 공시하는 가격을 말한다.

공동주택 공시가격은 매년 국토교통부장관이 공동주택(아파트·연립·다세대)에 대해 공시기준일 현재 적정가격을 조사·산정해 공시한 가격을 말하며, 여기서 적정가격이란 해당 주택에 대해 통상적인 시장에서 정상적인 거래가 이뤄지는 경우 성립될 가능성이 가장 높다고 인정되는 가격을 말한다.

단독주택 공시가격 산정은 표준주택과 개별주택으로 나뉘어 진행된다. 대표성이 있는 표준주택은 전국 주택 418만채 중 22만 가구를 한국감정원이 산정한다. 나머지 개별주택 가격은 지자체가 표준주택 가격을 기준으로 산정한다. 지방자치단체의 산정가격은 한국감정원의 검증을 거쳐야 한다. 개별주택 가격은 정부가 제공하는 주택가격비준표에 따라 지자체 공무원이 가격배율을 산출해 이를 표준주택 가격에 적용해 산정한다. 비준표에는 23개 항목의 토지·건물 특성이 계량화되어 있다.

그런데 개별단독주택 공시가격은 지방자치단체가 조사한 개별단독주택 공시가격(예정안) 상승률이 5%p 이상 낮게 나타나면서 신뢰성과 형평성에 대한 논란이 제기되고 있다. 이러한 공시지가에 대한 논란은 기본적으로 토지는 감정평가사가 평가하고, 공동주택은 국토교통부 산하기관인 한국감정원이 담당하고 있어 공시가격의 산정주체가 이원화되어 있기 때문에 나타나는 현상일 수 있다. 그리고 표준단독주택 공시가격은 한국감정원이 담당하고 있고, 개별단독주택 공시가격은 지방자치단체가 담당하고 있기 때문이기도 하다.

정부정책 신뢰도 제고 위해 공시가격제도 개선 시급

따라서 정부는 하루빨리 부동산공시가격제도 개선을 통하여 정부정책에 대한 신뢰도를 제고하고, 부동산가격의 형평성 제고를 통하여 국민의 불편을 최소화하여야 할 것이다.

첫째, 부동산공시가격의 결정에 참여하는 주체를 다양화할 필요가 있다. 표준지공시지가나 표준주택의 평가는 전문자격사나 공적기관에서 평가를 하여야 하지만, 개별공시지가나 개별주택 가격은 다양한 분야의 전문가 또는 지역전문가들이 참여하여 결정하는 시스템을 도입할 필요가 있다.

공적기관이 공시가격 결정권을 독점하니까 정부의 방침이나 이념에 의해 공시가격이 결정된다는 비판이 나오고 있다. 실제 '부동산가격공시에 관한 법률'에서도 부동산공시가격은 '통상적인 시장에서 정상적인 거래가 이뤄지는 경우 성립될 가능성이 가장 높다고 인정되는 가격'이라고 정의하고 있다. 감정평가사의 개인적 판단의 개입을 최소화하고, 데이터 신뢰성을 검증하는 제도적 시스템을 갖추어야 할 것이다.

예를 들어 부동산가격공시위원회는 위원장을 포함한 20명 이내의 위원으로 대학에서 토지·주택 등에 관한 이론을 가르치는 조교수 이상으로 재직하고 있거나 재직하였던 사람, 판사, 검사, 변호사 또는 감정평가사의 자격이 있는 사람, 부동산가격공시 또는 감정평가 관련 분야에서 10년 이상 연구 또는 실무경험이 있는 사람으로 구성하는데 통상적인 시장에서 정상적인 거래가 이뤄지는 경우 성립될 가능성이 가장 높다고 인정되는 가격을 판단할 수 있는 전문가가 있는지 의문이다. 시·군·구 부동산가격공시위원회도 마찬가지이다. 지역주민, 개업공인중개사 등 시장가격에 정통한 전문가들의 참여가 가능토록 문호를 개방하여야 가격에 대한 신뢰성을 확보할 수 있을 것이다.

둘째, 부동산공시가격을 전국적으로 동시에 시장가치 수준으로 현실화할 필요가 있다. 정부는 고가주택을 중심으로 현실화율을 높였다고 해명하고 있지만,

왜 고가주택을 중심으로 해야 하나? 모든 부동산에 대하여 동일하게 적용하는 것이 더 설득력이 있다. 물론 급격한 현실화율로 인한 국민들의 부담을 최소화하여야 한다. 과세세율의 조정, 기타 제도의 부동산공시가격 반영비율의 조정 등이 선행되어야 한다.

1989년 다원화되어 있던 지가체계를 공시지가로 일원화되고, 2005년부터 단독·공동주택의 가격을 공시하고 있다. 그런데 적정가격과의 괴리 때문에 신뢰도에 문제를 제기하고 있다. 따라서 일시에 전국의 모든 부동산에 대한 가격을 재산정하여 소유자가 공감할 수 있는 가격산정을 할 필요성이 있다.

공시가격은 과세와 복지, 부담금 등 60여 개의 행정 목적으로 활용하는데 올해는 시세를 반영한 공평 과세를 위하여 대폭 상향 조정했다고 설명하면서, 공정함을 강조해 소위 부자들만 많이 올리고 대부분은 시세변동률 이내에서 결정했다고 설명하니 형평성에 대한 문제를 제기하는 것이다.

셋째, 평가의 기준이 되는 표본을 좀 더 확대하고, 조사인력의 확대 및 진문화가 필요하다. 부동산은 고유의 특성인 개별성으로 인하여 적은 표준을 기준으로 개별 부동산의 가격을 산정하기 때문에 오류가 발생할 가능성이 크다. 공시지가의 표준지는 50만 필지이고, 단독주택 공시가격의 표준주택은 전국 주택 418만채 중 22만 가구이다.

그것이 전 국토의 표준이 될 수 있을까? 불가능하다고 판단된다. 표준을 좀 더 확대하여야만 자료의 신뢰도를 제고할 수 있다. 또한, 부동산공시가격은 '통상적인 시장에서 정상적인 거래가 이뤄지는 경우 성립될 가능성이 가장 높다고 인정되는 가격'이라고 규정되어 있으므로 시장가격 전문가, 지역주민 등의 참여를 통한 조사인력의 확대 및 전문화가 필요하다.

결론적으로 부동산공시가격제도는 적정가격에 대한 논란, 대상 부동산 간의 형평성 문제, 가격산정 주체들 간(한국감정원과 감정정평가사)의 갈등, 결정시스템에 대한 논란, 지역 간 형평성에 대한 문제, 결정과정 등의 정보공개에 대한 문제 등을 종합적으로 검토하여 국민들이 공감할 수 있는 부동산공시가격제도를 하루빨리 마련하여야 할 것이다.

04 부동산 규제정책의 비평[4]

부동산 규제정책과 부동산시장의 대결, 승자는?

최근 한국은행은 10월 16일을 기준으로 기준금리를 0.25% 인하하여 기준금리는 역대 최저 수준인 1.25%까지 낮춰졌다. 지난 7월 기준금리를 연 1.75%에서 1.5%로 인하하고 3개월 만에 다시 한번 인하한 것이다.

미국과 중국의 무역분쟁 등 대외 리스크가 상존하고 있고, 수출 부진과 저물가 등 국내 경기가 어려워지고 있기 때문에 인하한 것으로 분석된다. 국내경기는 최근 두 달 동안 소비자 물가의 상승률이 마이너스를 기록하였고, 수출은 10개월 연속하여 경기부양의 필요성이 크기 때문인 것으로 보인다.

최근 한국은행이 제시한 올해 경제성장률 2.2% 달성이 어려울 것이라고 전문가들은 예측하고 있다. 그런데 정부에서는 부동산분야에 지속적인 규제정책을 남발하고 있다. 왜냐하면 부동산투자로 인한 소득은 불로소득이라는 국민의식 때문이다. 불로소득을 얻는 사람은 부동산 투기꾼이고, 결국 국가경제에 암 같은 존재라는 인식 때문에 서민들의 공감대를 얻을 수 있기 때문이다.

그러나 부동산경제나 부동산산업도 국가경제의 한 축이자, 중요한 부분을 차지하고 있다. 그런데 정부에서는 국가경제는 살려야 하고 부동산시장은 죽여야 한다. 딜레마에 빠질 수밖에 없다. 부동산 가격을 잡고자 문재인 정부는 집권한 이후에 공식적으로 16번의 부동산 정책을 발표하였다. 부동산 정책이 발표되면 부동산시장은 일시적으로 하락의 반응을 보이다가 바로 재반등하는 현상이 나타나고 있다. 왜 그럴까?

부동산 정책은 정부의 공적 개입

부동산 정책은 부동산과 관련된 문제를 해결하거나 특정한 정책 목표를 위해

---

4) 조세금융신문(2019. 12. 23)에 기고한 글을 수정 및 보완한 글입니다.

정부에서 추진하는 방향이나 취해야 할 방침을 말한다. 이런 이유로 국가의 정책이라고도 한다. 따라서 부동산 정책이란 '존재하는 여러 부동산 문제를 해결 또는 개선함으로써 부동산과 사용 또는 이용하는 인간과의 관계를 개선하기 위해 정부가 추진하는 목적 지향의 행위 과정'이라고 할 수 있다. 부동산 정책이 필요한 이유는 부동산의 특성인 국토성, 공공재적 성격 때문이다.

부동산은 사유재산으로써 상품이다. 하지만 가격의 급격한 상승이나 하락은 국민경제 및 국가의 경제에 상당한 영향을 미친다. 이는 정부의 부동산시장 개입이 불가피한 이유이며, 부동산이 공공재의 성격을 가지고 있기 때문이다. 부동산 또는 부동산시장에 대한 공적 개입이 바로 부동산 정책이다.

부동산시장은 수요자와 공급자에 의해 자발적으로 부동산권리의 교환이 이루어지는 곳이다. 부동산시장에서 부동산의 권리에 대한 교환이 이루어지고, 상호 합의한 가액을 결정하며, 공간균배 및 수요와 공급의 조절을 돕기 위해 의도된 거래활동이 이루어진다. 부동산시장은 국지성 때문에 지역의 경제적·사회적·행정적 요인에 따라 영향을 받으며, 수요·공급도 그 지역요인의 영향을 받는다.

이러한 부동산시장은 동일한 부동산도 매도자 및 매수자의 여건에 따라 동일한 가격 형성이 불가능하며, 하위시장별로 서로 다른 가격이 결정된다. 또한, 거래의 비공개성으로 인하여 비합리적 가격이 결정되고, 이는 부동산상품의 개별성으로 인하여 나타나는 현상이다. 부동산시장과 부동산 정책의 성격 때문에 부동산 정책의 실효성 또는 부동산 정책의 목표를 달성하기 어려운 측면이 있다.

최근에 논란이 되고 있는 부동산 정책을 살펴보자. 먼저 민간택지 분양가상한제이다. 이는 아파트가격의 안정을 위해 아파트를 분양할 때 민간택지에 공급하는 아파트도 택지비와 건축비에 민간사업자의 적정 이윤을 더한 분양가격을 산정해 그 가격 이하로 분양토록 하는 제도이다. 대상은 투기과열지구이다. 또한, 최근 부동산시장 점검 결과 및 보완방안을 통해 민간택지 분양가상한제 시행과 관련한 보완 방안도 발표했다.

시행령 개정 작업이 완료되는 10월 말부터 집값 불안 우려 지역을 동별로 선별해 민간택지 분양가상한제를 핀셋 시행하되, 재개발·재건축의 경우에는 관리처분계획인가를 받았거나 신청하고 6월 이내에 입주자모집공고를 하면 제외해주는 내용이다.

아파트 수분양자에게 시장가격보다 낮은 가격으로 아파트를 공급하게 되면 서민의 주거안정 및 서민에게 불로소득을 가져다 줄 수 있다. 물론 소수의 서민들에게만 이익이 돌아가지만 대부분의 국민들은 나도 앞으로 싼가격으로 아파트를 분양받을 수 있다고 생각한다.

그러나 이런 생각은 망상에 불과하다. 아파트분양 가구수가 그렇게 생각하는 것만큼 많지 않다는 것이다. 그리고 민간택지 분양가상한제가 본격적으로 시행되면 서울지역의 아파트 공급은 위축되고, 기존아파트의 노후화는 가속될 것이다.

과거 민간택지 분양가상한제를 전면 시행한 2007년 제도시행 전후에 아파트 공급 물량을 살펴보면 연평균 아파트분양 물량은 29만 가구에서 24만 가구로 약 17% 감소한 것으로 나타나고 있다. 그리고 분양가상한제는 전반적인 아파트 품질의 저하가 우려되고, 주택산업 침체, 관련 산업의 침체, 일자리 감소, 국가경제의 침체로 이어질 가능성이 있다. 수요자들은 이런 부작용을 예측하고, 서울지역의 기존아파트에 대한 수요로 이어져 기존아파트의 가격상승 현상이 나타나고 있다. 과거에도 정부의 인위적인 가격 통제는 긍정적인 면보다는 부정적인 면이 많았다. 분양가상한제가 일시적인 집값 안정에 도움을 줄지 모르지만 근본적인 아파트가격 안정 대책은 아닌 것이다. 즉, 부동산시장과의 대결에서 승자가 될 확률이 높지 않다.

다음은 제3기 신도시건설 정책을 살펴보자. 지난해 9월 서울 집값 급등은 공급부족이라는 전문가들의 지적에 따라 정부는 1차로 수도권 17곳에 3만 5000가구의 공급 계획을 내놓았고, 12월에는 남양주 왕숙·하남 교산·인천 계양 등 3기 신도시 3곳을 포함해 41곳에 15만 5000가구를 공급하는 계획을 발표하였다.

이는 신도시 5개를 포함해 수도권 86곳에 총 30만 가구를 공급하는 계획이다. 수도권에 아파트공급을 통하여 서울의 수요를 분산하게 되면 서울의 아파트 가격을 잡을 수 있다는 단순한 논리에서 나온 정책이다.

이제까지 도시의 무질서한 확산을 방지하고자 재산권을 규제한 그린벨트를 해제하여 아파트를 공급하겠다는 발상이다. 물론 국민들에게 양호한 입지에 아파트를 공급한다는 측면이나, 수요자들에게 양질의 주거를 제공한다는 측면에서는 긍정적인 면이 있다.

그러나 제2기 신도시건설은 공급과잉으로 인한 2기 신도시의 집값의 하락,

자족기능의 실현 가능성, 수도권광역교통망 구축을 위한 천문학적 비용의 문제, 서울과 수도권은 인구가 과밀해진 반면 지방의 인구감소로 지방경제의 위축 등의 문제를 해결할 수 있을지 의문이다.

이러한 문제들을 해결하지 못하면 제1기, 제2기 신도시와 똑같은 전철을 밟을 것이고, 서울의 집값 안정이나, 국토계획의 측면에서 여러 가지 문제를 야기할 것이다. 결국 제3기 신도시건설 계획도 부동산시장과의 대결에서 승자가 될 수 있다는 확신이 부족하다.

따라서 부동산 수요자들은 부동산 정책의 변천과정, 실효성 등을 철저히 분석하여 살고 싶은 지역, 거주하고 싶은 주거유형, 생애주기에 따른 자금계획 등을 고려하여 임차전략보다는 소유전략, 직주분리보다는 직주근접 전략을 수립하여 접근하는 것이 삶의 질을 향상시키는 데 도움이 될 것이다.

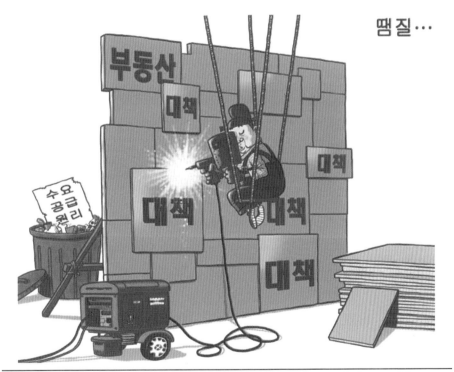

▲ 그림 2-55 민간임대주택시장에 대한 임대료 규제의 효과 등 연구용역 주요 내용

※ 자료: 한경 오피니언, [한경 만평] 땜질 부동산 대책…, 조영남 기자, 2020년 6월 18일 기사

05 부동산 가격 논란[5)]
부동산 가격 논란의 진실, 땅값이란?

문재인 대통령은 지난달 19일 '국민과의 대화'에서 "전국적으로는 부동산 가격이 오히려 하락했을 정도로 안정화됐다"고 평가했다. 그런데 모 시민단체는 지난해 말 기준 대한민국의 땅값 총액이 1경 1545조원으로 나타났다고 발표했다. 각 정부의 임기 내 땅값 상승률을 비교하면 문재인 정부 출범 이후 땅값 상승 금액이 2000조원으로 가장 많이 상승했다는 주장이다.

이에 국토교통부는 시민단체의 주장을 반박하고 끝장토론을 제안하며 강공에 나섰지만, 정작 시민단체가 끝장토론에 응하자 한 발 물러서는 양상을 보이고 있다.

누구의 주장이 맞을까. 국민은 혼란스럽다. 먼저 정부의 책임이 크다. 정부는 공신력이 있는 부동산 가격 등 통계 자료를 생산해 국민에게 제공할 의무가 있다. 정부가 매년 우리나라 전체의 토지 가격, 사유 토지의 가격 등을 산출해 시계열적 자료를 공표했으면 이 같은 논란은 발생하지 않았을 것이다. 부동산 가격에 대한 이론, 의식 등에 관해 대국민 홍보를 통해 국민 의식을 전환하는 데 소홀한 측면도 있다.

부동산 가격은 대상과 기관, 개인에 따라 다르고 인식 차이도 작용하기 때문에 논란이 발생하는 것이다. 예컨대 부동산 가격은 공시지가(표준지공시지가·개별공시지가), 공시가격(단독주택 공시가격·공동주택 공시가격), 기준시가, 감정가(보상·담보·과세·청산), 실거래가, 호가, 시세 등 천차만별이다. 그리고 조건에 따라 정상가격, 특정가격, 한정가격으로 나누기도 한다.

결론적으로 '부동산 가격은 정가가 없다'라는 원리를 인정해야 하고 '부동산 가격은 사용 목적에 따라 다르다'라는 이론을 받아들여야 한다. 일부에서는

---

5) 아시아경제(2019. 12. 26)에 기고한 칼럼을 수정 및 보완한 글입니다.

2006년 1월1일 도입된 '실거래가' 기준으로 현실화해야 한다고 주장하나 이 주장에도 많은 오류가 있다. '실거래가가 곧 부동산 가격'이라는 등식이 성립하지 않기 때문이다. 예를 들어 시세 10억원 정도인 아파트가 있다고 치자. '갑'은 이 아파트의 향과 층, 입주 조건까지 너무 마음에 들어 꼭 사고 싶지만 소유자가 팔려고 하지 않아 시세보다 훨씬 높은 15억원을 제시해 매수했다고 가정하면 그 단지의 아파트는 모두 15억원이라고 주장하는 것과 같은 맥락이다.

따라서 부동산 가격은 산정 목적이나 근거에 따라 다를 수 있기 때문에 이를 먼저 제시하고 가격을 산정해야 한다. 최근 시민단체와 정부의 주장도 "땅값이 얼마인가"에 초점을 맞출 것이 아니라 이에 앞서 산정 근거를 설명해야 한다. 땅값 산정 근거가 타당한지에 대한 검토도 먼저 이뤄져야 한다.

국토부의 땅값 산정 기준은 국가의 공식 통계인 한국은행의 국민대차대조표를 근거로 한다. 국민대차대조표상 땅값은 우리나라 전체 토지 면적에 전국 평균 토지 가격을 곱해 산출한다. 평균 토지 가격은 공시가격, 실거래가격, 감정평가가격 등을 바탕으로 산출한다. 그런데 시민단체는 전국 1만 2000곳의 토지와 6만 가구 정도의 주택 표본을 실제로 조사해서 땅값을 추정했다고 한다. 정부의 전국 평균 토지 가격과 표본을 실제로 조사해서 추정한 가격 중 어느 것이 신뢰성이 있을까. 둘 다 오류가 있을 수 있다. 전문가들도 판단하기 쉽지 않다. 시민단체가 주장하는 표본이 잘 선정됐는지, 추정한 가격이 정상가격인지도 논란이 있을 수 있다.

이 때문에 정부에서는 매년 일정 시점을 기준으로 토지 가격, 건물 가격, 소유 현황, 조세 현황 등 부동산에 관한 시계열 통계 자료를 공표해 대국민 신뢰도를 높여야 한다. 또 이러한 기초적인 통계 자료를 바탕으로 부동산 정책을 수립해야만 정책의 실효성도 제고할 수 있을 것이다.

06 세금만능주의에 대한 비평[6]

부동산 '세금만능주의' 경계해야

"부동산 투자는 죄악이다", "부동산 투자수익은 불로소득이므로 모두 환수해야 한다", "가진 자의 재산에 대해 세금을 높게 부과해야 한다" 등 각종 상황을 종합해 봤을 때 이것이 현재 다수 국민의 여론인 것 같다.

이러한 기조 속 현 정부는 부동산 투기억제라는 목표를 달성하기 위해 종합부동산세·양도소득세·보유세 등을 강화하면서 다주택자를 옥죄는 세금 정책을 추진하고 있다. 특히 지난 2일 문재인 대통령은 다주택자 등 투기성 주택 보유자에 대한 부담을 강화할 것을 지시했고 국회의 거대여당도 이에 화답하는 상황이다. 조만간 징벌적 과세 방안이 공개될 것으로 보인다.

하지만 학계의 생각은 다르다. 많은 학자의 선행연구를 보면 부동산 조세제도는 재산세 등 보유세는 높이고 양도소득세 등 거래세는 낮추는 방향으로 개선하는 것이 바른 방향이라는 주장이 상당수다. 그런데 현행 부동산 대책은 보유세는 물론 거래세까지 높이는 방향이다. 이러한 세제 속 국민들은 부동산을 사기도, 팔기도 어려운 상황에 처해 있다.

앞서 노무현 정부는 지난 2005년 종합부동산세라는 제도를 도입했다. 하지만 종합부동산세가 소유자에게 세금부담은 가중시키면서도 부동산 가격 안정에 이바지했는지 의문이다. 주택을 부부 공동명의로 등기하는 시류도 당시 종부세의 부과기준이 인(人)별 합산이었기 때문에 절세의 용도로 유행하기 시작했다. 이후 이를 세대별 합산으로 개정하려 했으나 2008년 위헌 결정으로 인해 현재까지도 인별 합산으로 시행되고 있다.

또한, 부동산 세금은 실거래가나 시세가 아닌 공정시장가격을 기준으로 부과하는데 현 정부에서는 고가의 주택일수록 현실화율을 높이는 방향을 제시했고

---

6) 서울경제(2020. 07. 06)에 기고한 오피니언 사외칼럼을 수정 및 보완한 글입니다.

실제 공시가격이 정부의 의지대로 산정됐다. 하지만 부동산 공시가격은 정부정책에 따라 가변적으로 산정되는 것이 아닌 형평성과 신뢰성을 바탕으로 산정돼야 한다.

고가주택의 공시지가 현실화율 등의 정책 기조 속에 2019년 종부세는 2018년과 비교해 42.6% 증가한 총 2조 6,713억원으로 집계됐다. 종부세 납부인원도 껑충 뛰었다. 주택가격 안정화 대책으로 엄청난 세금을 징수한 것이다. 세수는 급격하게 증가시켰지만 주택가격 안정이라는 목표를 달성했는지는 의문이다.

호랑이보다 무서운 것이 세금이다. 조세부담이 가중된다면 우리도 일본처럼 국가는 부자인데 국민들은 가난한 나라가 될 수 있다. 최근 우리나라에서도 조 단위 추경예산, 복지예산의 증가 등으로 정부의 지출이 늘어나고 있다. 이런 상황이 지속되면 베네수엘라 등 남미 국가들처럼 국민 모두가 고통을 받는 상황이 도래할 수도 있다.

▲ 그림 2-56 7월 20일 만평: 떨어진다…떨어진다…

※ 자료: 더 중앙 오피니언, 박용석 기자, 2020년 7월 19일 기사

07

임대차 3법의 부작용⁷⁾
임대차 3법 시행되면 서민이 가장 피해

임대사업자는 투기꾼 아닌 투자자… 정부 통제 속에 임대매물 내놓게 해야

6·17 부동산 대책에 날을 세운 국민이 늘어나는 가운데 정부가 임대사업자를 정조준하고 나섰다. 매물이 잠기고 집값이 뛴 것 모두 다주택자와 임대사업자 등의 투기성향 때문이라는 것이다.

이에 최근 '공룡여당' 더불어민주당에서는 관련 법안을 속속 내놓고 있다. 강병원(서울은평을) 의원은 '부동산 임대사업 특혜 축소 3법'을 발의해 2017년 정부가 임대사업자에 약속한 세제 혜택을 원점으로 되돌렸다. 박상혁 의원은 '부동산 거래신고 등에 관한 법률'을 발의해 지방자치단체에 임대인과 임차인이 계약 사실을 동시 보고하게 함으로써 사실상 임대사업자 역할을 없애려 한다는 말도 나온다.

부동산전문가들 사이에서는 무엇보다 주택임대차보호 3법(임대차 3법)이 시행될 경우 무주택자 서민 피해가 심각할 것이라는데 이견이 없다. 8일 서진형(대한부동산학회장) 경인여대 경영학과 교수는 "최저임금이 서민들에게 도움이 될 것 같았지만 아니었던 것처럼, 임대차 3법도 똑같은 역할을 하게 될 것"이라며 "양성화한 임대사업자를 계속 끌고 갈 수 있는 방법을 찾아야 한다"고 강조했다.

임대차 3법 시행되면 서민 고통

임대차 3법은 임대차 계약 시 실거래 신고를 의무화하는 '전월세 신고제', 임대차 재계약 시 임대료 인상률을 5%로 제한한 '전월세 상한제', 세입자가 원할 경우 최장 4년(2+2)까지 계약을 연장할 수 있도록 한 '계약갱신청구권' 등이다.

서 교수는 "전월세 임대차 계약이 1년에서 2년으로 늘어날 때 물가상승률을

---

7) 이뉴스투데이 2020. 07. 09 인터뷰기사 내용을 수정 및 보완한 글입니다.

감안해 가격이 폭등하는 부작용이 발생했다"며 "4년이나 그 이상 기간을 한정해야 할 경우 임대를 하려는 사람이 줄어 전월세 매물은 급속히 축소될 것"이라고 지적했다.

또 "주택 매매를 할 만큼 돈이 없는 사람은 임대차 시장에서 주택을 구할 수밖에 없는데, 임대 매물이 줄면 수요가 폭등해 가격이 올라갈 수밖에 없다"며 "임대 기간이 늘어나면 임대인이 매물을 관리하지 않아 주택이 슬럼화되거나, 신고하지 않고 임대해 정부에서 세수 파악에 어려움을 겪을 수도 있다"고 경고했다.

임대차 3법이 정부 예상대로 7월 입법이 마무리되면 올해 10월쯤 적용될 수 있다. 직방에 따르면 10월 입주물량은 올해 들어 가장 적은 1만 4651가구로 이 법이 시행 될 경우 그야말로 전세 대란이 예상된다.

임대사업자 38.1% 국민에 '주택 제공 통로'

지난달 1일 국토교통부가 발표한 '2019년도 주거실태조사' 결과에 따르면 2019년 전국 자가 거주 가구 비율은 58%이며, 임차가구는 38.1%다.

서 교수는 "다가구나 임대사업자는 임차가구 국민에 주택을 제공하는 꼭 필요한 존재다. 임대매물이 나오지 않으면 임대 가격이 높아지고 결국 전세대란이 일어나게 된다"며 "서울·수도권에서 급격한 전세가 상승 등 문제가 발생하고 있으나, 이는 전체 임대사업자 문제로 볼 수 없어 노태우 정권 때처럼 100만호 이상 주택 공급을 늘리면 될 일"이라고 말했다.

이어 "보호하고 육성해야지 마녀사냥 하듯 규제만 반복하면 시장 오류는 격화할 뿐"이라며 "민간 임대사업자를 없애려면 정부가 주택을 사서 모두 무료로 임대하는 것밖에 방법이 없다"고 일침을 놨다.

그러면서 "투기 세력으로 번지지 않게 하기 위해 제도권 내에서 잘 관리하고 세금 징수를 통해 공공에 이익을 환원할 수 있도록 해야한다"며 "다시 말하지만, 공급이 늘어나면 집값은 안정화될 수밖에 없다"고 설명했다.

임대사업자를 '투자자'로 봐야 하는 이유

정부와 국회에 따르면 임대사업자들이 2017년 사업자 등록으로 인해 받은 여러 가지 세제혜택을 이용해 투기에 빠졌다. 반면 부동산전문가들은 현재 정부

정책이나 국회 입법안은 투기의 정의와 개념을 제대로 파악하지 못했다고 판단한다.

이와 관련 서 교수는 "문재인 정부의 부동산 대책이 집값 안정과 투기 억제에 맞춰져 있지만 현재 정책을 보면 기준을 정하지 못한 채 여론 재판에 흔들린다는 생각이 많이 든다"고 운을 뗐다.

서 교수는 "투기세력의 학문적 정의는 토지를 이용하지는 않고, 자본 획득 도구로만 보고, 단기간 매도하는 경우"라면서 "임대사업자는 임대를 통해 사회적 기능을 하고, 10~20년 동안 장기 임대를 하는 경우도 많아 투기가 아닌 투자를 한다고 생각해야 한다"고 설명했다.

이 점에서 서 교수는 7일 강병원 의원이 제시한 단기성 부동산 매매의 경우 양도세율을 80%까지 인상한 '소득세법 일부개정법률안'은 효과가 있지만 최근 나온 다른 대책들은 효과가 적다고 판단했다.

더불어 서 교수는 "베이비부머 세대 중에는 저금리 상황에서 투자처로 임대사업을 선택한 경우가 적지 않다. 그들에게 임대사업자는 '퇴직 후 직업'"이라며 "치킨집 대신 임대사업을 하는 격인데 수익창출이 되지 않고 과태료만 늘어 경제 활동에서 도태될 경우, 경제적 어려움을 겪어 또 다른 사회현상으로 대두될 수도 있다"고 우려했다.

매물 잠김 현상 막으려면 계도기간 필요

서 교수는 "서민들이 임대매물을 안정적으로 구하기 위해서는 임대매물이 나와야 하는데 현재 매물 잠김 현상이 나타나고 있다"며 "이는 규제가 중첩돼 임대사업자들이 과태료 부담에 내놓지 못하는 것도 상당하다"고 말했다.

그러면서 "매물잠김 현상을 막으려면 법 시행 초기임을 감안해 계도기간을 주어 선의의 피해자가 생기지 않도록 하는 방법이 필요하다"고 주장했다.

앞서 정부는 2019년 10월 민간임대주택에 관한 특별법을 개정해 기존 세입자의 다음 계약부터 '임대료 인상률 5% 상한제'에 맞춰 계약하지 않으면 과태료 3000만원이 부과되도록 했다.

이는 기존 세입자 갱신 이외에 다음 세입자와 계약할 때도 해당된다. 2017년 4·8년 장기임대사업자를 신청한 경우에는 만료 이전 임대 물건을 말소해도 과태료가 부과돼 어쩔 수 없이 빈집으로 놔두는 경우도 생기고 있다.

서 교수는 "서민 주거 안정을 위해서는 임대차 3법과 같은 강압적인 규제책이 아닌 당근책이 필요하다"며 "양성화한 51만명 임대사업자를 규제로 압박하는 것도 2017년 '임대주택등록활성화방안'과 대치돼 정책일관성에 어긋난다. 결국 국민 불신을 야기해 '깜깜이 시절'로 돌아가는 부작용이 생길 것"이라고 일침을 놨다.

전월세상한제 도입 시 예상 임대료 상승률

시장임대료상승률	5%	7.5%	10%
상한제 도입 전	5	7.5	10%
상한제 도입 후 (예상)	8.24 ~ 9.73 (3.24 ~ 4.73)	13.29 ~ 14.81 (5.79 ~ 7.31)	18.40 ~ 19.96 (8.40 96)

(단위: %, %P)

※ ( )는 추가상승분, 상한을 5%로 제한했을 때 기준

가격 통제 강화 시 임대주택 공급 감소량

실제 공급량   예상 공급량

2010년 상반기
- 실제: 15만 9,800
- 예상: 14만 9,400

하반기
- 실제: 16만 3,000
- 예상: 15만 2,200

2011년 상반기
- 실제: 11만 7,000
- 예상: 10만 5,700

하반기
- 실제: 11만 8,600
- 예상: 10만 6,800

2012년 상반기
- 실제: 10만 8,700
- 예상: 9만 7,200

합계
- 실제: 66만 7,100
- 예상: 61만 1,300

(단위: 가구)

※4년간 기대 임대료의 95%만 받을 수 있을 경우 가정

▲ **그림 2-57** 민간임대주택시장에 대한 임대료 규제의 효과 등 연구용역 주요 내용

※ 자료: 서울경제, '임대차 3법' 부작용…국토부는 알고 있었다, 김흥록 기자, 2020년 8월 9일 기사

08 아파트 공급대책의 필요성[8]

아파트 공급은 왜 필요한가?

최근 정부는 '7·10 부동산 대책'에서 서울의 주택가격 안정을 위해 서울에 주택공급을 더 늘리겠다고 정책 방향을 선회했다. 물론 선언적 의미에 그쳤다. 구체적으로 공급 정책을 어떻게, 어디에 실행하겠다는 세부적 추진계획이 없어 아쉬움을 낳았다. 그런데 실질적으로 '서울에 주택공급이 필요할까, 공급이 증가하면 가격이 안정될까' 하는 의문도 제기된다. 주택공급의 효과를 장담하기는 어렵다. 그럼에도 공급은 필요하다.

주택공급의 필요성은 주택의 보급률과 밀접한 관련이 있다. 정부 관계자는 앞서 주택보급률이 100%가 넘었기 때문에 주택공급은 충분하다고 주장했다. 그런데 이는 너무 단순한 분석이다. 주택보급률은 주택 수를 가구 수로 나눈 비율이다. 특정 국가 또는 지역에 주택이 그곳에 거주하고 있는 가구 수에 비해 얼마나 부족한지 또는 여유가 있는지를 총괄적으로 보여주는 양적 지표에 그친다. 현재 전국의 주택보급률은 104%이고 수도권인 경기도와 인천 또한 100%를 넘었다. 서울의 경우에도 주택보급률이 96% 수준인데 부족한 4%를 공급하면 집값이 안정될까.

이런 상황임에도 주택시장은 안정되지 않는다. 더 나은 주거에 대한 수요가 있기 때문이다. 소득 수준이 높아지면 질 좋은 집에 대한 욕구가 생긴다. 지난해 전국의 최저주거기준 미달 가구는 5.3%로 나타났다. 최저주거기준에 미달하는 주택에 사는 가구는 언제든지 수요가 될 수 있다. 즉 계속 판잣집에 살고 싶은 것이 아니라 30평대 아파트로 이사하고 싶어 한다는 것이다. 현재 계산된 주택 중에는 주거 수준이 낮은 주택도 많다. 이에 대한 재건축 또는 재개발이 필요하다.

---

8) 서울경제(2020. 07. 13)에 기고한 오피니언 사외칼럼을 수정 및 보완한 글입니다.

그리고 자가보유율이 있다. 이는 주택을 보유하고 있는 가구의 비율을 말한다. 그런데 지난해 기준으로 전국 자가보유율은 61.2% 수준이다. 수도권은 54.1%로 더 낮다. 수도권에 사는 가구 중에서 45.9%는 내 집 마련을 원하는 예비 수요자라는 의미이다. 또 자가점유율이 있다. 자신이 소유한 주택에서 자신이 사는 주택의 비율을 의미한다. 지난해 전국의 자가점유율은 58.0%이다. 이는 전국 가구 수 중에서 3.2%는 자기 집이 있어도 직장이나 교육 등 여러 가지 사유로 타인의 주택을 임차해 거주하고 있다는 뜻으로 풀이된다.

여기에 수도권의 경우에는 지역적 구분의 의미가 없다. 특히 서울은 주택보급률이 높은 지역이 낮은 지역보다 집값의 상승세가 높다. 서울 자치구 중에서 주택보급률이 높은 중구·강남·서대문·동대문·마포·용산·강서·종로구 등이 대표적이다.

소득수준이 높아지면 전국에서 서울로의 이주 수요가 발생하고 수도권에 거주하는 사람도 직장과 가깝고 주거환경 특히 교통환경이 좋은 곳으로 주거이전을 하고자 하는 욕구가 생긴다. 이 때문에 일정 수준의 주택공급이 계속해서 필요한 것이다.

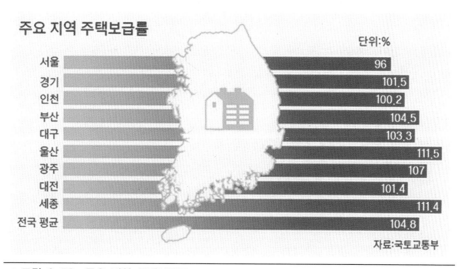

▲ 그림 2-58 주요 지역 주택보급률

※ 자료: 중앙 SUNDAY, 원하는 아파트 공급 않고 투기 막는 데 초점…'누가 이기나 해보자' 오기·망상 탓 25전25패, 2021년 8월 14일 기사

09

부동산과의 전쟁[9]
부동산과의 전쟁, 전략과 전술

7·10 부동산 대책은 현 정부에서 발표한 5번째 대책인가, 22번째 대책인가. 6·17 부동산 대책이 발표된 이후 문재인 대통령의 부동산 대책에 대한 질책, 무주택자에 대한 지나친 규제, 참여정부 시절 청와대 홍보수석을 지낸 조기숙 이화여대 국제대학원 교수의 쓴소리, 집권여당 대표의 사과 표명, 경제정의실천시민연합의 부동산 정책 비판 등이 쏟아지자 정부는 다급히 세금고지서를 만들어 7·10 부동산 대책이라고 발표했다.

온 나라가 부동산과의 전쟁이다. 전쟁에서는 승리해야 한다. 이를 위해선 전략과 전술이 필요하다. 전략은 전쟁 목적을 달성하는 데 목표를 두고, 전술은 적의 병력을 격멸함으로써 전략 목표를 달성하는 데 그 목적을 둔다. 이는 한 집단의 목표와 목적을 보여 주며, 목적 달성을 위한 중요 정책과 계획을 세우는 것을 의미한다. 전술은 집단의 종합적이고 광범위한 장기적인 계획과 운영을 의미하는 전략과 다른 의미로, 국부적이고 단기적인 성격을 띠고 있다.

그런데 작금의 부동산 전쟁에서는 전략과 전술이 없다. 전략은 부동산 가격 안정과 부동산 투기 억제다. 부동산 가격 안정이라는 목표를 달성하기 위한 전술이 필요한데 지금 정부에서는 부동산 가격 안정이 무엇인지에 대한 정의가 없다. 1년에 몇 % 상승하면 가격 불안정이고, 부동산 가격이 하락하면 안정인가. 목표가 불명확하다. 전략도 없다. 그래서 '규제지역'(투기지역, 투기과열지구, 조정대상지역)을 지정하더라도 누락된 지역에 대한 불만, 지정 지역에 대한 불평 등이 봇물을 이루고 있는 것이다.

부동산 투기 억제도 마찬가지다. 부동산 투기에 대한 정의도 명확하지 않다. 남이 하면 투기, 내가 하면 투자라는 인식이다. 때문에 대통령 비서실장의 청주

---

9) 서울신문(2020. 07. 14)에 기고한 시론 칼럼을 수정 및 보완한 글입니다.

집 매각에 이어 서울 반포 아파트 처분 결정이라는 해법이 도출되는 것이다. 따라서 부동산 투기에 대한 명확한 정의와 대응 방안에 대한 목표 설정이 선행돼야 한다.

부동산 대책에 대한 전술이 명확하지 않아 전략에도 문제가 발생한다. 부동산 가격 안정이라는 목표를 달성하기 위한 전략을 살펴보면 모두 대출 규제를 통한 수요 억제 정책뿐이다. 공급 조절 정책도 필요하다. 국가에서 모든 국민에게 주택을 공급하지 못하는 현실이라면 시장을 활용해야 한다. 모든 주민에게 주택을 공급하는 북한에도 부동산시장은 존재한다.

정부는 추가 대책으로 징벌적 과세 개념의 고가·다주택자에 대한 세금 부담 강화, 비현실적인 공급 확대 방안, '로또'라는 생애최초 주택 마련 지원 등을 발표했다. 그러나 이는 땜질 대책이고, 실질적인 공급 확대 방안으로 미흡한 게 사실이다. 한편으로는 대내외 경제 상황에 대한 예측과 대응 전략이 수립돼야 한다. 코로나19에 따른 소비 감소의 충격으로 부실 기업이나, 자영업자의 구조조정이 이뤄질 수 있다. 구조조정은 부동산 담보 대출의 부실화와 금융시스템의 붕괴로 이어져 국가 경제에 심각한 타격을 입힐 수 있다. 이에 대한 대비도 필요하다.

부동산 투기 억제라는 목표를 달성하기 위한 전략을 살펴보면 갭투자 방지를 위한 대출 규제, 양도소득세 강화, 보유세 강화, 다주택자 세금 강화 등이 있다. 학자들의 선행연구에서 부동산 조세 제도는 재산세를 포함한 보유세를 높이고 양도소득세 같은 거래세를 낮추는 방향으로 개선하는 게 바람직하다는 주장이 많았다. 그런데 지금의 부동산 대책에서 세금 부문은 보유세도 높이고 거래세도 높이는 방향으로 가고 있다. 국민들은 부동산을 사지도 말고, 팔지도 말라는 의미다. 다주택자에게도 퇴로를 열어 줘야 한다. 보유세 인상을 통해 부동산을 이용하는 사람, 조세를 부담할 수 있는 사람만 부동산을 소유할 수 있는 방향으로 개편돼야 한다. 징벌적 조세만으로 한계가 있다. 기본적으로 부동산 투자 수익이 각종 조세 부담을 감당할 수 있으면 부동산 투기 억제라는 목표는 무용지물이다.

이제라도 부동산 대책은 규제 중심이 아니라 '2020 주거종합계획'에서 제시한 공공 임대주택 14만 1000가구, 공공 지원 임대주택 4만 가구, 공공 분양 2만 9000가구 등 올 한 해 총 21만 가구를 공급하는 데 초점을 맞춰야 한다.

그리고 공시가 현실화율 조정을 통한 징벌적 조세 부과가 아니라 보유세는 높이고 거래세는 낮추는 부동산 조세 제도의 전면적 개편에 집중해 앞으로 부동산과의 전쟁에서 승리하길 기대해 본다.

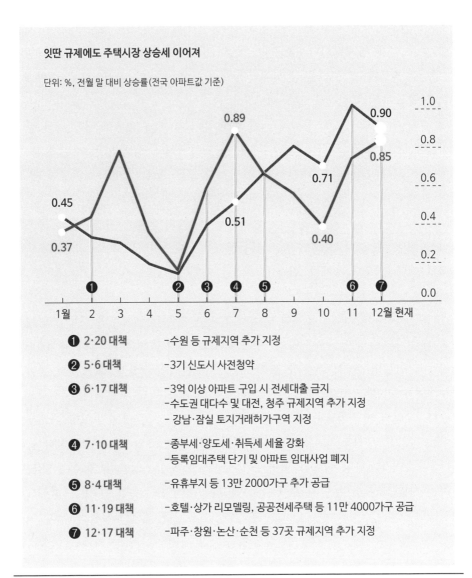

▲ 그림 2-59 잇딴 규제에도 주택시장 상승세 이어져

※ 자료: 더 중앙, [2020결산]부동산과의 전쟁…집값? 전셋값 뛰고 세금 부담에 "실수요도 살기 어렵다", 최현주 기자 기자, 2020년 12월 28일 기사

10 그린벨트 보존과 해제[10]

그린벨트 갈등, 보존과 해제

최근 서울의 그린벨트 해제를 놓고 논란이 이어지고 있다. 서울권의 주택공급을 늘리기 위한 목적에서다. 당정은 최근 수도권의 주택공급 확대를 위해서 그린벨트 해제가 필요하다는 인식을 보인 바 있다. 반면 서울시는 "그린벨트는 온전히 보전한다"는 입장을 보이고 있다. 이 같은 중앙부처와 서울시 간 힘겨루기는 그만큼 그린벨트 해제와 관련한 찬반논란이 많다는 것이다.

지난 1971년 도시계획법에 의해 처음 시행된 개발제한구역은 현재 수도권 등에 총 5,397㎢가 지정돼 있다. 전 국토의 5.4% 규모다. 법 제정 당시 그린벨트 지정목적을 살펴보면 도시의 무질서한 확산을 방지하고 도시 주변의 자연환경을 보전해 도시민의 건전한 생활환경을 확보하기 위해 또는 보안상 도시의 개발을 제한할 필요가 있을 때이다. 그린벨트는 영국에서 시작한 도시계획의 기법이다. 프랑스도 그린벨트, 독일은 녹지대라는 제도를 시행하고 있다.

우리나라의 그린벨트 제도는 1971년 지정된 후 극히 예외적인 공공 목적 이외에는 개발을 제한했다. 이를 통해 대도시의 무질서한 평면확산을 방지했고, 도시 주변의 산림보호에 이바지했으며, 대도시의 대기오염을 억제하고, 산소공급을 통한 도시의 허파 기능을 담당했다. 물론 부작용도 나타났다. 인근 토지 소유자와의 상대적 소득격차, 단속 위주의 개발규제, 부재지주의 증가, 사유재산권의 지나친 제한 등의 문제점을 나타내기도 했다. 그러나 종합적으로 부정적인 효과보다는 긍정적 효과가 있었다는 데 이견은 없다.

그런데 30여 년간 유지됐던 그린벨트 제도는 1998년 김대중 정부가 들어서면서 규제 완화의 미명하에 그린벨트 제도에 대한 규제 완화 및 지정해제가 단행됐다. 약 30년 만에 처음으로 대규모 그린벨트를 해제한 김대중 정부는 '이번

10) 서울경제(2020. 07. 20)에 기고한 오피니언 사외칼럼을 수정 및 보완한 글입니다.

이 처음이자, 마지막'이라는 단서를 달았지만 공염불이었다.

노무현 정부의 국민임대주택 공급, 이명박 정부의 보금자리주택도 그린벨트 해제를 통해 만들어졌다. 지금까지 그린벨트가 정부의 주택공급 수단으로 활용된 것이다. 이렇게 한번 풀린 고삐는 시간이 지나면서 제어할 수 있는 브레이크가 없어졌다. 부동산 정책 중에서 법의 목적을 효율적으로 달성하고 계속성을 유지한 제도인데 이 제도가 현 정권에 의해 또 흔들리고 있다.

물론 주택공급 확대 정책은 필요하다. 그러나 가장 손쉬운 그린벨트 해제를 통한 주택공급은 긍정적 효과보다는 국토 공간구조의 왜곡과 자연환경 파괴 등의 부정적 측면이 두드러진다. 그리고 이를 해제하더라도 사유재산권 침해, 수용으로 인한 갈등 등의 부작용이 나타나고 있다.

그러므로 사유재산권 침해에 따른 정당한 보상이 선행돼야 하며 필요한 경우에 매입을 통해 국공유지로 비축하는 방안도 마련돼야 한다. 그린벨트 해제 정책은 여러 가지 측면을 종합적으로 고려해 신중히 접근해야 한다.

서울시 그린벨트 추이
━ 면적(㎢, 좌) ▨ 비율(%, 우)

그린벨트 지정과 해제 역사
❶ 1971년 그린벨트 첫 도입
❷ 1972년 수도권 그린벨트 2배 확대
❸ 노태우 정부, 1기 신도시 건설로 수도권 그린벨트 대거 해제
❹ 김대중 정부, 7개 중소 도시권역 그린벨트 해제
❺ 노무현 정부, 국민임대주택 건립 위해 서울 일부 해제
❻ 이명박 정부, 강남구 세곡동, 서초구 내곡동 등 강남권 해제
❼ 박근혜 정부, 뉴스테이 건립 목적으로 그린벨트 일부 해제

▲ 그림 2-60 그린벨트 지정과 해제 역사

※ 자료: 이투데이, '그린벨트 해제' 돌고돌아 제자리…과거 해제·보존 행적 살펴보니, 이정필 기자, 2020년 7월 20일 기사

11

부동산 전문가가 가장 많은 우리나라[11)

'부동산호(號)'는 바다로 가고 싶다

우리나라는 부동산 전문가가 너무도 많다. 온 나라에 부동산 투자 등을 소개하는 유튜브·밴드·블로그·카페 등 온라인 커뮤니티가 범람하고 있다. 전문가가 많은 것은 국민뿐만 아니다. 정치권에서도 부동산 대책과 관련해 법무부 장관은 훈수를 두고 경기도지사는 대안을 제시하고 집권당 원내대표는 '수도 이전'이라는 비법을 제시하는 등 혼란을 더해가고 있다.

사공이 많으면 배가 산으로 간다. 집값을 잡겠다고 하루가 멀다 하고 쏟아내는 규제 정책에 이제는 그 내용이 무엇인지 파악하기도 어렵다. 강남3구 부동산 가격을 안정시킨다는 미명하에 시작된 부동산 대책은 이제 전국의 부동산을 대상으로 항해를 하고 있다.

국민은 자신의 삶에 밀접한 관련이 없는 강남아파트의 가격에 관심이 없다. 그런데 현 정부는 강남 집값을 잡겠다고 난리다. 강남 집값으로는 부족한지 그린벨트, 태릉골프장, 세종 천도, 이제는 공공기관 지방 추가 이전까지 들먹이고 있다.

안전한 항해를 위해서는 유능한 선장이 필요하다. 선장이 항로 선택을 잘못한 경우나 해도를 잘못 판독했을 때 충돌이나 좌초 등 기타 해난을 당하게 된다. 선장의 기본적인 업무는 필요한 시점에 선박의 위치를 알아내고 목적지에 도달하기 위해 필요한 침로(針路)를 찾는 것이다. 이 같은 업무를 수행하기 위해서는 물론 항해사 등 참모들의 도움이 필요하다. 참모들이 각자의 위치에서 제역할을 해줄 때 안전한 항해가 가능하다. 하지만 현재 대한민국의 부동산호(號)에는 참모보다 선장이 더 많은 형국이다.

정책 실패에 따른 사회적 비용 또한 비용이다. 이를 정부가 간과하면 그 비

---

11) 서울경제(2020. 07. 27)에 기고한 오피니언 사외칼럼을 수정 및 보완한 글입니다.

용은 오로지 국민이 부담하고 고통을 받게 된다. 실제로 부동산 대책도 몇 번인지 기억나지 않을 정도로 3년 동안 무수히 반복하면서 규제의 역설만 낳았다. 소규모 정부, 소관부처가 없는 종목과 업종은 경쟁력이 있다는 사실을 굳이 예로 들지 않더라도 우리는 이미 경험으로 알고 있다.

역사를 통해 봐도 알 수 있다. 대표적인 사례로 소개되는 것이 코브라 현상이다. 영국 식민지 시절 인도에서 코브라로 인한 인명피해가 늘자 식민지 정부는 코브라를 잡으면 포상금을 지급하도록 했다. 그 결과 코브라는 줄어들었지만 동시에 포상금을 받기 위해 코브라를 사육하는 농가들이 증가해 포상금이 급증하는 부작용이 발생했다. 이에 포상금 지급을 폐지하니 이번엔 농가들이 사육한 코브라를 방사해 다시 코브라가 증가했다.

앞서 우리나라도 비정규직 지원대책이 비정규직을 양산했고 시간강사 우대정책이 시간강사 해고사태로 이어졌다.

부동산 대책도 마찬가지로 부작용인 풍선효과가 나타나고 있다. 수많은 선장들의 다툼 끝 현 정부의 '부동산호'는 이제 산 정상에 다다른 형국이다. 이제 쓸데없는 싸움을 멈추고 배가 바다로 방향을 전환하도록 했으면 하는 간절한 바람이다.

▲ 그림 2-61 부동산 정책이 뭐가 문제인지 모르는 문재인 부동산호

※ 자료: 한경 오피니언, [한경 만평] 부동산 정책이 문제라고?, 조영남 기자, 2020년 10월 20일 기사

12 임대차 3법의 전격 시행[12]

임대차 3법 '세입자 태평성대' 도래할까

지난 7월 31일부터 '임대차 3법'이라 일컬어지는 전월세 신고·상한제와 계약 갱신청구권제가 본격적으로 시행됐다. 물론 전월세 신고제는 임대차 신고 관리 검증 시스템을 아직 구축하지 못하는 등 제도 시행에 따른 준비 부족으로 오는 2021년 6월부터 시행된다. 정부와 여당은 이번 주택임대차보호법의 개정을 통해서 서민의 주거안정을 확립해 세입자의 태평성대(太平聖代)를 열었다고 자평하고 있다.

법을 개정할 때는 정부 입법의 경우 입법예고를 통해 사전에 국민의 의견을 수렴하고 국회에서 전문위원의 검토를 거쳐 문제점이 있는지 파악하고 반영하는 것이 일반적인 입법과정이다. 그런데 임대차 3법은 7월 27일 상임위원회인 법제사법위원회에 상정됐고 29일 소관 상임위를 통과했다. 30일 국회 본회의에서 의결됐고 7월 31일 국무회의 의결을 거쳐 그날 바로 시행됐다. 초거대 여당은 세입자의 주거안정을 위해 신속하게 속전속결로 전투력을 발휘했다는 입장이다.

이에 이제는 임차인이 갑(甲)인, 임차인이 절대 권력을 가진 시대가 왔다. 나쁜 사람인 임대인과 착한 사람인 임차인으로 양분돼 온 이미지가 이제는 반대로 그려지는 시대가 도래할 전망이다. 그런데 이 같은 태평성대가 언제까지 지속될까. 2024년 의무계약기간인 4년이 지나고 나면 을인 임대인이 4년에 한 번 갑의 위치로 변하게 된다. 4년 만에 찾아온 갑의 지위를 행사하지 않을 임대인이 얼마나 있을까.

실제로 과거 계약갱신청구권 기간이 1년에서 2년으로 개정됐을 때 전세가격이 약 30% 상승했다. 이번 임대차법 개정은 전세가격 인상시기가 2년에서 4년

---

12) 서울경제(2020. 08. 03)에 기고한 오피니언 사외칼럼을 수정 및 보완한 글입니다.

으로 변경된 것에 불과하다. 주택을 보유하고 있는 가구를 나타내는 지표인 자가보유율은 전국 61.1%이고 수도권은 54.2%이다. 서울은 약 48%이다. 그리고 자신의 집에 실제로 거주하는 비율인 자가거주율을 보면 전국 57.7%, 서울은 42.9%이다. 수도권 기준 47.8%의 임차수요가 있는 셈이다.

모든 정책은 원칙에 기초해 시행해야 한다. 경제학원론이나 부동산학원론에서는 수요와 공급의 법칙을 적시하고 있다. 정부든 민간이든 공급이 이뤄져야 한다. 그러나 국가가 모든 공급을 맡기에는 한계가 있다. 예산의 문제다. 그래서 주거 취약계층에는 정부에서 영구임대주택을 공급하고 일정 수준 이상의 임대차 주택은 민간에서 공급하는 것이 바람직하다.

그런데 규제를 하게 되면 공급이 이뤄지지 않는다. 이에 대한 부작용으로 전세시장이 불안해진다는 것이다. 그리고 기존 임대인들도 전세제도에 대한 규제와 재산세나 종부세의 증가로 인해 보증부 월세계약을 선호하게 되면 임대차제도가 월세시장으로 전환되는 분기점이 될 것으로 전망된다. 이는 결국 임차인의 부담이다. 규제의 역설이다. 임차인을 보호하는 제도가 임차인을 잡는 제도가 되지 않았으면 하는 간절한 바람이다.

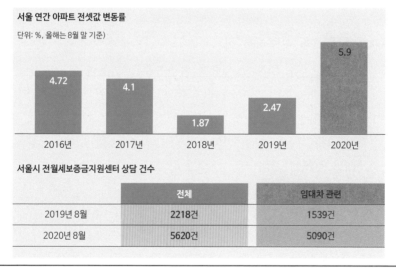

▲ 그림 2-62 임대차 3법 시행 후 나타난 부작용

※ 자료: 이투데이, 임대차법 부작용 '상상 이상'… 분쟁 늘고 전셋값 뛰고, 이정필 기자, 2020년 9월 17일 기사

13 전·월세전환율과 표준임대료 제도의 망상[13)

전·월세전환율과 표준임대료에 대한 망상

  정부가 '임대차 3법'을 제정한 후 임대차 시장에서는 전세금 상승, 보증부 월세 증가 등의 현상이 나타나고 있다. 이에 정부는 부작용을 방지한다며 전월세전환율을 규제하고 표준임대료 제도를 도입하려 하고 있다. 이미 임대차 3법을 도입할 때 전문가들은 이러한 부작용을 예견했다. 그런데도 무리하게 속전속결로 도입하고도 나타난 부작용에 또 다른 땜질 처방을 하려는 것이다. 그런데 그 처방도 정부가 임대료를 결정하고 통제하는 방식이다. 또다시 시장을 부정하고 가격을 통제하려는 것이다. 규제는 또 다른 규제를 낳고, 결국 규제의 역설 현상이 나타나게 된다.

  정부가 모든 것을 해결할 수는 없다. 특히 인간이 살아가는 데 필수적인 의식주 문제는 나라님도 해결할 수 없다. 그럼에도 현 정부는 전월세전환율과 표준임대료를 직접 정하려 한다. 임대인은 정부에서 정한 임대료를 기준으로 계약을 체결해야 한다는 것이다.

  서민들의 주거 안정을 위한 주택이 필요하다면 정부에서 직접 임대주택을 건설해 본인(정부)이 임대료를 저렴하게 책정해 제공하면 된다. 하지만 현재 정부는 규제를 통해 국민의 재화(주택), 즉 남의 물건으로 낮은 임대료의 주택을 제공하려 하는 것이다.

  임대료를 정부가 결정한다. 이것이 합리적인가, 상식적이고 공평한가. '부동산 가격은 정가가 없다'는 말이 있다. 부동산 가격은 사용 목적에 따라 다르다. '실거래가＝부동산 가격'이라는 등식도 성립하지 않는다. 또한 정부가 산정할 임대차 시세가 적정하다고 보기는 어렵다.

  임대료는 똑같은 물건도 임차인의 욕구나 경제적 사정 그리고 선호도에 따라

---

13) 서울경제(2020. 08. 10)에 기고한 오피니언 사외칼럼을 수정 및 보완한 글입니다.

다르다. 그리고 물건의 면적, 유형, 인테리어 상태, 조망 등에 따라 천차만별이다. 또한 임대료는 시간에 따라 항상 변화하므로 임대 시점과 기준 시점의 임대료는 차이가 나는 것이 일반적이다.

거래당사자의 사정에 따라서도 달라진다. 임대차 계약의 내용이나 조건에 따라서도 다르기 때문이다. 그리고 표준임대료 제도를 도입하면 임대인의 수익은 감소하게 되고 이로 인해 임대주택의 유지보수를 못 하게 되면 주택의 노후화는 가속화돼 결국 지역의 슬럼화로 이어진다. 지난 1974년부터 임대료를 규제한 미국 뉴욕주의 도심(맨해튼 북부의 할렘 지역)의 슬럼화가 대표적 사례.

또 다른 문제는 규제의 역설이다. 임대인을 규제하면 임대주택의 공급이 줄어든다. 벌써 공시지가 인상, 다주택자 보유세 부담 강화, 등록 임대사업자 제도 혜택 축소, 재건축 2년 실거주 의무화 등으로 임대차시장이 불안해지고 있다. 규제하면 임차인에게 유리하다고 생각하지만 결국 부작용에 따른 피해는 영세 세입자에게 집중된다. 차라리 정부는 이제 영구임대와 민간임대로 나누어 장기적 대응전략을 수립하고 임대차시장을 수요자 중심시장으로 변화할 수 있도록 유도하는 정책이 절실하다.

주요국 신규 임대료 통제 제도

독일 베를린 시 5년간 임대료 동결(2020년 1월~)
✓ 베를린시는 임대료를 2020년 1월부터 5년간 동결하는 법안을 시행하고 임차료 폭등을 막기 위해 2019년 6월 18일부터 계약을 체결하는 건에 대해 소급 적용, 베를린과 퀼른 등 대도시 중심 임대료가 급등하자 주변 시세의 10%를 초과할 수 없도록 규정하는 초기 임대료 규제제도를 운영 중(2015년 4월~)

프랑스 파리
✓ 파리지역은 2015년부터 신규임대차 임대료도 규제를 하는 법을 시행 중
✓ 프랑스는 임대료 기준지수 제도를 2005년 도입해 계약갱신 시 지수한도 내에서 임대료 인상을 제한
✓ 기존임대료* 최근 임대료 기준기수(IPL) / 1년전 IPL 지수=새로운 임대료

미국 뉴욕
✓ 주택 건축시점 별로 임대료 통제(47년 이전 건축)와 임대료 산정(47년~74년 건축)으로 이원화된 임대료 규제 운영
✓ 임대료 가이드라인 위원회가 매년 고시하는 인상률 이내 제한

▲ 그림 2-63 주요국 신규 임대료 통제 제도

※ 자료: 머니투데이, 신규 전셋값도 5%로 통제?… 의욕만 앞선 민주당의 '패착', 권화순 기자, 2021년 7월 27일 기사

14 부동산 정책의 비상식¹⁴⁾

법은 상식이어야 한다. 작금의 부동산 정책은
상식적인가!

정부 추진 부동산 관련법, 위헌적 요소가 많고, 상식적이지 않다 주장 제기

노무현 정부의 부동산 정책도 위헌의 논란⋯소수 의견도 존중해야 민주주의

최근 국회는 176석이라는 거대여당의 힘으로 정부의 6.17, 7.10 부동산 대책을 지원하기 위하여 부동산 관련 법안을 속전속결로 처리하였다. 속도전에 따라 소위원회의 구성도 논의도 없었다. 전문위원회의 의견도 반영되지 않았다.

법(法)은 물 수(水)와 갈 거(去)가 합친 글자이다. 물이 흐르는 것처럼 순리대로 공평한 것이어야 한다는 것이다. 쉽게 설명하면 법은 상식이어야 한다는 것이다. 법을 개정하거나 제정할 때에도 국회법 등에 따라 일정한 절차를 두고 있다. 상식적이지 않는 법을 만들지 못하도록 제도화하고 있다. 물론 법이 제정되어 시행되더라도 최고의 법률인 헌법에 위배되지 않아야 한다. 최근 정부에서의 추진한 부동산 관련법은 위헌적 요소가 많고, 상식적이지 않다는 주장이 제기되고 있다.

먼저 임대차 계약갱신청구권의 소급적용에 관한 내용이다. 계약갱신청구권제는 법 시행 전에 계약한 기존 세입자에게도 적용한다는 것이다. 소급입법에 관하여 논란이 일고 있지만 당정은 앞선 상가임대차보호법 개정 사례 등에서 전례가 있어 큰 문제는 없다는 입장이다. 전례가 잘못되었다면 어떤가? 법을 제정하더라도 소급하여 재정 전의 사실에 적용함을 금지하고 있다. 갱신청구권은 법 시행부터 계약한 임대차에 대하여 갱신청구권이 발생하는 것이 상식이 아닌가?

다음은 재건축 아파트 실거주 2년 의무화에 관한 내용이다. 최초로 조합설립인가를 신청하는 투기과열지구의 재건축사업에서 조합원분 아파트를 분양받고

---

14) 데일리안(2020. 08. 12)에 기고한 칼럼을 수정 및 보완한 글입니다.

자 할 경우에는 분양신청을 할 때까지 2년 이상을 거주해야만 아파트를 분양 받을 수 있다. 2년 거주요건을 갖추지 못하면 현금청산의 대상이 된다.

그런데 우리나라 헌법에는 모든 국민은 거주·이전의 자유를 가진다고 규정하고 있다. 거주·이전의 자유는 국내외 어느 곳이라도 자유롭게 거소 또는 주소를 선정하고 이전할 수 있는 자유이다. 이러한 거주·이전의 자유에 대한 제한은 헌법상 국가안전보장·질서유지·공공복리를 위하여 필요한 경우에 법률로써만 제한할 수 있다. 재건축 아파트 실거주 2년 의무화가 국가안전보장 등에 꼭 필요한지 상식적으로 생각해 보자. 이 규제는 개인의 재산권 침해의 위험 요소도 있다.

다음은 6·17 대책 중 토지거래허가구역 지정제도이다. 정부가 토지거래허가구역으로 지정된 지역의 아파트는 토지거래허가가 아니라 사실상 주택거래허가를 받아야 한다. 예전에 헌법재판소에서 토지거래허가제도를 합헌으로 결정하였다. 토지는 다른 재화와 달리 부증성(不增性)으로 인하여 자본주의 논리를 적용할 수 없고, 공공성이 있기 때문에 토지거래허가제도는 합헌이라는 것이다. 그러나 이번에는 토지에 아파트까지 적용대상이다. 그런데 아파트는 부증성의 특성이 있는 것이 아니라 생산이 가능한 재화이기 때문에 위헌의 가능성이 있다는 것이다.

다음은 과도한 부동산 세금폭탄이다. 취득세, 재산세, 종합부동산세, 양도소득세를 갑자기 올렸다. 조세는 모든 국민에게 평등해야 한다. 조세평등주의는 헌법에 평등의 원칙, 차별금지의 원칙 등이 조세법적 표현이다. 세법은 국민들에게 공평하게 배분되도록 법을 제정해야 한다. 또한, 과세는 담세능력존중의 원칙에 따라 개인의 담세능력을 고려하여야 한다. 똑같은 담세능력자에게는 평등한 과세가 이루어져야 한다. 특정인 또는 특정계층에게 정당한 이유가 없이 중과세, 감세, 면세 등을 하여서는 아니된다. 주택의 수에 따라서 양도가액, 취득가액, 양도차익, 보유기간이 같더라도 차별하는 것은 조세평등주의에 원칙에 반하는 것이라고 볼 수 있다.

이상과 같이 상식적이지 않은 부동산 정책과 법은 앞으로 험난한 앞길이 예상된다. 노무현 정부의 대못 부동산 정책도 위헌의 논란이 있었다. 법은 상식이어야 한다. 작금의 부동산 정책은 상식적인가! 소수의 의견도 존중하는 것이 민주주의이다. 오늘의 표보다는 미래의 백년대계를 설계하는 우리나라 리더들이 많이 나오기를 기대해 본다.

15 부동산 정책과 부동산 정치[15)

부동산과 정치, 달콤한 유혹

　최근 거대 여당의 지지율이 역전당하면서 부동산 문제에 대한 관심이 커지고 있다. 이 같은 민심이반이 단순히 부동산 때문이라고 단언할 수는 없다. 하지만 최근 정부의 인사를 봐도 다주택자에서 1주택자가 되거나 1주택 혹은 무주택자이거나 전셋집만 두 채인 인사들을 기용했다. 우선 다주택자가 가진 집을 모두 매도해 양도차익을 얻더라도, 전셋집은 2개라도 괜찮다. 어떤 기준인지는 이해가 되지 않지만 모 지사는 여당의 지지율 하락에 제일 큰 영향을 미친 것은 부동산 문제라고 생각한다고도 말했다.

　부동산과 정치는 밀접한 관계를 맺고 있다. 부동산은 의식주, 생존의 문제와 직결되기 때문이다. 즉 모든 국민의 관심사일 수밖에 없다. 그래서 부동산 문제는 정치인에게 달콤한 유혹이다. 부동산 문제와 관련한 대책을 제시하면 유권자의 관심을 한몸에 받을 수 있다. 임대인과 임차인, 무주택자와 유주택자, 가진 자와 가지지 못한 자를 구분, 또 일방을 매도하게 되면 다른 한쪽의 표심을 얻을 수 있다.

　실수요자는 확실히 보호하면서도 투기는 반드시 근절하고 불로소득 환수와 부동산 투기 수요 차단 등을 통해서 정의와 정상이 지배하는 사회로 만들겠다는 메시지로 지지층을 만들 수도 있다. 이러한 이유로 부동산은 정책이 아닌 정치로 가게 된다. 정치는 부동산이 주는 달콤한 유혹을 뿌리치기 힘들다. 정치인은 표로 평가받기 때문이다. 그런데 이러한 달콤함이 지나치면 몸이 망가지게 되고 치아도 상하게 된다.

　특히 문재인 대통령은 부동산 문제에 집중적인 비판을 쏟아내고 있는 야당과 언론, 일부 시민들을 향해 갈등과 불안감을 조성하지 말라고 비판하면서 정치권

---

15) 서울경제(2020. 08. 17)에 기고한 오피니언 사외칼럼을 수정 및 보완한 글입니다.

과 언론에 협조를 당부했다. 유주택자와 무주택자, 임대인과 임차인의 갈등을 부추기거나 국민의 불안감을 조성하기보다는 새 제도의 안착과 주거의 안정화를 위해 노력해달라고 했다. 예로부터 '몸에 좋은 약은 입에 쓰다'고 했다. 좋은 말만 들어서는 발전이 없다는 의미다. 일반적으로 누군가에게 도움이 되는 쓴소리를 할 때 자주 사용된다. 또 새로운 제도의 안착과 주거의 안정화는 정부가 해야 할 역할이지 언론의 역할이 아니다.

집은 삶의 공간이기도 하지만 우리나라 국민은 중요한 자산 증식 수단으로 인식하고 있다. 아직은 이용 중심보다는 소유 중심의 의식을 갖고 있다는 뜻이다. 혹자는 1가구 1주택 정책을 주장하기도 했는데 이를 강제하면 부동산 문제가 해결될 수 있을까. 오히려 부작용이 더 많이 발생하리라는 것이 자명한 사실이다.

부동산시장에 참여하는 국민은 모두 '악의 무리'라고 볼 수 있을까. 그리고 정부가 그 '악의 무리'와 싸우는 동안 가장 고통을 받는 대상은 바로 국민들이라는 사실을 직시해야 할 것이다.

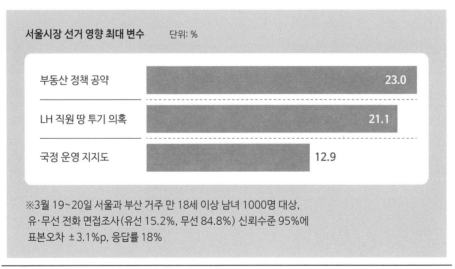

▲ 그림 2-64 2021년 4월 7일 서울시장 재보선 선거 영향 최대 변수

※ 자료: 더 중앙, 서울시장 선거 최대변수 "부동산 정책·LH투기 의혹" 44%, 송승환 기자, 2021년 3월 22일 기사

16

부동산거래분석원 설치 논란[16)

'부동산거래분석원' 규제 만능주의의 종점이길...

정부, 반대여론에 개명은 꼼수 부린 것

개인정보 침해, 재산권에 과도한 제약 우려

최근 정부는 부동산 투기를 근절하고 불법 및 부동산시장 교란 행위를 적발해 처벌하는 '부동산거래분석원'을 설치한다고 한다. '부동산감독원'이라는 명칭은 부동산시장을 지나치게 통제하고 감시하려 한다는 반대여론에 밀려 거래분석이라는 이름으로 개명을 단행하였다.

정부기관의 명칭은 국민이 보고 들었을 때 무슨 일을 하는지 어떤 기능을 하는지 인지할 수 있어야 한다. 민간도 아닌 공공에서 꼼수를 부린다. 부동산감독원이 꼭 필요하다면 국민들을 설득하여 감독원을 설치해야 한다.

기구의 기능과 역할에 전혀 맞지 않은 작명으로 포장하는 일이 정부에서 추진되고 있다. 일반 국민들이 가게 이름을 건전한 간판으로 표시하고 전혀 다른 업무를 한다면 어떻게 될까? 예를 들어 일식집 간판을 붙여 놓고 실제 내부에서는 분식집을 운영한다면 어떨까? 이는 소비자를 속이는 행위이다.

부동산거래분석원이라면 우리나라 부동산거래 현황을 정확하게 분석하여 부동산 정책을 수립하는 데 필요한 기초자료를 제공하고, 부동산거래 유형을 분석하여 부동산 투기를 예방하고 부동산거래안전과 거래의 투명화를 위하여 부동산거래 제도를 어떻게 개선할 것인지 방안을 제시하는 기관이어야 할 것이다.

그런데 무엇이 무서워서 양의 탈을 쓰고, 늑대의 노릇을 하겠다는 것인가? 부동산검찰인 부동산거래분석원은 부동산 실거래·자금조달 계획서 조사를 총괄하

---

16) 데일리안(2020. 09. 10)에 기고한 칼럼을 수정 및 보완한 글입니다.

고, 부동산시장에서 발생하는 범죄행위에 대하여 수사하고, 부동산 관련 불법행위에 대한 정보 수집 및 분석 등의 업무를 수행할 것으로 보인다.

이는 막강한 권력이다. 금융감독원, 금융정보분석원(FIU), 자본시장조사단의 사례를 벤치마킹한다고 예기하지만 부동산의 경우는 금융과 비교하면 성격과 기능, 규모, 피해규모 등에서 전혀 다른 상품이고 재화이다.

그럼 제도를 도입할 때 자주 언급되는 외국의 사례는 어떨까? 이 기구의 설치를 추진하면서 국토부에서 제시한 사례는 영국의 시장경쟁국(CMA), 미국 캘리포니아주 부동산국, 미국의 연방주택금융청 등이다. 이들 기구는 주로 소비자를 보호하는 업무를 수행하고 있기 때문에 우리나라에서 추진하고 있는 부동산거래분석원과 성격이나 위상이 전혀 다른 차원의 기구다. 우리나라는 한 번도 경험해 보지 못한 기구를 설치한다는 것이다.

먼저 행정의 효율성 측면에서 이 기구를 설치하는 데 들어가는 대가나 노력에 비하여 훌륭한 결과를 얻을 수 있을까? 의문이다. 탈세의 경우 국세청이라는 조직이 있고, 위법이나 탈법행위에 대해서는 검찰이나 경찰이 있고, 기타 위법행위에 대해서는 행정기관이 있는데 이들 기관은 이제까지 직무유기를 했단 의미이다.

국토교통부의 발표에 의하면 2019년을 기준으로 전체 부동산거래신고 건수는 161만 2000건이다. 이 중에서 약 2%인 3만 6000건을 선정하여 조사하였다. 2%의 이상 거래를 조사하기 위하여 필요한 조직이라는 뜻이다. 이러한 기구를 설치하면 소요되는 예산과 공무원 수의 증가를 초래하고, 그 결과의 편익은 크지 않을 것이다.

기존 국토교통부에 특별사법경찰관이 있다. 전문분야의 수사를 위해 행정공무원에게 수사권을 부여한 것으로 강제 수사와 소환조사, 통신 및 계좌 조회, 긴급체포, 체포영장 신청, 지명수배, 압수수색 등 경찰에 버금가는 수사권을 가지고 있다. 공인중개사법에 의한 부동산거래질서교란행위 신고센터도 설치·운영하고 있다. 기존에 제도화가 되어 있는 조직을 좀 더 효율적으로 운영하면 부동산 가격안정과 부동산 투기억제라는 정책의 목표를 달성할 수 있을 것으로 보인다.

그리고 부동산거래분석원은 부동산 실거래 전반을 상시로 감시하고 가격 담합, 허위 거래 등 각종 불법행위를 적발하는 전담 기관으로 출발하는데 불법행위 등에 구체적 기준이 무엇인지에 대한 정리가 필요하다. 그리고 개인정보 침해, 재산권에 대한 과도한 제약 등의 우려를 불식시키기 위하여 조사권한, 조사범위 등에 대한 기준도 사회적 합의가 이루어져야 할 것이다.

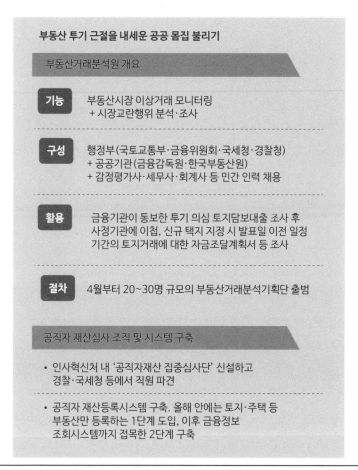

부동산 투기 근절을 내세운 공공 몸집 불리기

부동산거래분석원 개요

기능	부동산시장 이상거래 모니터링 + 시장교란행위 분석·조사
구성	행정부(국토교통부·금융위원회·국세청·경찰청) + 공공기관(금융감독원·한국부동산원) + 감정평가사·세무사·회계사 등 민간 인력 채용
활용	금융기관이 통보한 투기 의심 토지담보대출 조사 후 사정기관에 이첩, 신규 택지 지정 시 발표일 이전 일정 기간의 토지거래에 대한 자금조달계획서 등 조사
절차	4월부터 20~30명 규모의 부동산거래분석기획단 출범

공직자 재산심사 조직 및 시스템 구축

• 인사혁신처 내 '공직자재산 집중심사단' 신설하고
  경찰·국세청 등에서 직원 파견

• 공직자 재산등록시스템 구축. 올해 안에는 토지·주택 등
  부동산만 등록하는 1단계 도입, 이후 금융정보
  조회시스템까지 접목한 2단계 구축

▲ 그림 2-65 부동산 투기 근절을 내세운 공공 몸집 불리기

※ 자료: 국민일보, "사고는 지들이 치고, 웬 국민 감시?"… 부동산거래분석원 논란, 이종선 기자,
     2021년 3월 31일 기사

17 공공재건축 사업의 신기루[17)

공공재건축 사업의 허와 실

공공재건축 사업 사전컨설팅 접수 결과가 공개되었다. 서울 재건축 아파트 단지 15곳이 사전컨설팅 신청서를 제출하였다. 예상보다 많은 단지들이 사전컨설팅을 신청했다고 홍보에 열을 올리고 있다. 대부분의 재건축조합들이 공공재건축에 회의적 반응을 보일 것이라고 예측했지만 변화의 조짐을 보인다는 것이다.

정부는 8.4 부동산 대책에서 공공기관의 참여를 전제로 재건축 단지가 주택 등을 기부채납하면 종상향 등을 통해 용적률을 500%까지 올려주고 층수도 50층까지 올릴 수 있도록 규제를 완화하여 공공 참여형 고밀 재건축 제도를 도입하고 이를 통하여 총 5만 가구를 공급한다는 대책을 발표하였다.

재건축 조합이 공공(LH, SH 등)과 함께 사업을 시행하여 주택 등을 기부채납하면 준주거지역의 용적률 상한을 500%까지 확대해 주고 35층으로 규제하고 있는 서울지역의 아파트 층수제한도 완화하여 50층까지 허용하겠다는 것이다. 뉴타운 해제 지역에 대해서도 공공 재개발 사업을 적극적으로 추진하여 2만 가구이상 공급한다는 대책이다.

이러한 정부의 부동산 대책으로 공공재건축 재개발 사업이 원활하게 추진되어 공급확대가 이루어지고 부동산가격안정에 기여하였으면 하는 바람이다. 그런데 이러한 바람이 이루어질 수 있을까? 장담하기 어렵다.

사전컨설팅신청은 말 그대로 사전 컨설팅, 사전 사업상담이다. 상담이 사업으로 이어지는 비율이 얼마나 될까? 재건축조합들이 직접 사업성을 검토하기보다는 공공에서 사전컨설팅을 해 주겠다고 하니까 민간재건축과 공공재건축을 시행하였을 때 비교 및 검토를 해 보겠다는 것이다. 실제 공공재건축 재개발 사업으로 재건축을 진행할까? 의문이다. 왜냐하면 공공재건축 재개발 사업은 실효

---

17) 데일리안(2020. 10. 09)에 기고한 칼럼을 수정 및 보완한 글입니다.

성에서 많은 문제점이 있기 때문이다.

먼저 사업성에 관한 부분이다. 재건축사업은 민간사업이다. 수익성이 보장되어야 한다. 그런데 일률적으로 용적률을 상향하게 되면 단지의 입지나 규모에 따라서 사업성이 천차만별이기 때문에 공공이 참여하는 것을 망설이게 된다. 그래서 세분화된 용적률 상한의 기준을 마련할 필요가 있다. 그래야만 다양한 단지들이 사업을 검토할 수 있다.

용적률 인센티브를 일정하게 주는 것이 아니라 단지규모, 주변 아파트시세 등을 고려하여 차등적으로 적용할 필요가 있다. 사전에 사업성에 대한 시뮬레이션을 통하여 적정 수익률을 보장하려면 몇 % 정도 인센티브를 주어야만 사업성이 있는지 검토하여 용적률을 부여하여야 할 것이다. 그리고 재건축단지에 공공이 참여하여 사업을 하게 되면 단지에 임대주택이 공급된다. 임대주택이 혼재하게 되면 해당 단지의 아파트가격에 영향을 미칠 수 있기 때문에 이에 대한 보완책이 필요하다. 예를 들어 분양가상한제 면제, 재건축초과이익환수 완화 등의 대안이 제시되어야만 참여율을 제고할 수 있을 것이다.

그리고 향후 6·17 대책으로 2년 실거주 의무제가 올해 말 시행되면 비거주자의 재건축 반대, 재건축 조합원 지위양도 금지, 현금청산에 따른 조합의 사업비용증가, 분양가상한제의 도입에 따른 사업성 악화 등의 현상이 나타나기 때문에 재건축사업은 장기간 중단되는 상황을 맞이하게 될 것이다. 재건축사업 자체가 사라지면 공공참여 재건축사업도 무용지물이 될 수 있다. 재개발 재건축사업에서 공공관리지원제도가 있다. 이는 정비계획수립 단계부터 사업완료 시까지 정비사업시행 과정을 지자체 등 공공에서 지원하는 제도다.

그러나 이 제도도 활성화되지 못하고 있다. 민간사업에 공공이 직접 참여하는 형태는 바람직하지 않다. 외국의 사례를 살펴보면 홍콩의 도시재개발(정비사업) 위원회 제도와 일본의 정비사업 코디네이터 지원제도 등이 있다. 단순히 문제가 있을 때나 민간이 원할 때 지원하는 제도이다. 직접적으로 참여하는 형태는 찾아볼 수 없다.

그리고 용적률을 올려주면 난개발의 우려도 있다. 교통량의 증가 등에 따른 사회적 비용의 증가는 고스란히 시민의 몫이 된다. 따라서 용적률을 상향하더라도 일정 부분 건폐율을 축소하여 사회기반시설이나 공원용지 등으로 제공하도록 하는 개발이익의 사회적 환원도 병행되어야 할 것이다.

18 전세대란의 해결책[18)

전세대란의 해결책은 없는가?

한 번도 경험해 보지 못한 전세대란 현상이 나타나고 있다. 시장에서는 전세 매물의 품귀현상으로 전세값이 급등하고 있다. 임대차 3법의 시행으로 시간이 지나면 안정된다고 호언장담을 하였지만 시장은 반대로 움직이고 있다. 시간이 지날수록 전세시장 불안은 가중되는 상황이다.

이러한 전세대란의 원인은 어디에 있을까? 여러 가지 요인이 복합적으로 작용하고 있다. 장기간 지속되고 있는 저금리 상황, 임대차 3법의 시행, 공급물량의 부족 등이 전세대란의 원인이다. 여기에서 저금리 현상은 국가경제의 측면에서 운용하는 정책으로 조정이 어렵다.

공급물량의 부족문제는 단기간에 해결할 문제도 아니고 이는 현 정부에서 추진한 부동산 정책의 산물이다. 여기에 임대차 3법의 시행이 기폭제가 되어 전세시장의 불안으로 이어지고 있는 것이다. 문제를 해결하려면 원인에 대한 분석이 이루어져야 하는데 원인을 잘못 파악하고 있기 때문에 뾰족한 해결책이 없다는 것이다.

전세 대란의 원인을 임대차 3법의 시행, 공급물량의 부족으로 분석하면 해결책은 간단하다. 지금 현장에서는 전세물건의 품귀현상이 빚어지고 있다. 수요자는 많은데 공급물량이 없다는 것이다. 전세물건이 왜 없을까? 집은 그대로 있고, 1가구가 2집에 거주하는 것도 아닌데 말이다.

첫 번째 원인이 임대차 3법이다. 왜 임대차 3법이 원인일까? 임대차시장에 대한 규제로 시장에 공급되는 전세물량이 줄어들게 되었다. 임대차시장에 동맥경화 현상이 나타나고 있다. 시장에 수요량과 공급량 많으면 자연스럽게 계약이 이루어지고 보이지 않는 손에 의하여 가격조정이 된다. 그런데 임대차 3법의 시

---

18) 데일리안(2020. 11. 13)에 기고한 칼럼을 수정 및 보완한 글입니다.

행으로 임차인은 4년 동안 거주할 수 있어 새로운 전세물건이 시장에 공급되지 않는다.

임대료 인상 상한선도 만들어졌다. 임대인으로서는 새로운 임차인과 계약을 체결하고, 향후 전세보증금은 언제 인상할 수 있을지 알 수 없기 때문에 4년 치의 임대료를 한번에 올려서 계약을 체결하고자 하는 것이 당연한 임대인의 입장이다. 그래서 법을 만든 집권여당의 모 국회의원도 급등한 전세금액으로 임대를 한 것이다.

계약갱신청구권이 끝나는 4년 후가 되면 어떻게 될까? 임대인은 또 새로운 임차인과 4년 치의 임대료 상승분을 반영하여 계약을 체결하는 것이 경제적 동물이기 때문에 당연하다. 그리고 세입자의 권리가 강화되어 착한 세입자를 찾는 임대인이 증가하고 있다. 권리만 주장하는 임차인은 나중에 임대차제도를 악용하여 명도거부, 이사비용청구, 임차보증금 인상 거부 등의 분쟁이 발생할 수 있다.

따라서 임대인 입장에서는 개업공인중개사를 이용하지 않고 본인이 잘 알고 있는 가족, 친척, 직장동료, 지인 등에게 임대하여 분쟁을 사전에 예방하거나 감소시키고자 하는 방안을 강구할 수밖에 없다. 임대인이 개업공인중개사들에게 임대의뢰를 하지 않는다. 전세매물이 시장에 나오지 않는 이유 중 하나이다. 이러한 현상으로 전세물건의 품귀현상이 가중되고 있다.

다음은 공급량의 문제이다. 서울이나 수도권에 1년에 필요한 신규주택이 얼마나 공급되어야 할까? 통계량에 논란이 있을 수 있지만 수도권에는 30만 가구 정도, 서울만 한정하더라도 10만 가구 정도가 필요하다는 통계자료가 있다. 수도권유입 가구, 1인가구로의 분가, 결혼, 소득수준의 향상에 따른 주거수준 상향 수요 등으로 인하여 신규수요가 창출되고 있다. 그런데 2021년 신규 입주 물량이 2.5만 가구라고 발표되고 있다.

이러한 공급 감소는 서울의 뉴타운지구 해제, 재개발·재건축 억제 등이 원인으로 분석되고 있다. 수요가 있는 서울에 공급이 급감하고 있다. 시장에서의 가격은 수요와 공급에 의하여 결정된다. 원론이자 원칙이다. 공급이 늘어나면 가격은 하락한다. 정부보다는 민간에서 공급하는 것이 효율적이다.

정부는 영구임대주택 공급에 집중하여 주거취약계층의 주거복지에 집중할 필요가 있다. 정부에서는 최근 임대차시장안정대책으로 월세 세액공제 확대, 중형 공공임대주택 공급확대, 전세기간(3+3년) 확대 등의 논의가 이루어지고 있는데 현재의 전세시장안정대책의 해법이 될 수 없다. 원인에 대한 대책이 필요하다. 간단하다. 임대차 3법의 재개정, 공급확대만이 해법일 수 있다.

서울 전셋값 월간 변동률 1989년 VS 2020년

구분	1989년 12월 (당월)	1990년 1월 (1개월차)	2월 (2개월차)	3월 (3개월차)	4월 (4개월차)	5월 (5개월차)	1990년 연간 이후
임대차법 개정 (임대의무기간 1년 → 2년)	-0.7%	4.1%	14.4%	2.3%	2.0%	-2.7%	16.2%

구분	2020년 7월 (당월)	8월 (1개월차)	9월 (2개월차)	10월 12일 (3개월차)	11월 (4개월차)	12월 (5개월차)	2020년 연초 이후
임대차법 개정 2년 → 4년, 임대료 5% 증액제한	0.49%	0.43%	0.41%	0.15%	?	?	2.97%

*2020년 연초 이후 변동률과 10월 변동률은 아파트 매매가격 기준

▲ 그림 2-66 서울시 전셋값 월간 변동률 1989년 VS 2020년

※ 자료: 머니투데이, 전세대란 대책 없는 정부…전세가 상승이 저금리 때문?, 권화순·박미주 기자, 2020년 10월 22일 기사

19 집값 급등의 원인[19]

집값 급등의 원인과 안정화대책은?

2020년 11월 전국 주택 매매가격이 2003년 5월 이후 17년 만에 가장 큰 폭으로 상승했다는 통계자료가 발표되었다. 한번도 경험해 보지 못한 집값 상승현상이 나타나고 있다. 시장에서는 매물의 품귀현상으로 초거래절벽 사태가 나타나고 있다. 반복적인 부동산 대책이 발표되었지만 시장은 반대로 움직이고 있다. 시간이 지날수록 부동산시장의 불안은 가중되는 상황이다.

이러한 집값 급등의 원인은 어디에 있을까? 여러 가지 요인이 복합적으로 작용하고 있다. 장기간 지속되고 있는 저금리 상황, 경기 활성화 등을 위한 유동성 확대전략, 부동산규제정책으로 인한 공급물량의 부족 등이 집값 급등의 원인이다. 여기에서 저금리 현상과 유동성 확대정책은 국가경제운용이라는 측면에서 고금리정책이나 유동성 축소정책으로의 전환은 어렵다. 공급물량의 부족문제는 단기간에 해결할 수 없는 문제임에도 현 정부에서는 각종 부동산규제정책을 추진하여 공급부족의 사태를 가져왔다.

또한, 임대차 3법의 시행으로 전세값이 급등하여 집값을 밀어 올리는 현상도 나타나고 있다. 정부는 집값 문제를 해결하려면 원인에 대한 분석이 이루어져야 하는데 원인을 잘못 분석하고 있다.

원인에 대한 대책이 필요하다. 간단하다. 공급확대만이 해법일 수 있다. 집값 급등의 원인은 기본적으로 수요와 공급의 문제이다. 서울이나 수도권에 1년에 필요한 신규주택이 얼마나 공급되어야 할까? 통계량에 논란이 있을 수 있지만 수도권에는 30만 가구 정도, 서울만 한정하더라도 10만 가구 정도가 필요하다는 통계자료가 있다. 수도권유입 가구, 1인가구로의 분가, 결혼, 소득수준의 향상에 따른 주거수준 상향수요 등으로 인하여 신규수요가 창출되고 있다. 그런데 2021

---

19) 에너지경제신문(2020. 12. 18)에 기고한 칼럼을 수정 및 보완한 글입니다.

년 신규 입주 물량이 2.5만 가구라고 발표되고 있다.

이러한 공급감소는 서울의 뉴타운지구 해제, 재개발·재건축 억제 등이 원인으로 분석되고 있다. 수요가 있는 서울에 공급이 급감하고 있다. 시장에서의 가격은 수요와 공급에 의하여 결정된다. 원론이자 원칙이다. 공급이 늘어나면 가격은 하락한다. 정부보다는 민간에서 공급하는 것이 효율적이다.

정부는 각종 대출규제로 수요를 억제하고, 분양가상한제로 공급을 위축시키는 정책이 부작용으로 나타난 것이다. 지역균형발전이라는 명분으로 지방을 개발하고자 하는 정책으로 지방에 부동산 관련 개발정책을 지속적으로 추진함으로써 지방의 부동산가격도 상승하리라는 기대 심리를 심어 주었다. 각종 SOC사업, 공공택지개발 등으로 토지 보상금의 규모도 지속적으로 증가하였다.

부동산 정책의 반복적인 발표도 문제이다. 지속으로 발표되는 부동산시장 안정 대책은 부동산가격이 상승하고 있다는 신호를 주었고, 부동산시장에 관심이 없던 일반인들이 부동산시장에 참여하도록 유도하는 효과를 발휘하였다. 경제상황이 전반적으로 부진함에도 유동성이 풍부해짐에 따라 수익률을 추구하는 현상이 나타났고, 그 대상으로서 부동산이 선택되었다. 이는 수요가 증가하였다는 것이다.

이러한 여러 가지 요인에 의하여 급등한 집값을 안정시키기 위해서는 기본적으로 민간에서 소득수준에 맞는 주택, 직주근접한 수요가 있는 곳에 주택의 공급이 이루어져야 한다. 그리고 유동성이 풍부한 자금들은 수익률을 추구하기 때문에 부동산보다는 실물경제나 산업자본에 투자하면 더 높은 수익률을 얻을 수 있는 산업환경이나 경제환경을 조성하는 정책도 병행하여야 할 것이다.

20 부동산공급백신 처방[20]

2021년에는 부동산공급백신 처방이 이뤄지길

문재인정부, 25번 부동산백신 배포하였으나 효과 없이 남발

현재 부동산시장은 초거래절벽, 가격급등, 임대차시장의 불안

2020년 12월 13일 미국에서 코로나19 백신의 배포가 이루어졌다. 미국의 백신 접종은 1월 20일 첫 확진자가 발생하고 11개월, 대유행이 시작된 3월 중순 이후 9개월 민이다.

우리나라에는 코로나 팬데믹뿐만 아니라 부동산팬데믹 현상이 발생했다. 정부에서는 부동산과의 전쟁을 선포하고 총 25번째 부동산백신을 배포하였으나 효과가 없는 백신만 남발하였다. 사스(SARS, 중증급성호흡기증후군), 조류 인플루엔자(Avian Influenza), 에이즈(AIDS) 등 많은 질병에 백신이 없다. 우리나라 부동산에도 백신이 없다. 백신을 개발하는 것이 왜 이렇게 힘든 것일까? 백신을 개발하기 위해서는 바이러스가 세포 안에서 작용하는, 식물이 생리적인 작용을 일으키는 기본적인 원리를 파악해야 한다.

부동산백신 개발 역시 부동산시장의 메커니즘(mechanism) 즉, 어떤 사물이 어떻게 작동하는지 원리를 이해해야 한다. 이론을 현장에 적용하는 과정에서도 막대한 사회적 비용과 시간이 필요하다. 지금도 에이즈나 사스, 암을 정복하기 위해 수많은 연구진들이 개발에 몰두하고 있지만 우리 몸속의 메커니즘을 정확하게 알지 못하고 있다.

백신을 찾았다고 하더라도 많은 문제가 남아 있다. 완성된 백신을 대량으로 생산해 접종하기까지 또 많은 시간이 소요된다. 왜냐하면 백신의 특성에 따라 생산방식과 효과를 입증하는 데 필요한 시간도 천차만별이기 때문이다. 부동산

---

20) 데일리안(2020. 12. 22)에 기고한 칼럼을 수정 및 보완한 글입니다.

백신도 시장의 메커니즘에 따라 원인을 파악하고, 시장에 효과적으로 작동하는지, 효능이 있는지 시간을 갖고 검증할 필요가 있다. 짧은 시간에 신속하게 법제화 해 해결할 수 없다.

백신은 일반적으로 해당국가의 실험, 판매허가 등의 과정도 까다롭다. 왜냐하면 예상하지 못한 부작용이 발생할 수도 있기 때문이다. 그래서 백신이 처방되기까지 여러 가지 제약요소가 많다. 부동산백신도 잘못 처방하게 되면 풍선효과가 발생하고, 가격급등이라는 부작용도 속출하게 된다. 임대차 3법이라는 백신도 전세보증금 급등이라는 부작용이 나타나고 있다.

이런 부작용은 해결하기도 어렵고, 그 부작용의 고통은 소비자들이 감당해야 하는 몫이다. 수요억제, 대출규제, 재개발·재건축 억제, 보유세 강화, 종합부동산세 강화, 양도소득세 강화 등의 백신으로 인하여 부동산시장이 치료되면 얼마나 좋을까?

현재 부동산시장은 초거래절벽, 가격급등, 임대차시장의 불안 등으로 죽어가고 있다. 부동산시장을 살려야 한다. 현재 시장에 부동산백신이 절실하다. 부동산시장을 살리는 백신은 없을까?

백신을 개발하는 것처럼 시장의 기본적인 원리를 먼저 파악해야 한다. 백신을 개발하기 위해서는 새로운 방법을 찾아야 한다. 임상실험 과정은 국민 건강과 직결된 문제이기 때문에 조금이라도 소홀히 할 수 없다.

부동산은 국민의 주거와 삶의 질에 직결된 문제이기 때문에 효과가 있는 백신이 시급하다. 2021년에는 부동산백신이 보급될 수 있을까. 우리나라의 부동산백신은 무엇일까. 백신을 처방할 수 있을까.

부동산가격이 상승하는 원인은 공급과 수요의 불균형 때문이다. 수요가 있는 곳에 공급이 이루어져야 한다. 이것이 시장의 메커니즘이다. 그런데 문재인정부 부동산백신은 부동산시장 안정과 주거복지 향상이라는 목표를 달성하기 위해 부동산가격안정, 부동산 투기억제, 공공임대주택공급이라는 백신을 남발하고 있다. 그럼에도 부동산 가격은 급등하고, 주거불안은 이어지고 있다.

이제는 다른 백신을 처방해 볼 필요가 있다. 백신 부작용이 발생하게 되면 국민을 위해 과감하게 기존 백신을 폐기 처분하고 새로운 백신으로 처방할 용기가 필요하다. 기존 백신에 집착하기보다는 부동산가격안정과 국민의 주거안정을 위하여 부동산백신이 보급되기를 기대해 본다.

21

뉴노멀에 의한 부동산 대책[21]
뉴노멀에 의한 부동산 대책으로의 전환

소비자의 주거욕구 수준에 맞도록 공급 기준 설정 '장기적 대책' 필요

개인 파산은 금융기관의 위기 초래 대출규모 상환능력 등 판단해 관리

영구임대도 주거 취약계층에 집중

정부에서는 부동산가격안정과 부동산 투기억제라는 정책목표를 달성하기 위하여 24번의 부동산 대책을 발표했다. 그리고 부동산 대책이라고 발표된 내용들을 보면 오래된 노무현 정부의 대책을 반복한 것이 대부분이다. 이러한 반복된 대책에도 불구하고 역대 최고의 부동산가격상승과 전세시장의 불안을 가져왔다. 그동안 정부는 부동산가격안정을 위하여 대출규제, 취득세 중과 등의 매수억제 대책을 실시하였고 부동산 투기억제를 위하여 양도소득세, 종부세, 재산세 중과라는 세금폭탄을 투하했다. 그러나 이러한 대책들의 실효성에 대해서 각종 지표들이 부정적이다. 이러한 강력한 대책들이 왜 효과를 발휘하지 못했을까?

구시대적 사고에서 벗어나지 못했기 때문이다. 오래된 경제 질서(올드노멀) 시대는 지났다. 이제는 뉴노멀의 시대. 올드노멀은 세계 금융 위기 이전까지 꾸준하게 3% 이상의 성장을 해왔던 미국 등 선진국의 경제 질서를 말한다. 뉴노멀은 시대의 변화에 따라 새롭게 떠오르는 기준 또는 표준을 의미한다. 과거를 반성하고 새로운 질서를 모색하는 시점에 자주 등장하는 말이다.

부동산 정책도 급변하는 부동산시장, 소비자의 다양성 등의 상황에 대응하기 위하여 노력하였으나 이제는 부동산 정책의 뉴노멀을 고민하여야 할 시점이다. 부동산 정책의 방향을 재정립할 필요성이 증가하고 있다. 부동산 정책의 뉴노멀 방향은 무엇일까?

---

21) 경인일보(2021. 01. 04)에 기고한 칼럼을 수정 및 보완한 글입니다.

먼저 공급정책이다. 기존에는 주택보급률을 기준으로 공급의 필요성, 공급과잉 등을 판단했다. 뉴노멀의 시대에는 소비자가 원하는 곳에, 소비자의 주거 욕구 수준에 맞는 주택의 공급이라는 기준을 설정하여 공급이 이루어질 수 있도록 단기적 공급 대책이 아닌 장기적 대책의 수립이 필요하다. 소득수준이 높아지면 주거수준의 욕구도 높아진다. 따라서 수득 수준에 맞는 주택공급이 필요하다. 소득 수준에 맞는 주택의 공급계획, 가구원 수의 변화에 맞는 주택공급, 이주수요를 감안한 지역별 공급대책 등 상세한 계획도 동시에 수립하여 실행해야 한다.

둘째, 대출규제정책이다. 매수억제를 위하여 주택담보대출비율(LTV), 총부채상환비율(DTI) 등을 통하여 규제하고 있다. 그런데 현금보유자 등에게는 무용지물이다. 그리고 신용대출, 예·적금이나 보험 담보대출 등의 대출과는 연계관리가 부족하다. 2021년 1월 7일 기준 전체 신용대출 잔액은 134조 1천 15억원에 이르고 있다. 또한 코로나19로 인한 자영업자·소상공인에 대한 대출, 만기 연장, 이자 유예의 재연장 등의 문제와 이들 대출의 부실화 가능성도 심각하다. 이들의 연착륙 방안도 빨리 논의가 이루어져야 한다. 전체적인 가계 부채가 증가하여 상환능력에 문제가 발생하고 부동산 가격이 급격히 하락하게 되면 개인파산이 증가한다. 이러한 소비자의 파산은 금융기관의 위기를 초래하고 광범위한 국내 경기의 침체를 야기할 수 있다. 따라서 모든 금융기관, 개인별 전체적인 대출규모, 상환 능력 등을 종합적으로 판단하여 뉴노멀의 대출기준 또는 표준을 정하여 관리하여야 한다.

셋째, 공공 영구임대주택공급정책이다. 정부는 저소득층, 청년, 신혼부부, 30·40세대 등 모두에게 공공임대주택을 공급하기 위하여 각종 대책을 남발했다. 그럼에도 어느 계층이나 대상의 주택문제를 해결하지 못하고 있다. 공급하겠다고 제시만 해 놓고 실질적으로 모두에게 공급하지는 않았고 모두에게 공급할 수도 없다. 영구 임대주택은 주거취약계층을 약 10%로 설정하여 이들에게 주거복지의 측면에서 공급하는 정책의 집중이 절실하다.

올해에는 이러한 방향으로 뉴노멀 시대에 적용이 가능한 부동산 정책으로의 전환을 기대해 본다. 새로운 기준 또는 표준에 의한 부동산 정책을 바탕으로 국토의 효율적 이용, 국토의 균형발전, 국민의 주거복지를 실현하고 이를 바탕으로 국가 경제의 발전과 국민이 행복한 대한민국이 되었으면 하는 바람이다.

22

1가구 1주택 정책[22]

1가구 1주택 정책의 망상

전문적 검토 없이 국민들의 피로도만 높아져

이주수요·위헌·주거환경·가족제도 무시 발상

지난해 말 여권에서 발의한 주거기본법 개정안의 '1가구 1주택' 원칙 때문에 또 한번 부동산이 전 국민의 논쟁거리가 되고 있다. 발의한 측에서는 "1가구 1주택 원칙은 이미 제도화돼 있고 이 원칙을 추가하려는 주기기본법 역시 신인직 의미이며, 다주택 보유를 불법화하려는 것이 아니다"라고 마무리하려는 것 같지만 서민들은 나도 1주택을 가질 수 있다는 희망을 갖게 될 수도 있다. 1가구 2주택 이상 소유를 금지하게 되면 모든 국민에게 집 한 채가 돌아가고 주거복지가 실현될까? 실현된다고 생각하면 망상이다. 그런데 국민들은 선언적 의미를 가슴으로 수용한다는 것이 더 문제다.

주택은 전 국민의 관심사이고, 삶의 필수적인 요소이다. 집 없이는 살아갈 수 없다. 그런데 지난해 25번째 부동산 대책에도 불구하고 주택 매매 가격은 정부 통계상 4.42% 상승한 것으로 나타났다. 10년 만에 최대 상승폭이다. 이런 상황에서 여당은 연말 대미를 장식하고자(?) 1가구 1주택이라는 이슈를 던졌다. 1가구 1주택 정책은 많은 문제가 있음에도 사회적 합의나 전문적 검토 없이 이슈를 던져 국민들의 피로도만 높아지고 있다.

단순히 보면 1가구 1주택 정책은 장점도 있다. 다주택자의 투자수요를 차단하여 가격상승을 억제할 수 있고, 다주택자들은 양도소득세를 부담하지 않고 정부에 매수청구를 하여 다주택을 정리할 수 있다. 물론 정부는 주택을 매수해 주고, 매수한 주택은 무주택자에게 배분하면 된다.

---

22) 데일리안(2021. 01. 06)에 기고한 칼럼을 수정 및 보완한 글입니다.

하지만 그 다음이 문제다. 1가구 1주택을 전국민이 소유하게 되면 집값이 안정될까? 단순한 희망사항이다. 왜냐하면 이주 소요가 있기 때문이다. 전 인민에게 주택을 공급하는 북한도 부동산 거래가 이루어지고 있다. 그건 이주 수요가 있기 때문이다.

그리고 위헌성 문제이다. 1가구 1주택 원칙은 이미 제도화되어 있고, 이는 각종 세법에서 세금감면제도, 특별법 등에서 무주택 청약자에게 가점을 주는 제도 등의 예를 들고 있다. 하지만 혜택을 주는 방안과 원칙은 전혀 다른 본질의 문제이다. 헌법에서는 사유재산권의 보호라는 원칙을 제시하고 있다. 그리고 이미 택지소유상한제도는 위헌 판결을 받은 바 있다. 그럼 주택도 같은 의미로 해석될 수 있다.

또한, 거주 이전의 자유가 제한을 받는다. 살고 있는 집, 분배를 받은 집에 계속 살아야 한다. 이사를 갈 수가 없다. 임대주택이나 공실인 주택이 없기 때문이다. 그리고 모든 사람들이 이사할 날짜를 같은 날에 해야 하는데 현실적으로 불가능하다.

그래서 시장에서는 신규주택이 공급되고, 매수자는 기존 주택과 신규주택을 소유하게 되고, 신규주택으로 이사를 하게 되면 기존 주택은 공실이 되어 새로운 임차인이 이주를 할 수 있게 된다. 또 기존 주택을 매각하는 데 필요한 유예기간을 두어 세금 감면 등의 혜택을 부여하게 되는데, 이 때에 일시적 2주택을 허용할 수밖에 없다. 2주택 유예기간이 길면 다주택 소유제도가 되는 것이고, 단기간이거나 기간이 없으면 주거 이전의 자유가 제한된다. 즉, 이사가 불가능하다.

그리고 주거환경의 악화를 가져온다. 소득이 높아지면 누구나 새집으로 이사를 하고자 한다. 그런데 1가구 1주택 원칙이 적용되면 기존 주택을 동시에 처분해야 한다. 세금중과나 벌금이 부과될 수 있기 때문이다. 때문에 매수자와 약속을 하고 다른 주택을 매수해야 한다. 이 연결고리가 끊어지게 되면 모든 거래시스템이 무너진다. 그래서 새집으로 이사를 가지 못하면 특히 주거환경이 나쁜 주택에 살고 있는 사람은 주택이 무너지기 전까지 살아야 하는 문제가 발생한다.

한편, 가족제도 또한 무너진다. 지금은 한 가구의 구성원이 3명 내외이지만, 1가구 1주택 정책이 채택되면 모든 국민들이 1인 가구로 분리될 것이다. 4인 가구이면, 4명을 모두 분리, 4가구로 구성해 주택을 소유하려 하기 때문이다. 가구 분리로 인한 주택수요로 대혼란이 발생하게 되고, 행정적, 사회적 비용도 급증하게 될 것이다. 시장은 항상 정책에 대응하여 반응하기 때문이다. 그래서 1가구 1주택 정책은 원칙적 측면에서 도입해 볼 만한 제도이지만, 현실적으로 실현 불가능한 제도인 것이다.

여당의 주거기본법 개정 추진과 상임위 검토 의견

주거기본법 제3조 (주거정책의 기본원칙)

1. 주택 공급 및 주거비 지원을 통해 국민의 주거비가 부담 가능한 수준으로 유지
2. 장애인 · 고령자 · 저소득층 · 신혼부부 · 청년층 ·지원대상아동 등 주거지원이 필요한 계층의 주거수준 향상
3. 양질의 주택 건설을 촉진하고 임대주택 공급 확대
4. 주택이 체계적이고 효율적으로 공급될 수 있도록 할 것
5. 주택이 쾌적하고 안전하게 관리될 수 있도록 할 것
6. 주거환경 정비, 노후주택 개량 등을 통해 기존 주택에 거주 주민의 주거수준 향상
7. 장애인 · 고령자 등 주거약자가 안전하고 편리한 주거생활을 할 수 있도록 지원
8. 저출산 · 고령화, 생활양식 다양화 등 장기적인 사회 · 경제적 변화에 선제 대응
9. 주택시장이 정상적으로 기능하고 관련 주택산업이 건전하게 발전할 수 있도록 유도

여당 개정안은 아래 3호를 추가

1. 1세대가 1주택을 보유 · 거주하는 것을 기본으로 할 것
2. 주택이 자산의 증식이나 투기를 목적으로 시장을 교란하게 하는 데 활용되지 않도록 할 것
3. 주택을 소유하지 않거나 실제 거주하려는 자에게 우선 공급

국회 국토교통위 검토보고서

"다주택자는 민간 임대주택사업자로서의 역할을 수행하고 있고, 전체 임차가구 중 공공임대주택 거주 가구 비중은 13.5%에 그쳐"

"전 국민의 비금융자산 중 주거용 건물과 부속 토지 비중이 약 75%인 상황에서 주택의 자산 증식 목적 활용 제한은 현실적으로 한계"

▲ 그림 2-67   여당의 주거기본법 개정 추진과 상임위 검토 의견

※ 자료: 머니투데이, '1가구 1주택 원칙' 여당 개정안에 상임위는 "비현실적", 이종선 기자, 2021년 3월 17일 기사

23 특단의 공급정책 모색[23]
특단의 공급정책은 재고주택 공급

최근 정부는 공급부족이 아니라 부동산 투기세력으로 인하여 부동산가격이 상승한다는 논리에서 공급부족 때문에 가격상승현상이 나타나고 있다는 인식으로 전환되고 있어 긍정적인 측면이 있다. 시장은 기본적으로 수요와 공급에 의하여 가격이 결정된다. 수요는 기본적으로 거주수요와 투자수요로 나누는데 이 둘을 구분하기가 쉽지 않다. 최근 정부에서 실수요자 보호라는 단어를 자주 언급한다.

그런데 무주택자라고 하더라도 무조건 실수요자라고 할 수 없고, 다주택자는 무조건 투기수요라고도 할 수 없을 것이다. 주택이 일종의 중요한 자산인 이상 모든 주택 수요에는 투기 혹은 투자 목적도 있기 때문이다. 수요자를 시장에서는 주거수요와 투자수요로 나누기도 한다. 이러한 수요에 영향을 미치는 요소는 사람과 자금이다. 그중에서도 자금의 흐름이 중요하다. 풍부한 유동성에 기반한 자금들이 어떻게 움직이는지가 더 영향을 미친다.

그리고 시장은 공급이 이루어져야 한다. 주택의 공급은 신규 분양아파트나 빌라 공급이 있고, 다른 측면에서는 재고주택의 공급이 있다. 재고주택의 공급이 원활히 이루어져야 한다. 부동산시장도 공급과 수요에 의하여 움직이는 것이다.

최근 정부에서도 공급의 시그널을 보내고 있다. 시그널만으로 해결될 수 있을까? 시그널을 주면 안정될 것이라고 전망할 수 있겠지만 지금 부동산시장은 안정시장이 아니라 상승장세이다 보니까 공급 시그널만으로 해결되지 않는다. 공급대책을 발표하더라도 당장 시장의 안정을 가져올 수 없다. 신규아파트 공급도 중요하지만 기존의 재고주택이 시장에 공급되어야 한다. 일반적으로 부동산

---

23) 에너지경제신문(2021. 01. 29)에 기고한 칼럼을 수정 및 보완한 글입니다.

시장에서 주택경기가 활성화되면 재고주택의 거래량이 증가하는 경향을 보인다.

반면 신규 분양주택 거래 비중은 과열기보다는 침체기에 늘어나는 경향을 보인다. 금융위기 이후 주택시장은 주택거래량 변화에 대한 주택가격상승률의 민감도가 떨어져 주택가격 상승이 더 많은 주택매매거래를 동반해야 하는 시장으로 변화하였다. 그리고 총 주택재고량 대비 적정 주택거래량 비율은 약 5%~5.5% 수준이 적당하다는 연구결과도 있다. 재고주택의 공급이 이루어지지 않으면 시장의 동맥경화는 나타날 수밖에 없다.

정부의 신규주택 공급방안도 제3기 신도시를 제외하면 공공재개발이 중심이다. 공공재개발은 공급시기, 민간의 적극적 참여 등의 문제로 공공재개발 후보지를 선정하였지만 시범사업으로 마무리될 가능성도 있다. 공공이 참여하여 개발이익을 일정 부분을 환수하게 되면 사업이 잘 진행될지 미지수이다. 공공과 민간이 경쟁하면 어느 사업이 더 효율적일까? 고민해 볼 필요가 있다. 그래서 민간에서 일정 부분의 공급을 할 수 있는 규제완화의 필요성이 있다. 그리고 올해 신규주택 공급량이 절대적으로 부족하다는 통계가 발표되고 있다.

그러나 장기적으로 인구수와 가구수의 감소에 따른 주택시장을 전망할 때 무조건적인 공급은 빈집문제의 발생, 외곽지역의 슬럼화, 지방도시의 소멸, 자원의 낭비 등 여러 가지 사회적 문제가 발생할 수 있다. 따라서 공급이 필요하지만 특단의 공급대책이 필요하다. 그 특단의 대책이 무엇일까?

재고주택이 시장에 공급될 수 있도록 제도를 개선하여야 한다. 최근 논의되었던 양도소득세의 문제이다. 다주택자들에게 양도소득세를 중과하게 되면 매물로 인하여 공급이 이루어질 것으로 예측하였지만 시장은 반대로 움직이고 있다. 그렇다고 양도득세를 완화하게 되면 불로소득 환수라는 집권여당의 정책이념과 차이가 있어 현실화되기는 어렵다. 따라서 법리적으로 논란이 있겠지만 양도소득세의 중과기준과 대상을 매도시점이 아닌 취득시점을 기준으로 개선하면 문제가 해결된다.

지금부터 취득하는 주택은 양도소득세를 중과하고, 지금부터 매도하는 주택은 양도소득세를 획기적으로 완화하는 방안이다. 이렇게 제도를 개선하면 다주택자의 주택이 매물로 공급되고, 중과를 하게 되면 수요억제로 수요자중심시장이 되면서 시장의 안정을 가져올 수 있다. 이러한 사고의 전환을 통한 특단의 부동산공급정책을 기대해 본다.

24

공직자의 신도시 부동산 투기[24)]
신도시와 부동산 투기, 정보의 비대칭

최근 공사 직원들의 부동산 투기 의혹이 제기되면서 그 여파가 일파만파로 번지고 있다. 광명·시흥뿐만 아니라 다른 3기 신도시 및 추가 신도시에도 공직자의 부동산 투기가 있는지 전수조사가 이루어지고 있고, 감독기관인 국토교통부의 책임론까지 거론되고 있다. 이번 사태와 관련이 있는 공직자의 부동산매수는 투자일까? 부동산 투기일까? 내가 하면 투자, 남이하면 투기라는 우문현답도 있다.

이론적으로 투자란 생산활동을 통하여 장래의 수익을 획득할 것을 목적으로 합리적인 안정성과 원금의 궁극적인 회수를 전제로 상당히 오랫동안 용도를 갖는 항구적인 자산에 자본을 투입하는 것이다. 부동산 투기란 양도차익을 얻는 것을 목적으로 스스로의 위험부담으로 금전을 투자하는 것을 말한다. 즉, 투기는 생산활동에 직접 이용하여 이윤을 추구하는 것을 목적으로 하지 않고, 양도차익을 얻는 것을 목적으로 스스로 이용하거나 관리할 수 있는 규모 이상의 부동산을 보유하는 것을 말한다. 따라서 부동산 투기의 대상은 아직 개발되지 않았지만 개발될 가능성이 있는 미성숙지를 주된 대상으로 발생할 수 있다.

공직자가 신도시 후보지의 토지를 매수한 것이 부동산투자인지 투기인지 판단해 보면 원론적인 이론만으로도 쉽게 판단할 수 있다. 그런데 이론과 현실은 다르다. 도덕적인 측면을 제외하면 위법여부를 판단하기 쉽지 않다. 현대사회는 행정의 업무영역이 점점 넓어지고 복잡해지는 상황에서 공직자의 사명과 역할이 커지고 있다. 그래서 공직자에게는 직무윤리들을 많이 강조하고 있는데 윤리를 강조하는 것만으로 한계가 있는 것 같다. 그렇기 때문에 정보를 독점하고 있는 공직자는 그 정보를 이용하여 경제적 이익을 취득하지 못하도록 하는 복무규

---

24) 데일리안(2021. 03. 13)에 기고한 칼럼을 수정 및 보완한 글입니다.

정이나 법제도를 마련하고, 위반했을 때에는 강력한 제재조치를 할 수 있는 제도를 마련할 필요가 있다.

또한, 정보의 비대칭 문제가 있다. 정보의 비대칭은 부동산거래를 할 때 해당 토지에 대하여 매수자(공직자)가 가지고 있는 정보가 매도자(원주민 등)가 가지고 있는 정보의 양과 질이 서로 다르다는 것이다. 정보의 비대칭은 감추어진 속성과 감추어진 행동으로 나눈다. 감추어진 특성은 주택을 거래할 때 거래 당사자의 특성이나 거래되는 주택의 품질에 대하여 한쪽 당사자만 잘 알고 그 상대방은 잘 모르는 상황을 의미한다. 감추어진 행동은 한 당사자의 행동을 다른 쪽에서 관찰할 수 없을 때 나타난다.

이러한 정보의 비대칭성으로 인하여 가장 바람직하지 않은 상대방과 거래를 하게 될 가능성(역선택)이 있다. 즉, 매도자(원주민 등)는 매수자가 어떤 신분(공직자)을 가지고 있는지, 해당 토지가 신도시 후보지인지에 대한 정보가 부족하기 때문에 좋은 조건을 제시할 매수자를 물색하는 것이 아니라 매수하러 온 사람과 계약을 체결하게 된다.

그래서 더 높은 가격에 매도할 수 있음에도 정보 부족으로 낮은 가격에 매도하게 되는 일이 발생하게 된다. 그리고 정보를 잘 알고 있는 측이 최선을 다하지 않는 모럴해저드 현상을 초래한다. 그래서 국민들의 분노가 치솟고 있다. 이러한 분노는 근본적으로는 투명성 부족에서 나온다. 정부에서 신도시 관련 정보를 마음대로 결정하고, 정보의 독점과 왜곡, 남용을 하게 되면 시장의 교란을 가져온다. 그리고 불특정 다수의 원주민들에게 손실을 가져다준다. 물론 이러한 현상은 윤리적 도덕적 문제이다.

결론적으로 정부에서는 하루빨리 공직자의 신도시투기에 대하여 철저하게 실태조사를 실시하고, 그 현황을 투명하게 공개하여야 한다. 선의나 투자목적으로 매수한 공직자도 있을 것이다. 이는 자본주의 사회에서 사유재산권을 보호해야 한다. 그러나 지위를 이용하여 획득한 정보로 부동산 투기를 하였다면 그에 상응하는 조치를 강구해야 할 것이다. 그래야만 정부에서 계획하고 있는 신도시를 건설하여 적절한 시기에 아파트를 공급할 수 있다. 주택시장의 안정도 가져올 수 있고 정부정책의 신뢰도도 제고할 수 있다.

25

소규모 재개발사업의 오류[25)]
유명무실한 공급대책, 소규모 재개발사업

　최근 정부는 부동산가격안정을 위하여 규제위주의 대책에서 주택공급대책으로 전환하면서 '공공주도 3080＋ 대도시권 주택공급 획기적 확대방안'을 발표하였다. 이 대책에는 기존 시가지의 정비사업을 신속하게 활성화하려는 대책이 다수 포함되어 있다. 그리고 도심지 정비사업 중에서 소규모 정비사업의 활성화를 위하여 소규모 재개발사업제도를 도입하였다. 앞으로 5년간 총 11.0만호를 공급한다는 계획이다.

　그런데 이 제도로 11만호를 공급할 수 있을까 의문이다. 제도는 도입되었지만 실효성이 없는 유명무실한 제도가 될 수 있기 때문이다. 이 제도는 빈집 및 소규모주택 정비에 관한 특례법을 개정하여 도입할 예정이다. 이 법이 시행되는 시기는 최소한 2021년 6월 이후가 될 것이다.

　이전에도 정부에서는 도심지재개발 활성화를 위하여 12.16 대책, 5.6 대책, 8.4 공급대책 등을 통해 도심의 공급방안을 제시한 바 있다. 그 공급방안은 주로 국·공유지를 활용하는 방안이었다. 역세권 준공업지역의 활용방안도 추진하였으나 시범사업의 성격이었다.

　이 외에도 역세권 범위를 250m에서 350m로 확대하는 방안, 용도지역 상향지원, 가로주택정비사업 활성화(5.6 대책), 준공업지역 제도개선(12.16 대책), 순환정비사업 도입(8.4 대책) 등의 당근을 제시하였다. 그러나 기존의 소규모정비사업은 활성화되지 않았다. 왜냐하면 말 그대로 소규모사업이기 때문에 사업성이 부족해서 나타나는 현상이다. 사업성이 뛰어나면 정부가 지원하지 않아도 토지 등 소유자가 사업에 뛰어들 것이다. 새로 도입된 소규모정비사업도 다음과 같은 문제를 해결하여야만 이 제도가 활성화 될 것이다.

---

25) 월요신문(2021. 03. 24)에 기고한 칼럼을 수정 및 보완한 글입니다.

먼저 소규모정비사업은 토지소유자들이 지역의 여건에 따라 사업시행구역 경계를 정해 토지소유자 1/4의 동의를 받아 지자체에 신청하게 되는데 동의서를 누가 받을 것인가의 문제가 있다. 소규모정비사업은 주민동의를 빠른 시일 내에 받아야만 사업이 추진된다. 전문인력이 사업에 참여하여 토지소유자와 협상하고 협조를 이끌어내야만 한다. 토지 소유자의 동의서를 징구하는 업무는 정비사업에서 고난이도의 업무이다.

그런데 그 업무를 자원봉사자가 할 수는 없다. 누군가가 인력과 비용을 투입하여야 한다. 그 비용을 누가 부담할 것인가? 일정부분 사업의 수익성이 확보되어야 누군가가 사업을 시작할 것이다.

둘째, 사업시행구역으로 지정된 이후에 1년 내 토지소유자 4/5의 동의를 받아 사업계획승인신청을 하게 되는데 동의요건을 충족하지 못하면 사업시행구역이 해제된다. 가로주택정비과 자율주택정비는 별도의 사업 일몰규정이 없다. 그런데 소규모 재개발사업은 일몰제도를 실시한다. 일몰제도는 사업의 장기화를 방지하고자 하는 측면에서 도입하는 제도이다. 그런데 일몰제도로 구역이 해제되었을 때 그동안 사전 사업비용은 매몰비용이 되고, 손실이 발생한다. 이러한 위험을 부담하고 토지소유자나 민간 사업자가 사업을 추진할지 의문이다.

셋째, 이번 대책에서 추진되는 소규모정비사업은 원칙적으로 민간 단독사업으로 추진된다. 그런데 소규모이기 때문에 사업성이 부족하다. 물론 역세권은 용도지역을 상향하면 용적률을 상향할 수 있다. 용적률 상승분 50%에 해당하는 주택·상업시설은 지자체에 기부채납을 하여야 한다. 그리고 지자체는 이를 공공자가 임대주택, 공공상가로 사용하도록 하고 있다. 그런데 나머지 용적률 상승분 50%의 사업수익으로 기부채납분의 건축비용으로 투입하고, 남는 것이 용적률 상향으로 인한 수익이다. 사업대상지 별로 사업성에 대한 시뮬레이션을 해서 검토를 해보아야겠지만, 이렇게 사업을 하게 되면 완공 후 건물의 토지지분이 감소하게 된다. 이를 고려한다면 용적률 상향에 따른 이익은 많지 않을 수 있다.

이상과 같은 원인으로 소규모 재개발사업제도가 활성화되지 못하면 유명무실한 제도가 되고, 정부에서 의도하는 주택공급량의 목표를 달성하는 데 걸림돌이 될 수 있다. 그리고 계획이나 목표달성의 실패는 정부정책의 불신으로 이어지는 부작용이 발생한다.

26 농지 경자유전의 원칙[26)

농지제도 개혁 어디로 가야 하나?

　최근 LH 땅투기 사태를 계기로 농지제도의 개선에 대한 공감대가 형성되고 있고, 이를 바탕으로 농지 투기를 막기 위한 입법안들이 논의되고 있다. 농지법, 농어업경영체법, 한국농어촌공사법, 사법경찰직무법 개정안 등에 대한 개선안이다. 주요내용은 농지취득자격 심사 강화, 농업진흥지역 내 농지의 주말·체험영농목적 취득 제한, 농지법상 불법 조장 행위 금지, 불법행위에 대한 농지 처분명령 강화 등의 내용을 담고 있다.

　농지투기문제로 인하여 개선방안을 마련하는 것이기 때문에 주로 농지의 취득제한 및 투기이익 환수에 초점을 맞추고 있다. 이러한 접근은 너무 근시안적인 접근이다. 좀 더 종합적인 측면에서 접근할 필요가 있다. 농지는 농민만이 소유하고 경작해야 한다는 원칙에 반론을 제기하기는 어렵다. 그런데 일부 농촌에서는 영농을 할 사람이 없다.

　농촌은 소멸의 길로 접어들고 있다. 1994년 농지법의 개정을 통하여 거주요건, 통작거리 제한이 삭제되었고, 농업법인의 소유허용 범위도 확대됐으며, 상속예외, 주말농장 예외, 기업연구소 예외, 대학생 체험영농 예외 등 경자유전의 원칙에서 예외조항으로 인하여 농민이 아닌 사람도 농지를 취득할 수 있도록 하였다. 그런데 LH 직원들의 농지투기도 예외조항인 취미영농의 목적으로 농지를 취득하였다. 항상 예외조항과 단서조항이 문제이다. 단서조항을 줄이면 된다. 나중에 환경이 변화하면 단서조항을 추가하면 된다.

　그동안 농지제도는 농업시장의 개방화와 농민의 고령화로 인하여 소멸하는 농촌을 살리기 위하여 인력·자본이 농촌으로 유입될 수 있도록 농지 취득 관련 규제는 완화하고, 농지처분제 도입('96년) 등 사후관리는 강화하는 방식으로 변

---

26) 경인일보(2021. 04. 08)에 기고한 칼럼을 수정 및 보완한 글입니다.

화하였다. 이러한 제도의 방향전환으로 인하여 귀농이 확대되고, 창업영농의 활성화 등의 성과가 있었다. 그런데 이번 LH 땅투기 사태로 농지제도가 후퇴하고 있다. 농지투기를 방지하고자 여러 가지 규제정책도 좋지만, 현 농지제도의 정책방향은 유지할 필요가 있다. 방향은 유지하되 투기억제방안은 마련하여야 한다.

먼저 농지투기가 발생할 가능성이 있는 수도권, 대도시 인근지역 등과 일반 농촌지역을 구분하여 농지제도를 운영할 필요가 있다. 예를 들어 수도권이나 대도시 주변의 농지는 투기수요를 억제하기 위하여 취득제한 등의 조치를 강화하고, 기타 지역은 현 농지제도를 그대로 유지하는 것이다. 왜냐하면 대도시 인근지역은 도시용지의 부족으로 도시가 확장되거나 집약적 이용으로 인하여 개발가능성이 항상 상존하고 있다. 그래서 농지 투기문제가 발생하고 있는 것이다.

그런데 수도권이나 대도시 이외 지역의 농지는 경자유전의 원칙을 적용하기보다는 외부의 인력과 자본이 유입되어야만 소멸하지 않는다. 농촌은 고령화되고 청년은 유입되지 않고 있다. 이것이 의미하는 것은 노동력의 상실이며 어쩔 수 없는 농촌의 멸종을 야기한다. 결국 농지제도도 이제는 지역에 따라 다르게 적용할 필요가 있다.

그리고 현제 운용하고 있는 농지취득자격신청을 할 때 제출하는 농업경영계획서 등에 대하여 형식적 심사를 하기보다는 실질적 심사를 강화하고, 거래된 농지가 이후에 실제로 농업용으로 사용하는지 철저하게 관리·감독할 수 있는 방향으로 제도를 개선하여야 한다. 영농을 위한 농지를 매수하고자 하는 자는 농업경영계획서를 제출해야만 농지취득자격증명을 발급받을 수가 있고 이는 실제 농민만이 농지를 소유할 수 있도록 하는 최소한의 법적 안전장치이다. 그런데 계획은 말 그대로 계획이다.

계획대로 하지 않고 변경하여도 제재할 수 없다. 결국 농지를 취득하고 이후에 농지로 활용하고 있는지 철저하게 점검하고, 위반 시에는 취득원가에 처분하도록 명령하는 제도가 필요하다. 이러한 방향으로 개선하더라도 농지투기를 원천적으로 방지할 수 없기 때문에 지역에 따라서는 경자유전의 법칙을 철저하게 준수하는 방향으로 개선이 필요하다.

결론적으로 농지취득금지, 양도세 강화 등의 농지 투기방지대책이 농촌의 소멸을 앞당기는 우를 범하지 않도록 하고, 거래절벽을 초래하여 가격상승이라는 풍선효과가 나타나지 않도록 미래지향적인 방향으로 제도를 개선하여야 할 것이다.

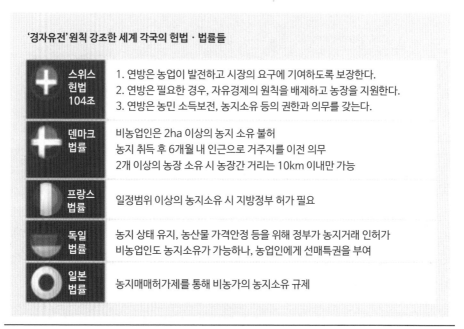

▲ 그림 2-68 '경자유전'원칙 강조한 세계 각국의 헌법과 법률

※ 자료: 머니투데이, 스위스는 왜 경자유전 원칙을 강화했을까, 우경희 기자, 2017년 10월 18일 기사

27 도심공공개발사업의 문제점[27]
도심공공개발 선도지역은 이 사업을 선도할 수 있을까?

　최근 정부는 2.4 대책에 의한 도심공공주택 복합사업의 선도사업 후보지를 선정해 발표했다. 이 사업은 LH 등 공공기관이 주도해 용적률 인센티브를 얻어 고밀로 개발하는 사업이다. 이 사업이 정부의 바람대로 순조롭게 진행돼 일부 공급부족의 문제를 해결하는 데 일조하고 서울의 주거환경을 개선하는 데 도움이 됐으면 한다. 그런데 이 사업이 이름도 생소하고 사업구조나 계획의 측면에서 여러 가지 문제점을 지니고 있다.

　먼저 법과 제도가 만들어지기 전에 조급하게 출발한 측면이 있다. 왜냐하면 모든 사업은 법의 테두리 안에서 합법성을 지녀야 한다. 이 사업은 공공주택특별법의 개정을 통해 시행하는 사업이다. 그런데 아직 법개정이 이루어지지 않았고, 더더욱 시행도 되지 않았다.

　법 시행 전까지 후보지 검토 등을 통해 선정해도 늦지 않다. 이번에 공개한 후보지는 지자체가 추천한 지역이라고 한다. 대상지의 토지소유자는 모두 공공용지가 아니라 민간토지이다. 도시재개발의 경우에 주민의 동의와 협조가 필수적이다. 주민들의 의견을 수렴하고, 협의를 통해 개발하는 것이 일반적인 도시재생의 기법이다.

　외국의 경우에 주민의 의견을 수렴하는 데 수십 년이 소요되기도 한다. 발표는 했지만 주민의 동의를 얻지 못할 것 같아 걱정이 앞선다.

　둘째, 토지 등 소유자에게 동의서를 징구하는 업무를 간과하고 있다. 이는 도시재개발사업의 과정에 대한 이해의 부족이다. 일반적으로 재개발사업을 하고자 하는 경우에는 먼저 추진위원회를 구성하게 되는데 토지 등 소유자 과반수 이상 인원 동의가 필요하다.

---

27) 데일리안(2021. 04. 18)에 기고한 칼럼을 수정 및 보완한 글입니다.

이 기간 동안 많은 비용이 투입된다. 그 비용을 어떻게 조달하느냐에 따라 사업의 성패가 좌우되기도 한다. 그런데 이번 도심공공주택 복합사업은 절차를 살펴보면 토지 등 소유자, 민간기업, 지자체 등이 사업 제안을 하도록 돼 있다.

이 중에서 사업제안을 할 수 있는 주체는 소유자가 아닌 민간기업이나 지자체뿐일 것이다. 지구지정 제안을 하려면 토지 등 소유자 10%의 동의를 받아야 하고, 1년 이내 토지 등 소유자의 3분의 2 이상(면적의 2분의 1)의 동의를 받지 못하면 예정지구는 해제된다.

그럼 토지 등 소유자에게 동의서를 징구하는 주체는 누구일까? 그 비용을 누가 언제 어떻게 부담할 것인가? 이 문제를 해결해야만 선도지역의 사업이 진행될 수 있다. 공공이 추진한다고 하면 토지소유자들이 동의서를 들고 달려온다는 생각을 하고 있지는 않은지 걱정이다.

셋째, 토지소유자의 수익에 관한 부분이다. 정부는 토지소유자에게 우선적으로 공급하는 아파트의 분양가가 시세대비 평균 63.9% 수준으로 분석됐다고 한다. 이때 시세는 대상이 어느 것인지, 언제의 시세인지 기준이 없다. 공공개발을 하게 되면 용적률 증가에 따른 아파트의 토지지분이 감소한다. 토지지분이 감소하면 공공개발 아파트의 가치는 감소하는데 이에 대한 고려가 전혀 없다.

민간재개발 대비 토지 등 소유자가 향유하는 사업수익률이 평균 29.6%p 향상되는 결과가 나온다는 설명도 문제이다. 어떤 금액을 기준으로 향상된다는 것인지 명확한 설명이 없다. 민간재개발에 따른 사업수익률을 계산할 수 있을까? 민간재개발에 따른 사업수익률은 입주 후에 시세가 형성돼야 개인의 수익률이 추정할 수 있다. 나중에 정부에서 설명한 수익률을 충족하지 못하면 손해배상의 문제가 발생할 수 있다.

넷째, 단순히 용적률을 높이면 도시 난개발의 문제가 발생한다. 도시 전체적인 구조 측면에서나 주차장이나 녹지공간의 부족, 도로부족에 따른 교통난 등의 문제가 발생한다. 용적률을 높이게 되면 그만큼 건폐율을 줄여서 공원용지, 도로 등 SOC 시설을 확보해야 쾌적한 도시환경을 조성할 수 있다. 이에 대한 조치도 함께 이루어져야 할 것이다.

이외에도 현금청산 대상자의 극심한 반대 및 위헌 등 법적 분쟁 가능성, 동의하지 않은 2분의 1 소유자의 반대 등 난제들이 앞을 가리고 있다. 이러한 문제점들을 사전에 충분히 검토해 해결하고 선도지역 사업을 추진해야만 선도지역의 역할을 담당할 수 있을 것이다.

도심공공주택 복합사업 주요 반대지역

1차	▲ 불광동 ▲ 증산4 ▲ 신길2 ▲ 신길4 ▲ 신길15 ▲ 가산디지털단지역 ▲ 녹번2-1 ▲ 영등포역 ▲ 도봉구 방학초
2차	▲ 강북 송중동주민센터 ▲ 수유12 ▲ 동대문구 용두동 ▲ 미아16 ▲ 미아사거리 동측 ▲미아역 동측
3차	▲ 대구 감삼동 ▲ 대구 봉덕동
4차	▲ 인천 십정동 동암역 ▲ 인천 제물포역 ▲ 인천 굴포천역 ▲ 도봉구 창동
5차	▲ 서대문구 홍제동 ▲ 부천 송내역 ▲ 부천 소사역 북측
6차	▲ 중구 약수역 ▲ 장위12
그 외	▲ 대전 대덕구 주거재생혁신지구 등

▲ **그림 2-69** 도심공공주택 복합사업 주요 반대지역

※ 자료: 데일리안, 공급 '속도만' 내는 정부…공회전하는 '도심복합사업', 배수람 기자, 2021년 9월 8일 기사

28 임대차 신고제도의 논란[28]
임대차 신고제도에 대한 논란

　최근 임대차 신고제도에 대한 논란이 급증하고 있다. 2021년 6월 1일부터 서울을 비롯한 수도권과 광역시, 세종시 등에서 주택의 보증금 6000만원을 초과하는 임대차 계약은 30일 이내에 지방자치단체에 신고해야 하기 때문이다. 임대차보호 3법의 시행을 위한 마지막 단계이다. 임대차 신고제도 도입 당시부터 논란이 되었지만 세부적인 시행령이 입법예고되면서 다시 이 제도의 필요성이나 실효성에 대해 의문을 제기하고 있다.

　정부는 임차인을 보호하기 위해 필요하다고 주장하지만 과도한 규제라는 주장도 있다. 그리고 표준임대료제도 도입을 위한 기초자료로 활용하기 위한 제도가 아닌가 하는 의구심을 심어 주기 충분하며, 임차료에 대한 과세를 하기 위한 자료로 활용하는 것이 아닌가 하는 의심도 받고 있다. 이 사회를 유지하기 위해 필요하다면 법을 제정해야 한다. 다수의 국민이 희망한다면 제도를 도입해야 한다. 그러나 법을 제정할 때에는 법의 제정목적이 명확해야 한다. 기본적으로 법을 제정할 때 공공복리에 부합하는지 고민이 필요하다. 공공복리는 사회 구성원 다수의 행복과 이익이 실현되는 것을 의미한다. 임대차 신고제도가 시행되면 다수의 국민이 편리하고 행복한 생활을 할 수 있을까? 고민해 볼 여지가 있다.

　법은 기본적으로 합목적성을 가져야 한다. 합목적성이란 법이 존재하는 그 시대의 이념에 부합해야 한다는 원칙이다. 합목적성의 가장 핵심적 요소는 정의이다. 정의는 모든 사람이 각자의 능력과 노력에 따라 정당한 보상과 대우를 받는 것을 의미한다. 정의를 실현하기 위해서는 사회 구성원 모두에게 평등한 법을 제정하고, 그 법을 모두에게 공평하게 적용해야 한다. 정의의 적용 사례로는 모든 사회 구성원에게 동등하게 교육을 받을 기회를 제공하는 것, 열심히 일해

28) 월요신문(2021. 04. 20)에 기고한 칼럼을 수정 및 보완한 글입니다.

모은 사유재산권을 인정하는 것 등이 있다.

또한, 법은 국민들로부터 신뢰를 얻어야만 그 기능을 할 수 있다. 정의를 실현할 수 있는지 여부에 따라 사회 구성원들로부터 신뢰가 달라진다. "악법도 법이다"라는 말이 있지만 정의에 부합하지 않는 법은 제 기능을 하지 못하고, 국민들로부터 버림을 받게 된다. 그리고 법은 법적 안정성도 갖춰야 한다. 이는 법이 안정적으로 기능을 하고, 작용하는 것을 의미한다. 임대차 신고제가 합목적성과 법적 안전성을 갖췄는지 고민이 필요하다. 현 정부의 정치적 이념일 수도 있고, 사회질서를 유지하기 위해 합법적인 폭력일 수 있다. 그런데 법이란 합법화된 힘을 사회의 질서유지를 위해 정해진 범주 내에서 사용해야 한다. 임대차 신고제도가 법의 이념과 목적에 부합한지에 대한 고민도 필요하다.

그리고 세부적으로 모든 국민이 신고하는 불편, 행정력의 낭비 등에 비해 행정편익이 있는지에 대한 부분의 검토도 필요하다. 시장규제에 대한 부작용도 예상된다. 새로운 법 시행에 대한 국민의 혼란, 전월세 시장의 불안 등도 예상된다. 특히 임대인들이 의혹의 눈초리로 바라보는 임대소득에 대한 과세이다. 법 제24조 제2항에 "국토교통부장관 또는 시장·군수·구청장은 부동산 정책 관련 자료 등 종합관리에 따른 정보의 관리를 위해 관계 행정기관이나 그 밖에 필요한 기관에 필요한 자료를 요청할 수 있다. 이 경우 관계 행정기관 등은 특별한 사유가 없으면 요청에 따라야 한다"라는 규정이 있기 때문이다. 임대소득에 대한 과세가 이뤄지면 증가한 세금을 다시 임차인에게 전가할 가능성도 있다.

또한 부동산 정책 관련 자료를 획득하기 위한 목적이 있다면 신고대상은 전국을 대상으로 모든 임대차 계약에 대해 신고의무를 부여하는 것이 바람직한 방향이다. 그리고 행정편의 주의적으로 신고서를 별도로 작성해 제출하는 것이 아니라 국민의 편의를 위해 계약서 사본을 제출하는 것으로 갈음하는 방안도 고민해 볼 필요가 있다.

모든 제도는 공무원의 입장이 아닌 국민의 입장에서 만들어져야 하며, 국민들이 가장 불편하지 않게 하는 것이 국가의 책무이다. 신고의무를 만들지 않는 것이 최선이지만 만들어야 한다면 국민의 입장에서 한 번쯤은 고려해 봐야 할 것이다.

29

임대주택사업자 제도[29)]

임대주택사업자는 부동산 투기꾼인가?

부동산 문제로 온 나라가 시끄럽다. 집을 가진 사람의 분노, 집이 없는 사람의 절망, 은퇴세대의 한탄, 20대의 불안감, 선거 패배의 원인을 둘러싼 여당의 자중지란 등 아파트 가격의 급등으로 시작된 혼돈 속에 등록 주택임대사업자 혜택 축소에 대한 논란도 가중되고 있다.

여권에서는 실제 집값 대책으로 '임대사업자 혜택 폐지론'도 대두되고 있다. 이는 단순히 임대주택사업자를 다주택자로 인식하기 때문이다.

다주택자가 꼭 부자일까? 너무 극단적인 이분법이다. 30억 아파트 1채를 소유한 자와 5억원 도시형생활 주택 3채를 소유한 임대주택사업자 중에서 누가 부자일까?

실제 임대주택사업자가 아파트 가격 상승의 원흉이고, 부동산 투기꾼일까? 정부의 발표에서도 등록임대주택 중 아파트의 비중은 10% 남짓이고, 이 중에 기업형임대, 공공지원민간임대도 포함돼 있다.

그리고 현행 건축법상 주택 부분이 5개 층 이상일 경우 아파트로 분류하고 있어 소형 원룸인 도시형생활주택 아파트 및 원룸형 아파트를 포함한 수치라고 설명하고 있다. 그러나 여권은 임대주택사업자는 다주택자라는 프레임을 가져감으로써 집토끼(콘크리트 지지층)를 잡는 데 유리하기 때문에 이 전략을 활용하는 느낌이다.

이러한 부동산 정치에 법을 준수한 임대주택사업자는 나쁜 국민이 되고 있다. 도시형생활주택이 대표적이다. 정부의 공급확대정책의 일환으로 시행돼 일정 부분 소형임대주택공급에 기여했지만 지금은 부동산 투기꾼으로 취급되고 있는 것이다.

---

29) 데일리안(2021. 05. 11)에 기고한 칼럼을 수정 및 보완한 글입니다.

지난 정부에서 1~2인 가구의 증가에 따른 소규모 가구의 주거난을 해결하고, 금융위기 직후 경제를 살리자는 취지로 도시형생활주택을 도입했다. 그리고 주차시설 완화, 임대사업자 등록 시 취득세, 재산세 등에 대한 세제혜택도 부여했다.

이러한 도시형생활주택은 2009년 도입 이후 연평균 7~8만 가구가 공급되었고, 2020년에도 3만 5천 가구가 인·허가를 받았다. 이 중 약 65%가 30세대 미만인 소규모이다. 도시형생활주택의 주된 사업자가 단독주택을 허물고 임대사업을 하려는 생계형 임대사업자이다. 임대주택을 공급하는 순기능도 있다. 그런데 지난해 정부는 집값을 잡기 위해 임대사업자에 대한 혜택을 폐지했다.

이 불똥은 아파트 투기와는 아무 관계가 없는 생계형 임대사업자들에게 돌아왔다. 예를 들어보자. 은퇴자 갑은 자신이 살던 단독주택을 허물고 도시형생활주택을 지었다. 이때에 건축비가 부족해 딸한테 자금을 빌린 후 공동건축주로서 원룸 한 채를 주었다. 원룸 한 채와 아파트 한 채를 갖고 있던 딸이 다주택자로서 세금폭탄을 맞게 되자 원룸을 다시 은퇴자인 부모님께 매각하기로 했다.

하지만 은퇴자 갑은 건설임대사업자임에도 법 개정으로 인해 원룸을 다시 매수하게 되면, 취득세 감면은 고사하고 지방세법 제13조의 2에 따라 4배의 중과세를 납부해야 한다. 물론 예외조항이 있다. 시가표준액 1억 미만인 경우이다. 여기에 해당하는 원룸은 많지 않다.

더 곤란한 것은 원룸형 도시형생활주택을 매각하는 것도 매우 어렵다. 매수자가 없다. 왜냐하면 원룸형 도시형생활주택을 매수하는 사람은 임대사업자로 등록한다 하더라도 다주택자로서 12%에 해당하는 취득세 중과가 적용되기 때문이다.

상식적으로 12%나 되는 취득세를 납부하고, 매수할 사람은 없다. 따라서 규제를 하더라도 구법에 의해 실행한 것은 구법을 적용하고, 새로운 규제법을 제정하더라도 이 법 이후에 취득한 부동산에 대해 적용하는 것이 국민들의 불편을 줄이고 소급적용의 논란에서 자유로울 것이다. 아파트 투기와 관련 없는 1가구 1주택의 장기보유자, 원룸형 임대사업자 등이 피해를 입지 않도록 세심한 배려가 필요하다.

최근 정부는 부동산 규제정책을 유지할 것인가? 정책기조를 전환할 것인가?

중대한 결심의 기로에 서 있다. 거시적인 측면과 미시적 측면에서 부동산 정책을 점검하고, 수정·보완하겠다는 사고의 유연성이 필요한 시점이다. 또한, 부동산 정치가 아닌 부동산 정책으로 전환됐으면 하는 바람이다.

주택임대사업자 정책 변화

2017년 12월 13일

▶ 지방세·임대소득세 감면 확대
▶ 양도세·종부세 과세 기준 개선
▶ 건강보험료 인상분 감면

2018년 9월 13일

▶ 조정지역 신규 취득 시 양도세 중과 및 종부세 과세
▶ 투기과열지구 내 대출 LTV 40% 규제

2020년 7월 10일

▶ 단기임대 및 아파트 장기 매입임대 폐지
▶ 기존 주택 임대의무기간 종료 시 자동 등록 말소
▶ 임대보증금 보증가입 의무화

2021년 5월 27일

▶ 비 아파트 포함 모든 매입임대 신규 등록 폐지
▶ 등록 말소 후 종합부동산세 합산 배제

▲ 그림 2-70 주택임대사업자 정책 변화

※ 자료: 아시아경제, 빌라·오피스텔 매입임대도 폐지…오락가락 정책에 "신뢰 추락", 임온유 기자, 2021년 5월 28일 기사

30 여당 부동산특별위원회[30)

여당 부동산특별위원회에 바란다

당정 보선참패의 원인 부동산 정책 방향 전환에 나섰으나 논란 속 잡음

시장 안정보다 정치적 목적 의구심 국민생활 직결 조세 적재적소 개선

공·사익 조화 균형정책 미래 대비를

최근 서울시장 보궐선거 등에서 참패한 정부와 여당은 그 일부 원인이 부동산 정책에 있다고 판단하였다. 이에 따라 현 정부의 부동산 정책 기조나 방향을 전환하려 하고 있다. 정부에서는 부동산가격안정과 부동산 투기억제라는 정책목표를 달성하지 못했다고 인식하였고, 여당에서도 부동산특위를 만들어 정책방향에 대하여 논의를 하고 있다. 그런데 논란이 되고 있는 잡음들을 살펴보면 그 진의를 의심하게 한다.

부동산 정책은 부동산시장 안정이라는 목표에만 초점을 두어야 하는데 부동산 정치를 위한 방향으로 전환하려는 것이 아닌가 하는 의심이 든다. 물론 방향을 전환하려면 저항이 있고, 고통이 따른다. 그러나 정책이 성공하지 못했다면 실패를 인정하고 국가와 국민을 위해 방향을 전환하는 용기도 필요하다.

먼저 부동산문제에 대한 인식의 전환이 필요하다. 주택공급이 충분하다는 인식에서 공급이 필요하다는 인식으로 전환한 용기를 발휘하였듯이 먼저 부동산 세금 만능주의에서 벗어나야 한다. 보유세를 높이면 부동산을 보유하지 않을 것이다, 취득세를 중과하면 부동산을 취득하지 않을 것이다, 양도세를 중과하게 되면 부동산 투기가 사라질 것이라는 단순한 논리에서 탈피하여야 한다. 최근 여당 부동산특위에서 논의되고 있는 방향을 살펴보면 보유세 인하, 양도세 인하 불가, 종부세 기준 인상 불가라는 안들이 논의되고 있다. 여당 일부 의원들의 반

---

30) 경인일보(2021. 05. 20)에 기고한 칼럼을 수정 및 보완한 글입니다.

발, 여당 콘크리트 지지층의 반발 등이 원인인 것 같다. 그리고 집권당의 부동산 특위인데 너무 지엽적인 부분으로 접근하는 면이 있다. 좀 더 국민을 위한, 국가를 위한, 미래세대를 위한 부동산 정책으로 전환시키는 역할을 기대하는 것은 너무 무리한 희망일까? 집권 말기 등 시기적으로 적절하지 않은 측면이 있지만 그래도 다음과 같은 방향으로 전환하면 우리나라 부동산문제를 조금이나마 해결할 수 있을 것이다.

먼저 내년의 대선 등을 의식하여 부동산 조세문제만을 중심으로 개선하는 것이 아니라 장기적 측면에서 주택에 대한 수요를 예측하고 장기적 공급계획을 수립하여 국민들에게 제시하면 부동산시장안정에 기여할 수 있을 것이다. 1인가구가 이렇게 급증할 것을 예측하지 못했다라는 말은 국가운영시스템에 문제가 있다는 의미이다. 미래에 대한 예측과 대응실행계획을 수립하는 것이 국가의 책무이다.

다음은 국민생활과 직결된 세금문제이다. 가진 자가 세금을 납부해야만 한다. 세금이 많아야 국가를 운영할 수 있다. 그런데 인상속도가 너무 빠르다. 공시지가 현실화 로드맵에 따른 가격상승, 세율인상, 조세중과 등이 일시적으로 시행되면서 국민들의 부담이 급증하고 있다는 것이다. 세금은 호랑이보다 무섭다는 속담도 있다. 호랑이는 피할 수 있지만 세금은 피할 수 없다는 것이다. 주택가격 상승과 공시가격 현실화, 종부세 인상 등이 함께 맞물려 단 2년 만에 세수가 2배가량 폭증한 것이다. 결국 국민들이 부담해야 할 조세가 2배 인상된다는 의미이다. 이는 조세 저항을 초래할 수도 있다. 따라서 1주택자, 은퇴자, 장기보유자 등에 대해서는 보유세를 감면해 주는 방향으로 개선이 이루어져야 한다. 장기적으로는 보유세는 완화하고 종부세, 양도세 일부 규제완화 및 보완 방안도 마련되어야 할 것이다.

그리고 무주택자나 1주택자 등 실수요자에 대한 대출 규제를 완화하는 방향으로 개선되어야 한다. 대출규제는 수요억제와 금융기관의 부실화를 방지하는 효과가 있지만 자금이 부족한 무주택자나 실수요자는 집을 살 수 없고 현금부자만 집을 매수할 수 있는 부작용이 나타나고 있다. 100% 자기자본으로 내 집을 마련하는 사람은 없다. 기본적으로 부동산은 거래금액이 고액이기 때문에 타인의 자본(대출)에 의존하는 것이 세계적으로 일반적이다. 이에 대한 대책도 함께 강구되어야 할 것이다.

부동산 정책은 공익과 사익의 조화를 추구하여야 한다. 공익을 너무 강조하게 되면 시장의 왜곡을 가져오고, 사익을 너무 강조하게 되면 부의 편중이 심해진다. 서로 고통을 분담하며, 미래를 위한 부동산 정책으로 전환되기를 간절히 바란다.

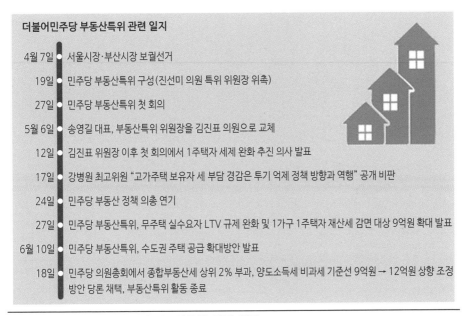

▲ 그림 2-71 더불어민주당 부동산특위 관련 일지

※ 자료: 국민일보, 정치적 계산기만 두드린 '與 부동산특위'… 논란 남긴 채 종료, 이종선 기자, 2021년 6월 22일 기사

제**3**편

공정한 주택정책을 위한 해법은 무엇인가?

대한민국 주택정책의 대수술
공정한 주택정책의 길을 찾다

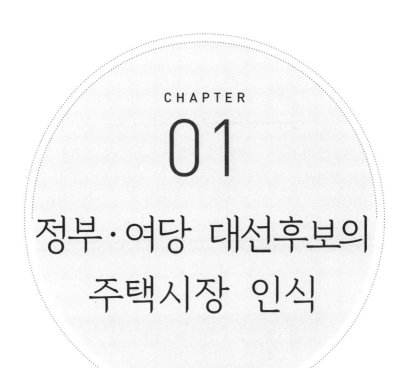

CHAPTER

01

정부·여당 대선후보의
주택시장 인식

01 김부겸 총리의 견강부회 (牽强附會)식 주택정책

2021년 6월 23일 경제분야 국회 대정부 질문에서 주택가격 정책 실패에 대해 사과하며 "부동산 투기와 부동산시장 과열 등을 해결할 방법이 있다면 정책을 어디서 훔쳐 오기라도 하고 싶은 마음"이라고 표현하며 부동산 정책의 실패를 인정했다. 하지만 그 의미의 표현을 좀 더 깊게 되새겨보면 과거 김현미 전 국토교통부 장관이 "아파트가 빵이라면 제가 밤을 새워서라도 만들겠다."라는 맥락과 크게 다르지 않은 듯하다.

▲ 그림 3-1 김부겸 총리의 더불어민주당 당대표 출마 시 발표한 부동산 공약

※ 자료: 뉴데일리, 김부겸 '부동산 개혁 및 주거복지 공약' 기자회견, 박성원 기자, 2020년 8월 25일 기사

작년 8월 더불어민주당 당대표 출마를 선언하면서 발표한 부동산 공약에서 이미 김부겸 총리 또한 정부와 여당의 주택정책이 견강부회식 사고를 벗어나지 못하고 있음이 확인되었다는 점에서, 현 정부조차 현 정부조차 실패를 인정한 주택정책을 개선하기보다는 시간이 지나면 자신들만의 방식이 작동할 것이라는 그릇된 확증편향이 굳어진 것이 아닐까 한다.

지난 4년 동안 자유시장경제체제에서는 시행하기 어려운 전대미문의 일관된 규제 정책을 시행하고도 집값은 유례없이 치솟았는데 여전히 규제 일변도의 정책을 밀어붙여 나가겠다는 편협한 주택정책에 대한 인식이 바뀌지 않고, 수많은 전문가가 현 주택정책에 대한 문제점을 계속 지적해 왔음에도 독불장군식으로 밀어붙여 나가는 상황이 정말 안타깝고 개탄스럽다.

02 홍남기 부총리의 어불성설 (語不成說)식 주택정책

지난 2020년 10월에 홍남기 부총리는 지분적립형 주택을 도입하겠다고 밝혔다. 지분적립형은 자금 부담을 낮춰 안정적인 내 집 마련을 지원하기 위해 입주 때 집값의 일부만 납부하고 잔여 지분은 20~30년간 정기 분할 취득하되, 처분 때 지분 비율대로 매각수익금액을 나눠 갖는 공공분양주택이다. 정부에서는 지분적립형 주택이 초기 자금 부담완화 및 단기 투기수요를 차단하고, 장기 거주를 통한 내 집 마련을 지원하고 자산 형성을 유도하는 효과가 있을 것으로 기대하고 있다. 그런데 지분적립형 주택은 이미 서울시가 먼저 제안한 공공분양 모델로 지난 8.4 대책 때 부담 가능한 주택공급 대안으로 등장한 것이다.

지분적립형 주택의 세부 내용을 살펴보면 수분양자의 부담이 최소화되도록 매 회차 10~25%의 범위에서 지분을 취득하도록 하고, 지분 취득가격은 최초 분양가에 지분 취득 시까지의 1년 만기 정기예금 이자를 합산한 금액을 기준으로 산정하는 방식이다. 또한 수분양자는 지분 적립기간 동안 잔여 지분(공공주택사업자 소유 지분)에 대해 임대료를 납부하도록 규정함에 따라 잔여 지분에 대한 임대료는 수분양자 부담을 완화하기 위해 인근 주택 임대료의 80% 이하로 설정했다. 아울러 지분적립형 분양주택은 수분양자가 집값을 나눠 내는 20~30년 동안 장기 거주하면서 자산을 형성할 수 있도록 유도하는 주택이므로, 제도 취지에 맞게 전매 제한 기간은 10년, 거주 의무 기간은 5년으로 운영하도록 했다.

공급 시기는 2023년부터 시작한다고 하는 상황이며, 주택공급 부지는 ▲강남구 삼성동 서울의료원 ▲마포구 상암동 DMC 미매각 부지 ▲마포구 상암동 서부면허시험장 ▲강서구 SH 마곡 미매각 부지 ▲서초구 방배동 성뒤마을 ▲송파구 마천동 위례 A1−14블록 등이 후보지로 거론되고 있다. 정부에서는 현재 공공주택 특별법 시행령 개정안 추진을 통해 지분적립형 주택의 세부 내용을 구체화하고 법제화 단계에 들어갔다.

　하지만 여전히 수요자들의 반응은 시큰둥하다. 현재 전매제한, 시세차익 환수 등 각종 제약이 많은 상황이다. 지분적립형 주택은 10년의 전매제한 기간이 끝나도 지분율 100%를 채우지 못했다면 집을 처분할 때 SH나 LH 등 사업주체가 동의해야만 집을 팔 수 있기 때문이다. 또한 전매 가격도 정부가 정한 '정상 가격' 이내 수준에서 정해지게 되고, 처분 시점엔 지분 비율대로 시세차익을 공공과 나눠 가지게 되는 구조라는 점이 크게 매력적으로 다가오지 않는 것이다.

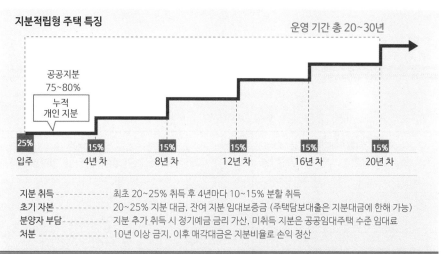

단계		비율	지원 자격	선정 방식
특별공급 (70%)	신혼부부	40%	혼인 기간 7년 이내 또는 6세 이하 자녀를 둔 가구 월평균 소득의 130% 이하(맞벌이 140%)	추첨제
	생애 최초	30%	생애 최초 주택 구입자 월평균 소득의 130% 이하(맞벌이 140%)	
일반공급 (30%)	1순위	20%	무주택 가구주 월평균 소득의 130% 이하(맞벌이 140%)	
	2순위	10%	1순위 낙첨자 무주택, 월평균 소득의 130~150%(맞벌이 160%)	

*자료: 서울시

▲ 그림 3-2 홍남기 부총리가 발표한 지분적립형 주택의 특징

※ 자료: 매일경제, 지분적립형 주택 대해부–집값의 20%만…'임대료에 실익 없다' 주장도, 정다운 기자, 2020년 11월 9일 기사

분양도 2023년부터 본격화할 예정이고, 실제 입주 시점은 최소 3~4년 뒤라는 점과 서울의 경우 공급물량이 17,000 가구 수준 정도밖에 되지 않아 전세난 해소에 크게 기여할 것이라는 기대는 그리 크지 않다.

'지분적립형 분양주택'(분양가 5억원) 취득 과정 예시

취득 기간	최초분양	4년	8년	12년	16년	20년
지분취득	25%	40%	55%	70%	85%	100%
	1억 2500만원	2억원	2억 7500만원	3억 5000만원	4억 2500만원	5억원
보증금*	1억원	8000만원	6000만원	4000만원	2000만원	0원
월 임대료**	14만원	11만 2000원	8만 4000원	5만 6000원	2만 8000원	0원

* 미취득 지분에 대한 보증금

** 관계기관 협의 과정에서 행복주택과의 형평성 고려해 '상향 조정' 검토 중

※ 분양가 5억원, 전용면적 59㎡(올 상반기 SH공사가 분양한 마곡9단지 기준)로 설정.
최초 분양 취득 25%, 취득 기간 20년 설정해 추산

주택담보대출 vs 지분적립형 분양 비교 예시(분양가 5억원 주택)

주택담보대출	비교	지분적립형*
만기 20년, 생애최초 구입 LTV 50%, 대출금리 연2%, 원리금균등상환	조건	취득 기간 20년, 최초 임대보증금 1억원 및 월 임대료 14만원
5억원 - 2억 5000만원(대출가능액) = 2억 5000만원	초기 부담금	5억원 x 지분 25% + 1억원(보증금) = 2억 2500만원
①월 납입원금 = 평균 104만 1667원	월 지불액	①7500만원(4년마다 지분취득)-2000만원(4년마다 임대보증금 공제) = 5500만원(4년마다 내야 하는 실제 지분 취득 금액)
②월 대출금리 = 평균 22만 3042만원		②5500만원÷48개월 = 약 114만 5800만원
① + ② = 약 126만 4708원		② + 월 임대료 = 약 128만 5800원

* 추가 지분 취득할수록 임대보증금 및 월 임대료 축소. 다만 현재 관계기관이 월 임대료 상승 조정을 검토 중이므로, 해당 비교에서 월 임대료는 14만원으로 고정해 계산.

▲ **그림 3-3** 지분적립형 주택(분양가 5억원)의 취득과정 및 대출조건 예시

※ 자료: 비즈니스 워치, 지분적립형 분양주택, 빚내서 집사는 것과 다를까, 채신화 기자, 2020년 11월 10일 기사

수요자들이 지분적립형 주택에 매력을 느끼지 못하는 가장 큰 이유 중 하나는 가격에 대해 만족스럽지 못하다는 점이다. 공공분양주택이라고는 하지만 현재 각종 제약을 상쇄할 만큼 가격에 대한 매력이 있는 것이 아니다. 또한 2020년 상반기에 분양한 마곡지구 9단지를 예로 들어 지분적립형 주택의 취득과정과 기존 주택담보대출을 비교한 [그림 3-3]의 내용을 살펴보면 현재 원리금 균등 상환 대출과 큰 차이가 없어 보인다. 더욱이 지분적립형 주택의 임대료 상향에 대한 부분도 검토되고 있어 수요자로서 실익이 별로 없는 지분적립형 주택은 환영받지 못할 가능성이 더욱 커질 수도 있다.

지분형주택이라는 정책이 과거 이명박 정부 시절인 2008년에 시범사업으로 추진되었던 분납형 임대아파트 정책을 재탕한 것이 아니냐는 분석도 제기되었다. '분납형 임대아파트'는 분양가의 30%만 먼저 낸 뒤 10년 뒤까지 분납하는 형식이었다. 홍남기 부총리가 적극적으로 추진하고 있는 지분적립형 주택과 분양가 잔금 완납 시기가 다를 뿐 골격은 비슷하기 때문이다.

과거 분납형 임대아파트는 일종의 '반값 아파트'로 알려지면서 시범사업에 대한 시장의 반응도 뜨거웠지만, 이후 소리소문없이 중단됐다. 가장 큰 이유는 공급을 맡았던 한국토지주택공사(LH)의 분양 초기 부담이 너무 컸기 때문이다.[1]

이전 정부 정책과 유사한 부동산 정책들

현 정부 정책	전 정부 정책	비슷한 점	차이점
질 좋은 평생주택	뉴스테이 (박근혜 정부)	10평대 소형 위주였던 공공 임대 아파트를 30평대 중형까지 공급	공급 주체가 민간기업(뉴스테이)에서 공공(질 좋은 평생주택)으로 바뀜
지분적립형 분양주택	분납형 임대아파트 (이명박 정부)	초기 분양가의 일부만 먼저 내고 일단 입주 가능	분양가 분납 기준이 10년(분납형 임대아파트)에서 20~30년으로 장기화해(지분적립형) 장기 실거주 유도

※ 자료: 국토교통부

▲ 그림 3-4 이전 정부의 정책과 유사한 문재인 정부의 주택정책

※ 자료: 국민일보, 문재인정부 주택공급대책, 이름 슬쩍 바꾼 이명박근혜 '짝통', 이종선 기자, 2020년 11월 10일 기사

---

1) 분납형 임대아파트 첫 공급이 이뤄진 2011년 LH의 부채는 130조 6000억원으로 전년보다 9조 1000억원가량 늘었다.

현재 지분적립형 주택은 LH나 SH(서울주택도시공사)에서 시행사로서 추진하게 될 예정이다. 하지만 과거처럼 부채 문제를 해결하지 못하면 계속 사업을 이끌어가기 어려워질 수밖에 없어 과거의 시행착오를 똑같이 반복하게 되는 어불성설(語不成說)의 주택정책이 될 수밖에 없을 것이다.

03

송영길 대표의 조삼모사
(朝三暮四)식 주택정책

'누구나집'은 청년·신혼부부 등 무주택자에게 저렴한 가격으로 내 집 마련 기회를 제공하고 주거서비스 사업모델을 바탕으로 부가가치 창출을 목표로 하는 새로운 유형의 주택으로서 더불어민주당 송영길 대표의 주도로 추진하는 민간임대주택 정책 사업이다. 더불어민주당에서는 2021년 6월 10일 서민·무주택자의 내 집 마련을 위한 수도권 주택 공급방안의 핵심 내용으로서 '누구나집'을 현 주택정책 문제를 해결하는 새로운 대안으로 본격 추진하겠다고 발표하였다.

'누구나집'의 핵심은 거주의 가치를 높인 품질 좋은 주택에서 주변 시세에 비해 저렴한 임대료(일반공급은 시세의 95% 이하, 특별공급은 시세의 85% 이하)로 10년간 안심하고 살 수 있도록 하겠다는 것이다. 공급방식은 특별공급(전체 공급물량의 20% 이상)은 무주택자로서 도시근로자 월평균 소득 120% 이내 청년·신혼부부·고령자를 대상으로 하고, 일반공급(전체 공급물량의 80% 이하)은 무주택자를 대상으로 공급한다는 방침이다.

'누구나집' 정책이 가지는 특징은 크게 3가지로 정리된다. 첫째는 임대종료 후 주택의 처분방식을 사업 초기에 '사전에 확정된 분양전환가격'(이하 '확정분양가격')으로 무주택 임차인에게 우선 분양한다는 것이다. 둘째는 개발이익을 사업자와 임차인이 공유한다는 것이다. 셋째는 협력적 소비와 공유경제에 기반한 주거서비스를 통해 주택을 단순한 주거공간이 아닌 가치를 생산하고 공유하는 플랫폼으로 조성한다는 것이다.

정부에서도 2021년 9월 6일에 '누구나집' 사업을 본격적으로 추진하겠다는 의지를 보여주기 위해 수도권 6개 지역에 '분양가확정 분양전환형 공공지원민간 임대주택(누구나집)' 공급을 위한 사업자 공모를 시작했다.

특히 이번 시범사업 부지의 민간사업자 공모지침에 민간사업자가 공모기관에서 정한 분양전환가격의 상한 범위 내에서 확정분양가격을 제시하도록 하였다. 그리고 공모 사업지는 공모시점 감정가격에 사업 착수시점부터 분양시점까지 연평균 주택가격 상승률 1.5%를 적용한 주택가격을 분양전환가격 상한으로 정하였다. 이를 통해 임차인이 시세보다 저렴한 가격으로 내 집 마련의 기회를 제공하도록 하고, 사후 분양가 산정방식에 대한 갈등을 미리 방지하는 안전장치를 설정했다.

또한, 확정분양가격 이상의 시세차익이 발생하면 이를 주택을 분양받는 임차인과 사업자가 공유하게 하고, 주택을 분양받지 않는 임차인도 '거주'를 통해 주택의 가치향상에 기여하는 측면을 고려해 사업자가 임차인의 거주기간에 따라 경제적 혜택(인센티브)을 공유하는 방안을 제시하도록 했다.

하지만 '누구나집' 또한 기존 10년 공공임대주택과 유사하다. 10년 공공임대는 10년간 임대로 거주한 후 해당 주택을 분양받는 제도로써 '누구나집'이 다른 점은 기존 10년 공공임대주택이 10년 임대기간 이후 분양가를 감정평가액

누구나집 사업개요(표준모델)

분양가	주변시세의 80~90%	주택 구입자가 집값의 6~16%만 지급하고 13년 후 미리 확정한 분양가로 매입할 수 있는 권리 취득
임대료	주변시세의 80~85%	임대료 상승률 2.5%
분양 후 시세차익	입주자가 향유	기존 분야전환임대사업의 경우 시세차익을 사업시행자가 독점
임대조건	의무임대기간 10년, 무주택자 우선 공급	
시범사업부지	인천, 안산, 화성, 의왕, 파주, 시흥 등 6곳 총 1만 785가구 공급	

* 자료: 더불어민주당 부동산 특별위원회

▲ 그림 3-5 누구나집 사업개요

※ 자료: 머니투데이, '누구나집', 전매제한·거주의무 둔다.."차익 절반은 회수", 권화순 기자, 2021년 6월 10일 기사

으로 산정한다는 것과 달리 공급시점인 10년 전에 미리 가격을 확정 짓는다는 점이다.

　매우 파격적인 정책으로 보이기는 하지만 주택시장에서는 기대보다는 우려가 큰 모양새이다. 가장 큰 이유는 10년 뒤 주택시장이 어떻게 될지 그 누구도 예상할 수 없는 불확실성 문제를 배제한 채, 미리 집값을 정해버린다는 부분이다. 만약 10년 뒤 주택가격이 크게 상승해 있다면 '누구나집'의 수분양자는 소위 로또분양이 되는 것이지만, 주택가격이 크게 하락해 있다면 오히려 주변 시세보다 분양가가 더 높아져 있는 상황이 발생하여 대규모 미분양 사태가 발생할 수

민주당 '**누구나집**' 시범사업 부지

분양 시기	2022년 초
공급 규모	약 1만 785가구
공급 방식	공공지원민간임대 방식
분양가	주변 시세의 80 ~ 90%, 집값의 6 ~ 16% 지급하고 13년 (건설 3년 + 임대 10년) 후 미리 확정된 분양가로 매입 가능
임대료	주변 시세의 80 ~ 85% 임대료 상승률 2.5%

	① 인천시	② 안산시	③ 화성시	④ 의왕시	⑤ 파주시	⑥ 시흥시
지구명	검단지구 (4개 지구)	반월·시화 청년 커뮤니티 주거단지	능동지구	초평지구	운정지구	시화 MTV*
면적	22.0만㎡	2.2만㎡	4.7만㎡	4.5만㎡	6.3만㎡	22.6만㎡
공급 규모	4,225가구	500	899	951	910	3,300
토지 소유	LH + IH	안산시	LH	LH	LH	수자원공사

*금년 내 산업단지계획변경 후 공급 가능　연합뉴스

▲ 그림 3-6　누구나집 시범사업 부지

※ 자료: 연합뉴스, 문재인정부 주택공급대책, 이름 슬쩍 바꾼 이명박근혜 '짝퉁', 장예진 기자, 2021년 6월 10일 기사

있기 때문이다. 결국 누구나집은 10년 뒤에 주택가격이 오를 것이라는 전제되어야 하는 아이러니한 주택공급 정책이다. 또한 현재의 방식이라면 입지가 좋은 지역으로만 수요가 몰리게 되는 쏠림 현상도 초기 공급시점의 문제로 나타날 수 있다.

박근혜 정부의 뉴스테이(기업형 임대주택) 사업이나 문재인 정부의 공공지원형 민간임대주택 사업을 추진했음에도 불구하고 큰 성과를 거두지 못한 것은 수익성보다는 공익성이 강한 사업에서 민간사업자의 참여율이 저조했기 때문이다.

따라서 '누구나집' 역시 수익창출을 중요시할 수밖에 없는 민간사업자가 다른 주택사업에 비해 수익성이 현저히 떨어질 것으로 예상되는 '누구나집' 사업에 얼마나 적극적으로 참여를 할지에 의문이 든다.

새로운 정책이라고 발표한 '누구나집' 주택정책이 기존에 발표되었던 주택정책을 보기 좋게 겉만 포장하여 추진하는 조삼모사(朝三暮四)식으로 진행되고 있고, 책임지지 못할 10년 후의 리스크에 대해서는 함구한 채, '누구나집' 프로젝트를 파격이니 혁신이니 하며 자화자찬하는 것은 국민들을 상대로 눈을 가리고 아웅 하는 것과 다름이 없다.

전혀 새롭지 않은 여당의 주택시장 문제 해결에 대한 접근 방식은 오직 가야

'누구나집'과 공공 및 민간임대분양 비교

	뉴스테이(서울 고척) *민간임대주택	공공임대 분양전환 (충남 천안)	누구나집(인천 영종도 미단시티) *협동조합형 민간임대주택
입주시기	2022년 예정	2016년	2022년 예정
주택평형	64㎡	59㎡	84㎡
최초 보증금	2억 3000만원	5055만원	3490만원
월 임대료	52만원	57만원	38만원
분양전환 시기	최장 8년 임대 후 분양	2021년	2030년 예정
분양가액	분양전환 시 시세 반영	4억 6000만원 (분양전환 시 시세 반영)	3억 5000만원 (최초 공급가격)

▲ 그림 3-7 누구나집과 공공 및 민간임대분양주택 비교

※ 자료: 서울신문, 與 저수익형 '누구나집'… 집값 하락 땐 세입자가 부담 떠안아 '허점', 이민영 기자, 2021년 6월 8일 기사

할 길을 정해놓은 상황에서 해법만을 찾고자 하는 진보적이지도 않고 보수적이지도 않은 이율배반적인 모습이다.

진정한 진보라면 지금까지 고수해 왔던 것들에 대해 잘못된 부분을 자각하고, 발상의 전환이나 생각의 틀을 부수고 개혁과 혁신을 위한 파격적인 대안을 제시하여야 하지 않을까 하는 생각이 들며, 그러한 모습이 국민들이 진정으로 바라는 모습일 것이다.

04 이낙연 후보의 아전인수 (我田引水)격 주택정책

더불어민주당의 유력 대선후보 중의 한 명인 이낙연 후보는 2021년 7월 더불어민주당 예비경선 과정에서 '증세'에 초점을 둔 부동산 공약을 발표하였다. 이를 뒷받침하는 핵심 공약은 이른바 토지독점규제 3법이다.

토지독점규제 3법은 택지소유상한법과 개발이익환수법, 종합부동산세(종부세)법 등을 말한다. 먼저 택지소유상한법은 법인과 개인의 택지소유에 대한 상한을 설정하고 개발이익환수법은 현행 20%인 환수 부담률을 50%까지 확대하는 내용이다. 여기에 종합부동산세법은 유휴토지 가격이 급등 시 가산세를 부과하는 내용을 담고 있다.

땅 부자들에 대한 증세론에 근거한 토지공개념 3법 시행으로 확보된 세금은 국가 균형발전에 50%, 청년 주거복지 사업 및 공공임대주택 건설에 50%를 사용하겠다는 견해를 밝혔다.

▲ 그림 3-8   이낙연 후보의 부동산 공약

※ 자료: 이데일리, '공항 이전·토지소유 규제' 이낙연…현실성 놓고 갑론을박, 문승용 기자, 2021년 8월 9일 기사

주택공급 관련한 정책으로는 경기 성남에 위치한 서울공항을 스마트 신도시로 재탄생시키겠다고 밝혔다. 서울공항 기능은 김포공항으로 이전하고 이 자리에 3만 가구 규모 공공주택을 공급해 약 10만 명 수준의 제2 판교·위례를 만들겠다는 것이다. 고도제한 문제만 해결되면 인근지역에 추가로 약 4만 가구 공급도 가능하다는 주장이다.

하지만 이낙연 후보가 발표한 부동산 공약은 새로운 것도 없고, 실현 가능성에 대한 부정적 시각이 높다.

토지독점규제 3법이라고 발표한 내용은 노태우 정부에서 추진하고자 했던 토지공개념 3법과 유사하다. 이미 토지공개념 3법은 위헌판결 등을 받았다. 당시 토지초과이득세는 헌법 불합치, 택지소유상한제는 위헌판결을 받았고, 개발

이낙연 부동산 정책에 대한 전문가 의견

주요내용	전문가의견
서울공항 이전	
서울공항 부지에 3만호, 인근에 4만호	최인호 남서울대 교수 "공항 이전 위해선 고비용과 긴 시간 걸려 현실성 낮다"
	권대중 명지대 교수 "서울공항 이전으로 고도제한 풀리면 강남 집값 상승"
	강정규 동의대 교수 "수도권 부지로선 바람직, 고밀도 개발해야"
공공주도로 고품질 아파트 공급	강성진 고려대 교수 "임대주택될 가능성. 민간이 공급하게 해야"
토지독점규제 3법	
1인당 400평 택지소유 제한	이창무 한양대 교수 "헌법불합치에 이미 폐지. 시장 안정 효과도 없다"
개발이익환수율 20→50% 인상	강정규 동의대 교수 "공급량을 늘리는 데는 비효율적"
유휴 토지 과세 강화	강성진 고려대 교수 "세금 올리면 거래 절벽 야기. 현 정권 정책 기조와 흡사"

▲ 그림 3-9 이낙연 후보 부동산 정책에 대한 전문가 의견

※ 자료: 더 중앙, 이재명·이낙연 부동산공약 경쟁, 전문가들은 "비현실적" "강남 집값 더 뛸 것", 김효성 기자, 2021년 8월 6일

이익환수제는 명맥은 유지했지만 크게 완화됐다. 서울공항 이전의 경우 선거 때마다 꾸준히 등장했던 공약임에도 안보상의 문제 등으로 여전히 실현되지 못한 실정이다.

이낙연 후보 측에서는 문제가 되었던 부분들을 보완하면 실현 가능하다는 견해지만 부동산 관계 전문가들은 현실성이 낮다는 점을 공통적인 문제점으로 지적하고 있다.

05 이재명 후보의 분서갱유 (焚書坑儒)식 주택정책

　대선후보 중 유력한 이재명 후보는 '징벌'이라는 키워드가 중심이 되는 부동산 공약을 발표하였다. 이는 이낙연 후보의 '증세' 중심의 부동산 공약과는 분명한 차이가 있고, 문재인 정부에서 시행한 26번의 부동산 정책보다 더 강력한 규제 내용을 표명하고 있어 충격적이라는 반응이다.

　이재명 후보는 실거주, 업무용 부동산 이외 투기 부동산에는 세금폭탄을 넘어서는 징벌적 과세를 시행할 것이라고 발표하였고, 현재 주택시장의 문제를 공

이재명·이낙연 부동산 정책

후보	정책	내용
이재명 후보	금융감독원에 준하는 부동산 감독기구 설치	부동산 거래, 대출, 세금납부내역까지 들여다볼 수 있는 감독기구 신설
	고품질 공공임대주택(기본주택) 확대	분양 조건 없는 공공임대주택을 대량 공급
	국토보유세 부과	부동산 보유가 부담스러울 정도로 보유세 부과
이낙연 후보	택지소유상한법 부활	지역에 따라 개인의 택지 소유에 상환선을 둠
	개발이익환수법 강화	환수 부담률을 현행 20%에서 50%까지 인상
	종합부동산세법 강화	유휴토지 가격 급등 시 가산세 부과

※ 자료: 각 캠프

▲ 그림 3-10 이낙연 후보의 부동산 공약

※ 자료: 국민일보, 부동산 정책 대결… 이재명은 "징벌" 이낙연은 "증세", 오주환 기자, 2021년 7월 7일 기사

급이 아닌 수요에서 발생하는 문제라고 확신하는 입장을 표명하였다. 그래서 주택을 포함한 부동산의 취득, 보유, 양도의 모든 과정에서 발생하는 불로소득이 불가능하도록 징벌에 가까운 강력한 규제의 필요성을 언급하며 부동산 문제 해결에 대한 강한 자신감을 내비치었다. 이를 실현할 수 있다고 확신하는 정책이 부동산감독기구를 신설하고, 국토보유세를 부과하겠다는 공약이다.

또한 '기본주택'으로 명명되는 고품질 공공임대주택을 확대하겠다는 공급정책도 발표하였다. '기본주택'은 30년 이상 장기공공임대주택을 무주택자에게 공급하는 정책이다. 이재명 후보는 대통령 임기 5년 중 250만 호를 공급하고 그중 100만 호는 기본주택으로 짓겠다는 계획이다. 정치권에서도 지나친 포퓰리즘적 발상이라는 지적이 나오고 있다.

이재명 후보의 부동산 공약에 대해 부동산 관계 전문가들은 이낙연의 부동산 공약 못지않게 큰 문제점이 있다고 지적하고 있다.

먼저 기본주택에 대해서는 여러 전문가가 수도권 내 부지확보에서부터 실현가능성을 낮게 보고 있다. 그럴 뿐만 아니라 공공임대주택 특성상 수익성이 낮아 재원확보가 가장 큰 걸림돌로 작용해 온 상황에서 연간 44조 원의 재원확보 수준으로는 기본주택을 성공적으로 추진하는 것은 사실상 실현 가능성이 매우 낮을 것이라는 지적이다.

징벌적 규제 강화에 있어서도 지금까지 정부에서 주택소유자에게 시행해 왔던 여러 가지 세금 강화 정책이 임차인에게 전가되어 왔던 것처럼, 국토보유세

이재명 부동산 공약

공급정책 (기본주택)
• 무주택자에 30년 장기임대주택 100만가구
• 월 60만원에 33평 역세권 아파트 임기 내 전국 250만가구 공급

규제정책
• 국토보유세 부과
• 비필수 부동산 대출 만기연장 제한

▲ 그림 3-11   이재명 후보의 부동산 공약

※ 자료: 이데일리, 이재명표 기본주택 실현가능성 있나?...전문가 "재원,택지 부족", 신수정 기자, 2021년 8월 9일 기사

를 부과해도 결국 피해는 임차인에게 전가되어 정책 목표와는 달리 서민의 피해만 커지는 상황으로 전개될 가능성에 대한 우려가 제기되었다.

기본주택 공약

개요	**역세권 등에 충분한 면적 30년 이상 장기공공임대주택**
	대상: 중산층 포함 무주택자 누구나
	규모: 임기 내 100만호

재원	**연간 44조원 소요(매년 20만호)**
	-주택도시기금 여유자금(55조 7000억원)
	-공공임대주택 담보대출
	-공사채·펀드·자산유동화증권(ABS) 등

● **이재명 경기지사**
"네 가족이 역세권 33평형짜리 집에서
월세 60만원에 평생 살 수 있게 하겠다."

● **정세균 전 국무총리**
"분당 신도시 10개에 해당하는 토지를 어떻게 확보할 계획인지
모르겠다. 봉이 김선달이나 가능한 얘기다."

● **유승민 전 의원(국민의힘)**
"저런 유토피아는 공산주의 국가에서도 돈이 없어서 못 해낸 일이다."

▲ **그림 3-12** 이재명 후보의 부동산 공약

※ 자료: 더 중앙, 이재명의 배짱…'기본 시리즈' 난타 당해도 "계속 포퓰리즘", 오현석 기자, 2021년
8월 15일

이재명 부동산 정책에 대한 전문가 의견

주요내용	전문가의견
기본주택	
무주택자에 30년 장기임대주택 100만호	권대중 명지대 교수 "수도권에 대규모 택지가 없어 실현 어렵다"
월 60만원에 33평 역세권 아파트	서진형 경인여대 교수 "연 44조원으로는 역세권에 건축 불가능"
임대주택 담보대출 등으로 재원 확보	이창무 한양대 교수 "현재도 교차보조로 임대주택 겨우 지어. 비현실적" 서진형 교수 "공공주택은 수익 안 나는 모델이라 불가능한 조달구조"
임기 내 전국 250만호 공급	강정규 동의대 교수 "공급량은 긍정적. 비수도권에 짓는 건 의미 없어"
부동산 규제 강화	
모든 토지에 국토보유세 부과	이창무 교수 "국토보유세가 보유자 아닌 임차인에게 전가될 것"
비필수 부동산 대출 만기연장 제한	김진수 건국대 교수 "비필수 부동산과 실거주·업무용 구분 모호. 과세대상 확정 어려워"

▲ 그림 3-13 이재명 후보 부동산 정책에 대한 전문가 의견

※ 자료: 더 중앙, 이재명·이낙연 부동산공약 경쟁, 전문가들은 "비현실적" "강남 집값 더 뛸 것", 김효성 기자, 2021년 8월 6일

06

정부와 여당 대선후보
주택정책의 한계

정부와 여당 대선후보들의 주택정책 분야와 관련한 정책을 살펴본 결과 앞으로도 주택가격 안정이라는 문제가 해결될 것이라는 확실한 기대감을 주는 정책은 보이지 않는다. 과거 정책의 재탕, 주택시장에 대한 본질을 이해하지 못한 채, 오직 서민과 취약계층의 표심만을 바라는 편향된 주택정책 등에서 공정한 무엇을 기대할 수 있겠는가!

지금까지 살펴보았던 정부와 여당 대신후보의 주택공급 정책은 파격이나 혁신과는 거리가 멀다. 앞서 언급했었던 부동산 투기억제를 유지하며, 그 안에서 해법을 찾아내는 모양새이다.

정치와 부동산을 불가분 관계라고 보고 있는 더불어민주당은 그들의 텃밭인 서민층의 표심을 위해서는 오로지 일관된 규제정책 기조를 유지하며, 서민만을

[정부 및 여당 대선후보의 주택공급 정책 (분양형 주택) 비교]			
구분	누구나집 (더불어민주당 송영길 대표)	지분적립형 (홍남기 부총리)	기본주택 분양형 (이재명 대선후보)
분양 전환 시점	10년 뒤	20 ~ 30년	입주 즉시
분양가 대비 초기 자금	6 ~ 16%	10 ~ 25%	80%
월평균 임대료	38만원 (분양가 3억 5천만원)	29만 5천원 (분양가 5억원)	33만 7천원 (분양가 5억원)
불로소득 공유	5대5로 공유	지분 비율로 공유	불로소득 최소화
제도화 단계	6월 10일 여당에서 주택공급방안 발표	입법예고 중	제도화 추진 중
공급지역	인천, 안산, 화성, 의왕, 파주, 시흥	서울	미정
공급물량	1만 785호	1만 7천호	미정

▲ 그림 3-14 정부 및 여당 대선후보의 주택공급 정책(분양형 주택) 비교

※ 자료: 한겨례신문, "누구나집·지분적립형·기본주택..내게 맞는 '주거 사다리'는?", 진명선 기자,
2021년 6월 21일

위한 정책을 확대하고 강화해 나가겠다는 생각은 아이러니칼 하게도 결과적으로 서민들에 큰 부담으로 작용하고 있다. 왜냐하면 실패를 인정하고 되돌린다면, 사회주의적 정책을 포기해야 하는 딜레마에 빠짐으로 자신들이 굳게 지켜온 이데올로기를 수정해야 하는데, 그러는 순간 지지층을 잃어버릴 것이라는 두려움이 앞서기 때문이다.

현재 더불어민주당의 가장 유력한 대선후보로 언급되는 이재명 후보의 기본주택도 새롭다기보다는 기존의 임대주택 정책을 짜깁기해놓은 수준 정도로밖에 느껴지지 않는다.

2022년 3월 9일에는 대한민국 제20대 대통령 선거가 시행될 예정이다. 정치와 부동산의 상관관계를 고려할 때 주택정책은 내년 선거에서 판세를 가를 가장 중요한 이슈 중의 하나가 되었다. 역대 대통령 선거에서는 찾아보기 어려웠던 주택시장의 이슈가 가장 중요한 대선공약의 핵심이 되었다는 것 자체가 문재인 정부의 주택정책 실패에 대한 국민의 분노가 폭발하고 있음을 방증해 주는 것이다.

그런데도 지금까지 여당후보의 대선공약 내용은, 문재인 정부의 2탄에 불과한 주택정책이라는 비판을 피할 수 없다. 지킬 것은 지키고, 버릴 것은 버려야 함에도 여전히 버릴 것조차 껴안고 있는 정부와 여당의 상황은 너무도 답답할 뿐이다.

[기본주택 임대형과 기 추진중인 임대주택 정책 비교]			
구분	기본주택	공공임대	중산층 임대
사업시행자	공공주택 사업자	공공주택 사업자	민간 임대사업자
주택소유	공공	공공	민간
입주자	무주택자 누구나	소득, 자산, 나이 제한	무주택자 누구나
임대료	임대주택 운영비 수준 *기준 중위소득 20% 이내	시세의 30~80%	시세의 95% 이내
운영기간	30년 이상	30년 이상	20년 이상

▲ 그림 3-15 기본주택(임대형)과 기 추진중인 임대주택 정책 비교

※ 자료: 매일경제, "기본소득이어 '기본주택' 들고나온 경기도", 지홍구 기자, 2020년 7월 21일

지금까지 살펴본 문재인 정부 26번의 주택정책과 향후 정부와 여당, 그리고 여당 대선후보가 지향하고 있는 주택정책을 살펴보았음에도 진정으로 주택시장에 대한 해법은 매우 미흡하다는 결론을 내릴 수밖에 없다.

　따라서 본서에서는 개혁 수준에 가까운 주택정책을 통해 대한민국 주택시장의 근본을 바꾸는 대수술처럼 체질과 골격을 바꾸는 대안을 찾고자 한다. 이야말로 공정한 대한민국, 공정한 주택시장으로 향하므로 대한민국 국민 모두가 집 걱정 없이 살 수 있고, 주택으로 발생하는 불안과 공포가 더는 국가적 화두가 되지 않도록 실질적 해법을 제시하고 있다.

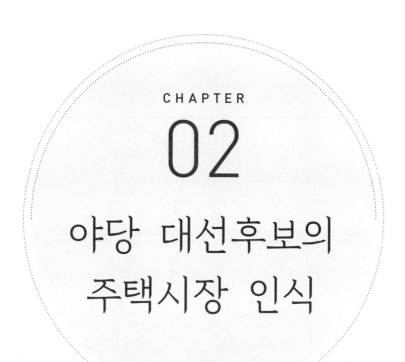

CHAPTER

02

야당 대선후보의
주택시장 인식

01 윤석열 후보의 온고지신(溫故知新) & 줄탁동시(啐啄同機)식 주택정책

국민의힘의 유력 대선후보인 윤석열 후보는 2021년 8월 말에 첫 대선 공약으로 주택정책을 발표했다. 윤석열 후보가 발표한 주택정책의 핵심은 크게 공급확대, 세금완화, 청년지원 3가지 분야이다.

공급확대 관련 정책은 5년간 전국에 250만호의 주택을 공급하고, 그중에서 거주수요가 높은 수도권에 130만호를 공급하겠다는 것이다. 또한 현재 과도한 규제가 시행되고 있는 재건축, 재개발 사업에 대한 규제완화와 용적률 인센티브 제도를 통해 도심지역 내 민간주택 공급을 활성화시키겠다고 하였다.

▲ 그림 3-16   윤석열 후보의 주택정책

※ 자료: 뉴스웨이, [대선후보 부동산 공약 검증 ①윤석열]규제 완화에 공급 늘린다는데…재원조달 '글세', 김소윤 기자, 2021년 9월 2일 기사

세금완화 관련 정책은 현재 종합부동산세를 전면 재검토하고 양도소득세를 완화하겠다는 내용 또한 담겨있다. 특히 1가구 1주택자에 대한 재산세 부담은 경감하겠다는 내용과 함께 무주택자의 서민주거 불안정 상황을 가속화시킨 임대차 3법에 대해서도 혼란을 주지 않는 범위 내에서 제도 수정이 필요함을 언급하였다.

그리고 청년지원 관련 정책으로는 청년 원가주택 30만 가구와 역세권 첫집 주택 20만 가구가 핵심적인 정책이다. 청년 원가주택은 정부가 고밀도·대규모로 직접 건설한 주택을 청년에게 건설 원가로 공급한다는 것이며, 5년 이상 거주 후 정부에 되팔 수 있고, 가격 상승분의 최대 70%까지 청년들에게 시세차익을 제공한다는 내용이다. 역세권 첫집 주택도 공급가격을 시세의 50~70% 수준으로 제공하는 내용으로 역세권 민간 재건축 단지의 용적률을 300%에서 500% 정도로 높여주고 인센티브를 통해 발생하는 추가이익의 50%는 공공 기부채납 방식을 시행하겠다는 내용이 주요 골자이다. 뿐만 아니라 현재 무주택자인 청년층과 신혼부부 등에 대해서는 LTV를 80%까지 완화하고, 저리 융자, 자본이득 공유형 무이자대출 등의 금융지원책을 마련하여 청년세대의 내 집 마련을 지원하겠다는 내용이 포함되어 있다.

윤석열 후보의 대선 1호 공약이라고 하는 주택정책을 살펴보면 온고지신(溫故知新)과 줄탁동시(啐啄同機)라는 사자성어가 떠오른다. 사실 공급확대 및 세금완화 관련 정책은 현 정부의 과도한 규제정책 시행에 대해 많은 전문가나 시장에서 지속적으로 개선의 필요성을 제기한 내용과 유사한 부분이 많다. 결국 윤석열 후보는 현재 주택시장 활성화를 위한 기존의 여러 가지 대안과 해법을 참고하여 자신만의 주택시장 안정화 해법을 제시한 모습이다. 이러한 측면에서 온고지신(溫故知新)식의 주택정책을 시행하는 듯한 느낌을 받게 된다. 반면 현재 20~30대 청년들, 그리고 MZ세대까지 현재 대한민국 사회가 보여주고 있는 주택시장의 문제들, 내 집 마련에 대한 사회적 박탈감과 소외감 등을 정부가 적극적으로 나서서 도와주고자 하는 청년지원 관련 정책은 줄탁동시(啐啄同機)의 관점에서 청년세대와 주택시장 전반을 위한 주택정책 해법 대안이라는 생각이 든다.

이러한 윤석열 후보의 주택정책 공약은 여당의 유력한 대선후보인 이재명 후보와 뚜렷한 차이점을 확인할 수 있다.

이재명 후보의 경우 무주택자 누구에게나 주택을 공급한다는 기본주택 이라는 핵심공약으로 서민주거 안정의 대표정책을 발표하였다. 하지만 그 외의 정책은 모두 규제 일변도의 정책이며, 현재 문재인 정부가 추진해왔던 규제 정책보다 더 강력한 징벌적 규제를 지향하는 정책 내용은 윤석열 후보의 규제 완화와는 확실히 차이가 있다. 규제완화의 시그널은 무시한 채 독불장군(獨不將軍)식, 분서갱유(焚書坑儒)식의 주택규제 정책에 대해 많은 전문가의 우려가 제기되고 있다. 기본주택마저도 국가재정을 무시한 정책이라고 비판이 많다.

반면 윤석열 후보의 경우 무주택자에 대한 주택공급 지원 정책은 기존 서민정책에 청년세대층을 위한 정책이 확대된 개념으로서 정부에서 기본적으로 서민주택 안정화라는 주택정책을 추구하는 방향에 대해서는 이재명 후보와 방향성은 같다고 볼 수 있다. 하지만 현재 문재인 정부에서 실패한 주택정책에 대해 규제 완화라는 카드로 주택시장의 안정화를 도모하겠다는 의지는 이재명 후보와는 180도 다른 관점이다. 부동산 전문가들은 윤석열 후보가 발표한 주택정책

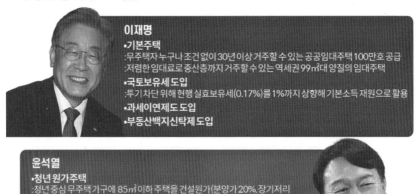

부동산 공약 주요 내용

이재명
- **기본주택**
  : 무주택자 누구나 조건없이 30년 이상 거주할 수 있는 공공임대주택 100만호 공급
  : 저렴한 임대료로 중산층까지 거주할 수 있는 역세권 99㎡대 양질의 임대주택
- **국토보유세 도입**
  : 투기 차단 위해 현행 실효보유세(0.17%)를 1%로 상향해 기본소득 재원으로 활용
- **과세이연제도 도입**
- **부동산백지신탁제 도입**

윤석열
- **청년 원가주택**
  : 청년 중심 무주택가구에 85㎡ 이하 주택을 건설원가(분양가 20%, 장기저리 원리금 상환 80%)로 30만호 공급
- **역세권 첫집주택**
  : 청년·신혼부부에 시세의 50~70% 수준으로 공공분양주택 20만호 공급
  : 역세권민간재건축단지 용적률 상향 조정, 토지임대부 방식으로 공급
- **1주택 1가구에 보유세 완화, 양도세율 인하**
- **청년층·신혼부부 주택담보대출비율(LTV) 80%로 인상**

[그래픽=김아랑 미술기자] ◉ NEWSPIM

▲ 그림 3-17   윤석열 후보와 이재명 후보의 주택정책 비교

※ 자료: 뉴스핌, [심층분석] 이재명 '기본주택' vs 윤석열 '원가주택', 부동산공약 뜯어보니.., 이지율 기자, 2021년 9월 19일 기사

에 대해 규제완화 관련 정책에 대해서는 긍정적인 반응이 높은 상황이라는 점에서 주택시장 안정에 효과적인 해법이 될 수 있을 것으로 기대가 되는 부분이다.

물론 윤석열 후보가 1호 공약으로 발표한 주택정책이 완벽할 수는 없을 것이다. 여당 쪽 관계자나 여당 성향을 가진 부동산 전문가들은 포퓰리즘 정책이라고 비판을 하는 입장이다. 하지만 윤석열 후보가 1호 공약을 발표하면서 마지막에 언급했던 것이, 본 공약 외에도 많은 전문가들이 좋은 의견을 주시면, 그 내용을 반영하겠다고 하였다. 결국 시기적으로 주택정책 공약 발표의 필요성으로 현재 준비된 내용을 중심으로 주택정책을 발표한 상황이라고 보여진다. 앞으로 지속적인 주택시장 내 상황을 파악하고, 주택정책을 보완해 나가겠다고 직접 언급하였으니, 향후 추가 주택정책 발표를 하게 될 때는 주택시장을 안정화시키는 좋은 정책, 그리고 윤석열 후보만이 할 수 있는 새로운 주택정책이 보완될 수 있기를 기대해 본다.

02 야당 경선후보의 주택정책

국민의힘의 대선후보는 2021년 11월 9일에 확정되는 일정으로 경선 레이스를 진행 중이다. 현재 국민의힘에서는 윤석열 후보 외에도 홍준표 후보, 유승민 후보, 최재형 후보, 원희룡 후보가 주택시장 안정화를 위한 주택정책을 각자 발표하였다.

국민의힘 대선후보들이 발표한 주택정책은 대부분 주택공급 확대에 초점을 맞추고 있는데, 윤석열 후보를 포함한 주요 대선후보의 주택정책 공약을 살펴보면 [그림 3-18]과 같다.

홍준표 후보의 경우 쿼터아파트가 주택정책 공약의 핵심내용이다. 서울의 강

국민의힘 대선 주자들의 주택 공급정책

윤석열	청년원가주택	청년 중심 무주택 가구에 85㎡ 이하 주택을 건설 원가로 공급
	역세권 첫집주택	역세권 민간 재건축 단지, **저활용 국공유지 고밀 개발** 토지임대부 방식으로 공급
홍준표	쿼터아파트	공영 재개발 방식, 토지임대부 주택분양제도를 도입해 서울 강북지역 **4분의 1가격** 아파트 공급
유승민	희망사다리 주택	수도권 공공임대주택 **50만호** 건설, 한국토지주택공사(LH)를 주거복지공사로 개편해 임대주택 재건축
		용적률 400% 완화로 도심 재개발·재건축 촉진, 수도권 **100만호** 공급
원희룡	반값주택	9억원 이하 생애 첫주택 매입하면 **정부가 구매비용 50% 부담**, 지분 공동보유

▲ 그림 3-18 국민의힘 대선후보들의 주택 공급정책 비교

※ 자료: 한겨레, 원가주택·쿼터아파트·반값주택…야당, 요란한 '이름표 경쟁', 김미나 기자, 2021년 9월 2일 기사

북지역에 대규모 재개발 사업을 추진하여 현 시세의 25%(1/4) 수준의 아파트를 공급한다는 내용이다. 이 정책은 모든 토지를 국유화해서 토지 임대부 주택공급 정책을 시행한 싱가포르 주택정책에서 모티브를 가져왔는데, 홍준표 후보는 우리나라의 주택시장 상황을 고려하여 기부채납을 받은 토지 또는 공영개발로 재건축을 진행하는 토지에 한해서 도입하겠다고 하는 상황이다.

유승민 후보의 경우 희망사다리 주택이 주택정책 공약의 핵심이다. 수도권 민간주택 100만호를 신속히 공급하겠다는 목표를 가지고 현재 강력한 규제 속에 사업추진이 제대로 되지 않고 있는 민간 재건축·재개발 사업에 대한 규제완화를 통해 활성화시키겠다고 하였다. 그리고 도시 용도구역을 재조정하고 고밀도 주택공급을 촉진하겠다는 다소 공격적인 주택공급 정책을 발표하였다. 뿐만 아니라 수도권에 공공임대주택 50만호를 건설하고 한국토지주택공사(LH)를 주거복지공사로 개편하여 슬럼화된 임대주택을 재건축하겠다는 방안도 함께 제시한 상황이다.

원희룡 후보도 반값주택이라는 이름으로 주택정책을 발표하였다. 최재형 후보와 정책이름은 동일하지만, 생에 첫 주택 구입자가 9억원 이하의 주택을 구매할 경우 정부가 구매비용의 50%를 부담하고 지분을 공동보유하는 방식으로, 반반주택이라고 불리우기도 한다.

이 외에도 국민의힘 대선 후보들은 주택 금융정책, 주택 세금정책 등에 대해서도 각자의 공약을 발표하였는데, 큰 틀에서 보면 주택정책의 방향이 규제완화와 청년 세대들을 위한 공급확대 정책에 초점이 맞추어져 있어, 정책추진의 방법의 차이만 다를 뿐 윤석열 후보를 포함한 국민의힘 대선후보 모두가 주택시장 해법을 위해 필요한 정책적 시각은 공통점이 많다고 할 수 있다.

03 야당과 여당 대선후보 주택정책의 차이

 지금까지 여당과 야당의 대선후보들의 주택정책을 살펴보았다. 여당과 야당 관계없이 모두 주택공급 대책이 중요성에 초점을 맞추고 있다는 점은 공통점이라고 할 수 있다. 하지만 여당과 야당의 주택공급을 위한 정책 추진 방향에서는 뚜렷한 차이점이 확인된다.

 야당 대선후보의 주택공급 확대는 규제완화를 통해서 민간 주택공급 활성화

▲ 그림 3-19 야당 대선후보들과 여당 대선후보들의 주택정책 차이

※ 자료: 매일경제, 與 '아니면 말고식' 공공주택 치중…野 '민간 재개발'로 차별화, 박인혜·문재용 기자, 2021년 9월 5일 기사

의 필요성을 강조하고 있고, 이와 함께 금융과 세금 관련한 규제완화에도 적극적인 해법을 발표하였다. 야당 대선후보들의 정책은 2022년 3월 대통령 선거에서 당선되면 즉각적인 정책 시행을 통해 빠른 시행이 가능할 수 있는 부분이다.

반면 여당 대선후보들은 규제완화에 있어서는 대부분 특별한 정책을 발표하지 않고, 국·공유지 개발을 통한 주택공급에 초점이 맞추어져 있다. 하지만 국·공유지 개발 대상지가 이전을 위해 넘어야 할 산이 많고, 크게 새로울 것이 없는 기존에 추진이 제대로 되지 못한 지역을 대상으로 한다. 군부대, 교도소 등 언젠가는 이전해야 하는 장소들이기는 하지만 이전 준비에서 개발을 통한 입주까지 소요되는 시간이 너무 오래 걸리게 되어 정책 시행의 결과가 오래 걸릴 것이라는 점에서 현재 주택시장 안정화를 위해서는 실효성이 낮을 것이라고 생각이 되는 부분이다.

내년 3월이면 문재인 정부에서 실패한 주택시장 안정화 문제를 해결할 새로운 대통령이 선출될 것이다. 그리고 최우선적으로 주택시장 안정화를 위한 대책을 발표할 것이 자명하다. 여당이나 야당 대선후보 중에서 누가 당선될지는 그 누구도 모르는 상황이지만, 어느 후보가 대통령이 되더라도 부디 문재인 정부에서 실패한 주택정책을 답습하지 않고, 현재 주택시장에서 나타나고 있는 여러 가지 문제들을 성공적으로 해결할 수 있는 정책이 시행하여, 주택시장 안정화를 실현한 대통령으로 기억될 수 있기를 바란다.

CHAPTER

03

파사현정(破邪顯正)의
대수술

01 극단적 규제 타파로 시장균형 (市場均衡)적 주거안정 도모

　문재인 정부는 2017년 6월 19일에 첫 번째 주택정책을 발표를 시작으로 2021년 8월 30일까지 총 26번의 주택정책을 발표하였다. 그리고 그 26번의 주택정책은 아래의 표에 표시된 것과 같이 가격안정정책이라기보다 투기억제정책 위주의 '몰방된' 극단적 규제정책으로만 시행되어 온 것을 확인할 수 있다. 공급 정책으로는 서울지역의 주택공급 부족에 대한 시장상황을 뒤늦게 인식하고 3기 신도시 개발 정책을 시행한 것이 거의 유일하다.

　문재인 정부는 자신들이 집값을 잡을 수 있다는 어리석음에 빠져 역대 정부에서도 찾아보기 어려운 극단적 규제정책을 일관성 있게 시행한 결과, 본인들 스스로 주택정책의 실패를 인정하는 상황을 초래했다. 역대 정권은 그 성향에 따라 가격안정 정책이나 경기 활성화 정책을 주도적으로 시행하고, 필요한 경우에는 즉시 시장을 조율하는 주택정책의 병행하여 이루어졌었으나, 문재인 정부에서는 그러한 방법을 사용하지 않았다. 아니 사용하지 않으려고 했다는 표현이 더 적절할지도 모르겠다.

　문재인 정부에서 주택정책의 실패를 인정하게 된 이유는 단순하다. 26번의 주택정책 시행에도 불구하고 주택가격은 폭등했기 때문이다. 2020년 7월을 기점으로 서울시 아파트 중위 가격이 10억을 돌파하는 상황을 초래하였다. 1월에 9억을 넘어서고 불과 6개월 만에 1억이 오른 것이다. 2021년에도 계속 상승하였으니 문재인 정부의 26번의 부동산 대책은 무용지물이었던 것이다.

　서울의 경우 아파트 중위 가격 상승률이 60%를 넘어선 것으로 나타났으나, 국민이 체감하는 상승률은 그 이상이다. 강남 3구와 강동구, 동작구 그리고 마포구, 용산구, 성동구를 비롯한 강북 한강변 및 도심지역에서는 상승률이 대부분 100%를 넘었고, 특히 서민용 20평형대 아파트는 150%에 육박하였다. 이러한 비

[문재인 정부의 26번 주택정책의 극단적 투기억제 정책 현황]

주택정책 유형			문재인 정부의 26번 주택정책					
			주택정책 시행 제도	2017년	2018년	2019년	2020년	2021년
가격안정 정책 (투기 억제 정책)	수요억제	거래규제	주택거래신고제	O				
			조정대상지역 지정	O	O		O	
			투기과열지구 지정	O	O		O	
			투기지역 지정	O	O			
			청약자격 제한	O		O		
			분양권 전매제한	O		O	O	
		조세강화	부동산 관련세의 과표 현실화		O	O	O	
			취득세, 종합부동산세, 양도세 강화	O	O	O		
			재산세 강화	O	O	O		
		금융규제	주택담보 인정비율(LTV)규제	O		O	O	
			총부채 상환 비율(DTI)규제	O				
			기존 DTI에 원금을 포함한 신DTI규제		O			
			총체적상환능력 비율(DSR)규제		O			
	공급규제	공급확대	신규 분양 및 임대주택 공급	O	O			
		공급억제	재건축, 재개발 관련 규제 강화	O	O	O	O	
			수도권과밀억제권역 내 소형 주택건설 의무화					
	부동산 공개념제도		개발이익 환수제		O			
			채권입찰제 및 가격 제한					
	등기관리		실거래가 신고 의무제			O		
	기타		분양가 상한제 도입			O		
			부동산중개업 관리 강화			O		
			투기단속 및 투기관련자 제재	O		O	O	
			세무조사 및 자금출처 조사	O		O	O	
경기 활성화 정책 (경기 부양 정책)	수요증진	거래 활성화	주택거래신고제 폐지					
			청약자격 완화					
			분양권 전매제한 완화					
		자금지원	구입자금 및 전세자금 지원					
			금리 인하, LTV및 DTI규제 완화					
		조세감면	취·등록세, 종합부동산세, 양도세 감면 및 면제	O				
			재산세 감면 및 면제	O				
	공급확대	공급규제 완화	주택건설 및 공급 규제 완화			O	O	
		신규개발	신도시 및 택지지구 개발계획		O	O	O	O
	기타		분양가 상한제 폐지					
			건설사자금 및 신용보증 지원등					
서민 주거 안정	주택자금 지원		전세자금 지원금 확대 및 금리 인하	O	O	O	O	
	임대주택 활성화		임대주택 건설용지 확대	O	O	O	O	
			임대주택 건설지원	O	O	O	O	

▲ 그림 3-20 문재인 정부가 시행한 26번의 극단적 규제 주택정책

※ 자료: 우리나라 주택정책 유형에 대해 문재인 정부의 26번 주택정책 시행내용 연구진 정리

정상적인 집값 상승은 폭등 수준이라고 표현할 수밖에 없다.

경실련에서도 문재인 정부의 무능한 주택정책에 대한 강력한 비판을 쏟아 냈었고, 작년 2020년 12월에는 경기도 아파트에 대한 가격상승 분석 결과를 토대로 문재인 정부의 주택정책 개선을 촉구했고, 2021년 3월에는 서울시 아파트 가격상승 분석 결과를 바탕으로 개혁에 가까운 주택정책 변화를 주장했다.

결국 실패로 끝난 문재인 정부의 주택정책은 내년에 새롭게 들어설 정권에게 반면교사(反面敎師)가 되고 있다. 대선주자 경선을 진행하고 있는 상황에서 여당과 야당 대선 예비후보 모두 앞다투어 문재인 정부와는 다른 주택정책을 발표하고 있으며, 저마다 주택시장 안정을 확실하게 할 수 있다는 근거 없는 공약을 남발하고 있다.

부디 내년에 새롭게 들어설 정권에서는 문재인 정부에서 확증된 극단적인 주택정책은 절대 반복하지 않기를 기대한다. 그것이 규제 정책이든 완화 정책이든 시장적 균형의 주택정책을 시행하지 않는다면 그에 따른 피해와 고통은 모두 국

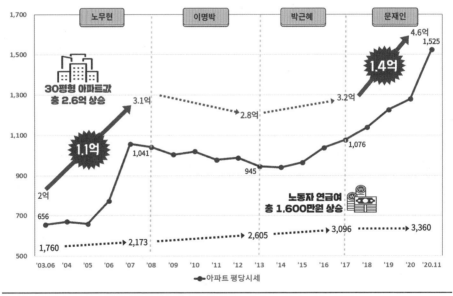

▲ 그림 3-21   역대 정권별 경기도 67개 표준지 아파트 가격 변동 현황

※ 자료: 경실련, 경기도 표준지 소재 아파트 67개 단지 6만 가구 시세변동 분석결과 발표자료, 2020년 12월 22일

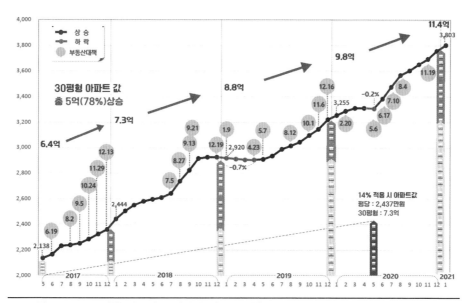

▲ 그림 3-22 문재인 정부의 주택정책 발표와 서울시 아파트 가격 변동 추이

※ 자료: 경실련, 문재인 정부 4년, 서울 아파트 시세변동 분석결과 발표자료, 2021년 3월 3일

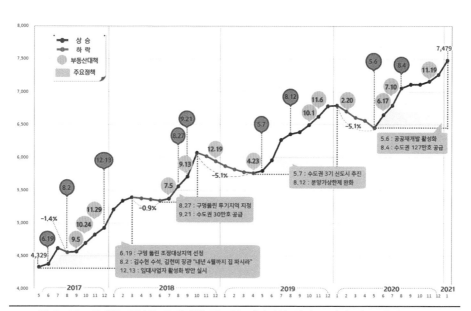

▲ 그림 3-23 문재인 정부의 주택정책 발표와 강남지역 아파트 가격 변동 추이

※ 자료: 경실련, 문재인 정부 4년, 서울 아파트 시세변동 분석결과 발표자료, 2021년 3월 3일

민에게 돌아간다는 것을, 2017년 6월부터 현재까지 4년이 넘는 시간 동안 너무도 힘들게 경험하고 있으니 말이다.

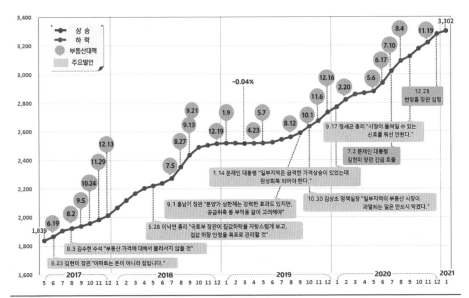

▲ 그림 3-24 문재인 정부의 주택정책 발표와 비강남지역 아파트 가격 변동 추이

※ 자료: 경실련, 문재인 정부 4년, 서울 아파트 시세변동 분석결과 발표자료, 2021년 3월 3일

02 서민 및 취약계층 중심의 주택정책 편향탈피(偏向脫皮)

서민층이나 취약계층을 위한 주거복지 정책은 필요하다. 이들을 위한 주거복지 정책은 노태우 정부에서 영구임대주택을 공급하면서 본격적으로 시행되었다. 그리고 현재 문재인 정부에 이르기까지 공공임대주택 유형만 달라졌을 뿐 서민층 및 취약계층을 위한 공공임대주택은 서민 주거 안정의 필수정책으로서 지속되어 왔다.

히시반 2000년대 중반 주택가격 버블 현상, 2008년 말 글로벌 금융위기 이후 주택가격 폭락 현상 등의 과정을 겪게 되면서, 이른바 '하우스 푸어', '전세 푸어'

[역대 정부의 공공임대주택 공급정책 변화]

구분	89년~20년 주요 내용
영구임대	19만호 (89~92) / 09년부터 재개
공공임대	50년 (93~97), 5년 (94) / 10년 (04~)
국민임대	99년 최초도입 / 03년부터 100만호 확대
매입임대	04년 최초도입
전세임대	05년 최초도입
장기전세	07년 SH 최초도입, LH도 공급
행복주택	행복주택(13~) 14만호
평생주택	20년

노태우 정부	문민 정부	국민의 정부	참여 정부	이명박 정부	박근혜 정부	문재인 정부
(88년 ~ 92년)	(93년 ~ 97년)	(98년 ~ 02년)	(03년 ~ 07년)	(08년 ~ 12년)	(13년 ~ 16년)	(17년 ~)
주택 200만호 건설 - 분양 150만호 - 영구 25만호	50년/5년 공공임대 주택 활성화 민간건설 지원	국민임대 도입 규제완화 추진	국민임대 100만호 매입전세 임대 주거복지정책 주력	보금자리 150만호 - 자가소유촉진 정책	행복주택 공급 추진 바우처 도입 보편적 주거복지 실현	공적주택 100만호 (20년 ~) (85㎡/30년/중산층)

▲ 그림 3-25 1960년대~2000년대 정부의 부동산 정책의 변화

※ 자료: GH 기본주택 홈페이지를 참조하여 재구성

CHAPTER 03 파사현정(破邪顯正)의 대수술 213

라는 계층들이 발생하게 되었음에도, 공공주택이 서민층이나 취약계층에 대해서만 편향되어, 중산층, 청년층 계층 등의 주거복지에 대한 소외감이 발생한 것은 주지의 사실이다.

정부도 이러한 부분에 공감하고 정책 소외계층에 대한 주거복지를 실현하고자 특별공급 등의 형태로 더욱 많은 계층에게 공공임대주택을 공급하는 주거복지 정책을 추진하기 시작했다.

박근혜 정부에서는 기업형 임대주택이라는 민간이 공급하는 양질의 임대주택 정책을 시행하여 중산층을 대상으로 하는 민간임대주택 공급정책도 전개하였으나, 민간기업에 대한 낮은 수익률 특성으로 인해 민간의 참여가 저조하여 큰 성과를 거두지 못하였다. 또한 행복주택 정책을 시행하여 청년과 신혼부부 등 20~30대를 위한 주거복지 주택정책을 시행하였고, 현재에도 지속되고 있지만, 수요를 충족시키기에는 역부족인 상황이다.

현재의 공공주택 공급 중심의 주택정책이 서민층 및 취약계층을 위한 공공임대주택 공급량에 비교해서 특히 청년층, 신혼부부에 대한 공급량은 아주 부족하고, 소득분위로 나누는 현재의 공공임대주택 공급기준에 속하지 않은 상당수의 내집마련계층이나 주거 취약계층은 사회적 박탈감을 크게 느끼고 있다.

[역대 정부의 민간임대주택 공급정책 (민간 임대주택 등록제도) 변화]								
구분	2013년	2014년	2015년	2016년	2017년	2018년	2019년	2020년
박근혜 정부	민간임대사업자 지원 강화							
		민간임대사업자 지원강화						
			민간임대주택에 관한 특별법 제명 변경 (기업형 임대 활성화)					
문재인 정부					미등록 임대주택 양도세 비과세 요건 강화 / 임대등록 활성화 방안			
							등록임대주택 관리 강화방안 / 임차인 보호 및 관리 강화	
								단기임대사업자 및 아파트 매입임대 폐지

▲ 그림 3-26 1960년대~2000년대 정부의 부동산 정책의 변화

※ 자료: 국토교통부 보도자료를 참고하여 재구성

재원 마련의 한계로 인해 정부는 더 많은 공공주택 공급을 추진하지 못하자, 민간을 활용한 임대주택 정책을 본격적으로 시행하였으나 큰 성과를 거두지 못하였다. 특히 문재인 정부에서는 민간임대주택 사업자를 투기세력으로 몰아가며, 규제를 강화함에 따라 민간을 통한 임대주택공급의 축소 현상으로 나타나면서 공공의 주거복지 혜택을 받지 못하는 계층들의 주거 불안과 고통은 사회적 문제가 된 지 오래다.

　최근 LH 직원들의 내부 정보 투기사태와 공직자의 투기 문제로 인해 모든 국민이 우리나라를 불공정한 사회라고 느낄 수밖에 없게 되었고, 그 모든 불공정의 피해가 혜택을 받지 못하는 자신들에게 전가되는 것으로 인식하고 있다.

　그러므로 정부에서 진정한 주거안정을 위한 주택정책을 목표로 한다면, 지금까지 이어져 온 서민층 및 취약계층에 지나치게 편향된 주거복지정책을 개선할 필요가 있다. 이는 서민층 및 취약계층 중심의 주거복지 혜택을 줄이고 다른 계층에게 배분하자는 의미가 아니라, 주택시장 내 존재하는 다양한 수요층을 대상으로 주거복지 혜택을 확대해 나가자는 의미이며, 소외되는 계층을 최소화하고, 다양한 수요층에 따라 필요로 하는 맞춤형 주거복지 혜택을 확대해 나가야 한다는 것을 의미한다.

　이를 위해서는 재원 마련에서부터 풀어 나가야 할 과제가 많을 것이며, 쉽게 해결할 수 있는 문제도 아니라는 것을 알고 있다. 하지만 공정한 주택정책을 시행하기 위해서는 반드시 개선되어야 하는 중요한 주택정책의 하나이며, 반드시 해결해야 하는 어려운 숙제임이 분명하다. 그래서 본서의 저자들은 3편의 제3장에서 새로운 해법들을 다양하게 제시하고 있다.

03 공정한 주택시장을 위한 집권층과 공공기관의 환골탈태(換骨奪胎)

　내년 20대 대통령 선거의 화두로 주택문제 해결이 가장 중요한 이슈화가 된 것은 LH 사태로 촉발된 집권층과 공공기관의 부동산 투기 문제 때문이라고 해도 과언이 아니다. 정부와 여당은 2021년 4월 7일 치러진 서울시장과 부산시장의 보궐선거에서 주택문제로 인한 국민의 분노를 여실히 확인하였다.

　누군가는 말한다. 원래 세상은 불공정하고 불평등한 것이라고. 사실 이 말도 보는 관점에 따라 틀린 말은 아니다. 대한민국도 불공정하고 불평등이 존재하는 국가임을 부정할 수 없다. 하지만 대한민국을 이끌어가는 정부의 공직자들과 공공기관의 역할은 이러한 불공정함과 불평등함을 방치하지 않음으로써, 더욱 공정한 세상, 평등한 세상을 만들어나가는 노력을 해야 한다. 이것이 그들의 의무이자 책무이다.

　주택가격 폭등으로 서민들은 평생 집 한 채를 구하기 어려운 때에 자신들의 잇속만 채워왔던 그들만의 리그가 만천하에 드러나고 곪아 터지면서, 국민의 분노와 박탈감은 '벼락거지'라는 신조어를 만들어내었다. 뒤늦게나마 수습하기 위한 노력조차 지금까지 해왔던 것처럼 꼬리 자르기에 불과한 듯 보인다.

　근본을 바꾸지 않은 대증요법적일 뿐만 아니라 지난 정부 정책의 재탕식 미봉책 수준의 방안을 내놓기 급급하다. 언론발표는 거창한 혁신방안이지만 실제는 시간벌기 작전일 뿐이다. 환골탈태(換骨奪胎)와도 같은 근본적인 변화와 개선을 위한 노력이 필요한 시점임에도, 이번 LH 사태와 공직자 부동산 투기에 대한 조사 결과를 보면 너무 실망스럽다. 대장동 사건도 마찬가지이다.

부동산 투기 조사·수사 기관별 중간결과 ※5월 31일 기준

○ 정부 합동특별수사본부
구속 20명 (공직자 등 중점단속대상 13명 / 기획부동산 7명).
송치 529명, 보전조치 651억원

구속 및 송치 현황

공무원	고위공직자	2명 송치
	국가	22 (1명 구속)
	지자체장	1 (1)
	지방	15 (4)
의원	국회	–
	지방	3 (2)
공공기관	LH	5 (2)
	기타	6 (1)
공직자 관련	친인척	14 (1)
	지인	1 (1)
일반인 등	460 (7)	

몰수 추징·보전 현황

공무원	국가	22억 (2건)
	지자체장	3.5억 (1)
	지자체	167.9억 (5건)
	시·군의원	162.9억 (7건)
공공기관	LH공사	105.9억 (3건)
	기타 공공기관	6.8억 (3건)
	일반인	182.4억 (2건)

수사 진행 상황

LH 수사　직원 및 친인척·지인 151명 적발해 4명 구속, 126명 수사 중
공직자 투기비리　공직자 399명 내·수사해 9명 구속, 287명 수사 중
기획부동산 수사　업체 대표 4명 구속, 199명 수사 중

○ 검찰 전담수사팀 (최근 5년간 송치사건 전수조사)
총 14명 구속, 257억원 보전조치

○ 국세청 부동산 탈세 특별조사단 (1차 3기신도시 등 세무조사)
세금 탈루 적발 94건, 534억원 세금 추징 예정

○ 금융위 특별금융대응반 (4개 금융회사 현장점검)
불법대출의혹 43건, 67명 수사의뢰

▲ 그림 3-27　LH사태로 촉발된 부동산 투기의혹 수사의 중간결과 발표 내용

※ 자료: 연합뉴스, 정부, 646건 부동산 투기 수사 20명 구속, 2021년 6월 3일 기사

영화 내부자들에서 영화배우 백윤식이 말한 유명한 대사가 있다.

"맞습니다. 우린 끝까지 질기게 버티기만 하면 됩니다.
우리나라 민족성이 원래 금방 끓고 금방 식지 않습니까?
적당한 시점에서 다른 안줏거리를 던져주면 그뿐입니다.
어차피 그들이 원하는 건 진실이 아닙니다.
고민하고 싶은 이에게는 고민거리를, 울고 싶은 이에게 울 거리를,
욕하고 싶어 하는 이에게는 욕할 거리를 주는 거죠.
열심히 고민하고 울고 욕하면서 스트레스를 좀 풀다 보면
제풀에 지쳐버리지 않겠습니까?"

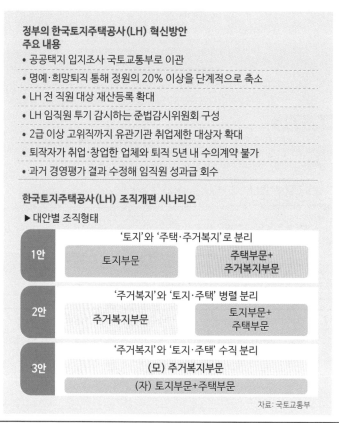

▲ 그림 3-28 한국토지주택공사(LH)의 혁신방안 주요 내용

※ 자료: 국민일보, LH사태 석 달만에 내놨는데 '알맹이'는 빠졌네?, 이종선 기자, 2021년 6월 3일 기사

"대중들은 개·돼지입니다.

적당히 짖어대다

알아서 조용해질 겁니다."

이번 중간조사 결과 발표나 LH 혁신방안을 보면 국민을 우롱하고 있다는 생각이 드는 것은 당연하고, 어영부영 시간을 끌다가 적당히 마무리 지을 것 같은 불길한 예감이 든다. 그리고 항상 불길한 예감은 틀린 적이 없기에 위 영화의 대사처럼 국민은 곧 조용해질 것이다. 내년에 선거만 없었다면 말이다.

내년 3월의 대통령 선거와 6월의 지방선거의 화두는 공정한 대한민국, 공정한 사회가 중요한 키워드가 될 것이다. 주택정책 또한 진정으로 공정한 주택정책의 길을 찾아서 만들어가야 하는 시대적 요구에 직면해 있다. 미래를 불투명하게 하는 포퓰리즘적 주택정책이 아니라, 미래를 투영하는 공정한 주택시장을 만들어가기 위해서는 정부와 공공기관, 그리고 공직자가 앞장서서 그 길을 개척해 나아가야 한다. 이것이 바로 후손에게 떳떳한 길이기 때문이다. 상전벽해(桑田碧海)와 같은 개혁적인 정책이 필요한 시점이다.

04 견인견지(見仁見智) 관점에서 주택시장 이해 및 주택정책 전환

견인견지(見仁見智)라는 사자성어는 "어진 이는 어진 점을 보고, 지혜로운 자는 지혜로운 점을 본다."라는 뜻으로, 사람에 따라 어떠한 일이나 상황을 보는 각도와 견해가 다르다는 것을 의미한다.

문재인 정부에서 시행한 26번의 주택정책은 독불장군(獨不將軍)식의 주택정책이었다. 다시 말해 주택시장의 상황을 객관적으로 인식하지 않고, 자신들만의 잣대로 평가하여 추진해 온 것이다. 마치 유아독존(唯我獨尊)식의 사고방식으로 주택정책을 추진해 온 것이다. 자신들이 보고 알고 있는 것만이 정답이라고 생각하며, 반민주적이고, 반시장적인 이데올로기와 미신에서 벗어나지 못하고 있기 때문이다.

밀턴 프리드먼이 이야기한 것처럼 지금의 상황은 한 마디로 정부의 실패이다. 좀 더 직설적으로 논하자면, "역대 정권 중 최악의 실패한 주택정책"의 꼬리표를 영원히 달고 다닐지도 모른다. "민주"라는 단어가 가지는 함의를 오랫동안 지키고, 대한민국에 정착시키고자 했었으면서, 정작 주택시장에 대해서는 "억압", "독재"식의 주택정책을 시행한 것은 도저히 이해하기 힘든 부분이다.

자유시장 경제를 추구하고 있는 대한민국에서 부동산 시장, 특히 주택시장에 대해서는 왜 자유시장 경제체제를 인정해 주지 않았을까? 현재 여당을 지지하는 세력층인 서민층, 무주택자 등을 위해서일까? 아니다. 집권층의 고정관념 때문이다. 그들은 불평등의 원인이 불로소득에 있다는 비과학적 미신에 사로잡혀 있다. 주택매매 차익이라는 불로소득을 없애려면, 그 이상의 새정을 쏟아부어야 한다는 것을 전혀 이해하지 못하고 있기 때문이다. 그렇게 하고서도 불평등 해소는커녕 가장 불평등한 나라가 바로 중국과 같은 공산주의 국가이다.

본서에서는 그 불평등에 대한 구체적 논쟁은 뒤로 미루고, 향후 대한민국 주택시장이 정상을 되찾고, 자유시장 경제체제에서 공정한 주택시장이 정립되기 위해 무엇이 필요한지 말해주고자 한다.

[그림 3-29]는 자유시장 경제체제에서의 주택가격 변동의 작동원리를 도식화해 놓은 것이다. 주택시장의 안정은 공급과 수요의 균형을 통해 이루어진다. 그러나 주택시장에 내재된 복합적인 요소들의 상호 작용으로 인해 균형 관계를 지속해서 유지하기는 어렵다. 오히려 공급과잉 현상이 발생하기도 하고, 공급부족 현상이 나타나기도 한다. 이 현상은 지구가 공전하고 자전하는 것과 같이 자연스럽고 일상적인 것들이다.

정부가 주택시장에서 의도적으로 균형 관계를 유지하려고 할수록 반드시 의도치 않은 결과를 가져온다. 지난 4년간 문재인 정부의 26번의 주택정책은 이 균형 관계를 만들어내기 위해 모든 수단을 동원했지만, 결국 실패한 원인이다.

자유시장 경제체제에서의 주택시장의 변동 원리에 대해 모를 리가 없겠지만, 이론적으로만 이해하고 실물 시장에 대한 체험은 부족했다. 시장 전문가의 목소리를 외면한 채, 그들만의 방식으로 주택시장을 통제하려고 했다. 부도덕한 민간에게 이익이 돌아가는 것을 용인하지 못한 저들의 부패는 더 추악한 모습으로

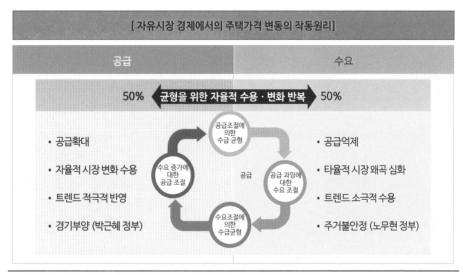

▲ 그림 3-29 자유시장 경제에서의 주택가격 변동의 작동원리

※ 자료: 연구진 직접 작성

나타났지만, 시간을 무기로 뭉개고 있는 모습이 여론의 비난을 통해 모든 국민에게 알려지게 되었다.

세계화 시대에 각국의 경제가 긴밀한 관계를 유지해 나가면서, 우리나라는 실패한 사회주의, 공산주의 기반의 국가를 반면교사로 삼고, 자연스럽게 자유민주주의와 자유시장 경제체제의 시장 경제에 순응해 나가고 있다.

대한민국의 주택시장 또한 글로벌 경제와 밀접한 관계 속에 있어 단순히 규제 일변도의 주택정책으로는 절대 주택가격 안정을 유지할 수 없다. 그러나 문재인 정부는 주택시장을 수요 억제 정책만으로 잡아보려고 했으니, 성공할 리가 만무하다.

대한민국 주택시장은 선진국과 같이 60% 이상의 자가율에 도달한 성숙된 시장이다. 따라서 규제 정책과 완화 정책은 최소한의 형태로 시행해야 부작용을 줄일 수 있다. 조금만 방향을 틀어도 곧바로 풍선효과가 나타나는 이유이다. 선진적 자유시장 경제체제에서 수급의 균형은 자정능력에 의해 수용과 변화의 반복이 계속되는 것이기 때문에, 정부에서는 이러한 작동원리를 이해하고, 원활하게 순환되지 않을 때 상황에 맞는 필요한 정책 도입을 통해 주택시장을 원활하게 돌아갈 수 있도록 해주는 정도에 머물러야 한다.

공정한 주택정책은 우리나라 주택시장을 구성하고 있는 여러 수요층의 각각 다른 욕구를 인정하는 데서 출발해야 한다.

[그림 3-30]은 우리나라 주택시장의 실질적 수요층의 구성과 비율을 설명하고 있다. 우리나라의 주택 수요층은 이미 두 채 이상의 주택을 소유하고 있는 자산계층, 라이프사이클에 따라 집을 넓혀가거나 트렌드에 따라 주택을 이전하려는 사다리계층, 무주택자로서 주택을 구입하려는 내집마련계층, 여러 가지 이유로 자가를 소유하기 어려운 자발적 임차계층, 그리고 소득 수준 등 자가를 마련하기 어려운 주거취약계층이 있다. 이 5개의 계층의 비율은 통계적으로는 일부 오차가 있지만, 이해를 돕기 위해 그림에서 나타내는 정도의 비율로 구성되어 있다고 보았다.

문재인 정부에서는 자산계층과 사다리계층을 투기세력으로 규정하였고, 심지어 내집마련계층에 대한 규제도 시행하였다. 1가구 1주택이라는 이념적 규제를 통해 오로지 자신들의 시각과 관점에서 주택시장을 통제하고자 하였다. 결국 우리나라 주택시장의 참여자를 1가구 1주택자와 무주택자, 주거 취약계층으로만 인정한 셈이다. 즉, 독불장군(獨不將軍)과 유아독존(唯我獨尊)식의 편견으로 주택시장을 해석한 것이다.

앞에서도 말했던 것처럼 자유시장 경제체제에서의 주택시장을 이해하기 위해서는 주택시장의 참여자라고 할 수 있는 실질적 수요층을 정확하게 파악하고 분석하는 것이 중요하다. 그리고, 그들이 주택시장에서 어떠한 역할과 기능을 하고, 어떠한 것들을 필요로 하는지를 파악하고, 그에 맞는 주택정책을 시행하는 것이 우리나라 주택시장을 공정하고 상식에 맞게, 그리고 정상적으로 작동할 수 있도록 하는 정부의 역할이다. 이것이 곧 주택시장을 견인견지(見仁見智)적 관점으로 바라보는 것이다.

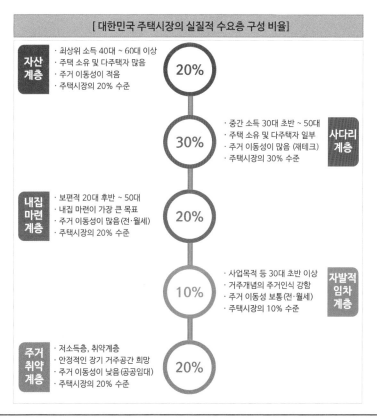

[대한민국 주택시장의 실질적 수요층 구성 비율]

자산계층
· 최상위 소득 40대 ~ 60대 이상
· 주택 소유 및 다주택자 많음
· 주거 이동성이 적음
· 주택시장의 20% 수준
20%

30%
사다리계층
· 중간 소득 30대 초반 ~ 50대
· 주택 소유 및 다주택자 일부
· 주거 이동성이 많음 (재테크)
· 주택시장의 30% 수준

내집마련계층
· 보편적 20대 후반 ~ 50대
· 내집 마련이 가장 큰 목표
· 주거 이동성이 많음(전·월세)
· 주택시장의 20% 수준
20%

10%
자발적임차계층
· 사업목적 등 30대 초반 이상
· 거주개념의 주거인식 강함
· 주거 이동성 보통(전·월세)
· 주택시장의 10% 수준

주거취약계층
· 저소득층, 취약계층
· 안정적인 장기 거주공간 희망
· 주거 이동성이 낮음(공공임대)
· 주택시장의 20% 수준
20%

▲ 그림 3-30 대한민국 주택시장의 실질적 수요층 구성 비율

※ 자료: 연구진 직접 작성(우리나라 자가보유율은 56%이지만, 비주택, 노후주택, 빈집 등을 고려해서 50% 정도로 보았음)

05 주택시장 특성을 반영한 응변창신 (應變創新)형 주택정책 수립

응변창신(應變創新)이란 "변화에 한 발 앞서 대응하고 주도적으로 길을 개척해 나가자"는 의미의 사자성어이다.

주택시장의 특성에 대해 구체적으로 이해하지 못하면 정확한 해답을 찾을 수 없다. 가장 기본적이고 중요한 특성은 2가지이다. 첫 번째는 앞에서 언급한 주택시장 내 실질적 수요층이라고 할 수 있다. 그리고 두 번째는 사람들이 어디에 살고 싶어 하는지를 알고 희망 거주수요가 높은 지역을 파악하는 것이다. 이를 통해 단순한 주택공급 확대가 아닌 주택시장 내 수요자들이 원하는 지역에 주택을 충분히 공급하는 전략이 주택가격 안정을 위한 성공적인 정책이 되어야 한다.

그렇다면 사람들이 선호하는 주거지역은 어디일까?

2019년 8월에 발표된 입소스 코리아의 보고자료를 보면 대한민국 국민이 살기 좋은 주거지 요건으로 생각하는 16가지 항목들에 대한 통계조사를 확인할 수 있다. 총 16개 요건 중에서 사람들이 가장 중요하게 생각하는 것은 대중교통, 주거쾌적, 주거안전, 환경/대기, 쇼핑/외식이 1~5위로 선정되었다. 그다음으로 자연/녹지, 복지지설, 주택가격, 의료시설의 순으로 살기 좋은 주거지 요건으로 나타났다. 사실 이 결과를 보면 그리 특별한 것은 없다. 왜냐하면 주택가격에 영향을 미치는 다양한 요인 중에서 주택가격이 비싼 지역일수록 살기 좋은 주거지 요건을 갖추고 있기 때문이다.

다음의 그래프는 도시별로 주거 만족의 순위를 살펴보았는데, 역시나 서울과 경기가 1, 2위로 선정되었다. 일자리부터 살기 좋은 주거환경 대부분이 갖추어져 있기 때문일 것이고, 전체적으로 광역시의 주거 만족도가 높은 편이다. 결국 사람들은 일자리가 풍부한 도시에서의 삶을 선호하는 것이라고 해석이 가능한 부분이다.

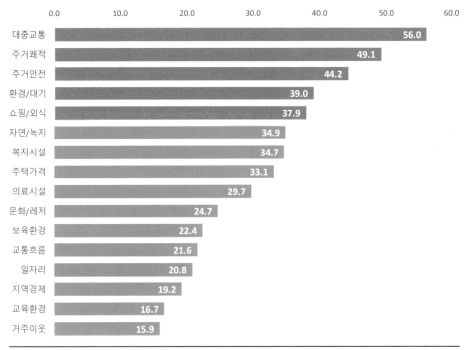

대한민국 국민이 생각하는 살기좋은 주거지 요건

(자료:입소스-피앰아이, 2019년 7월조사 / 단위:%)

대중교통	56.0
주거쾌적	49.1
주거안전	44.2
환경/대기	39.0
쇼핑/외식	37.9
자연/녹지	34.9
복지시설	34.7
주택가격	33.1
의료시설	29.7
문화/레저	24.7
보육환경	22.4
교통흐름	21.6
일자리	20.8
지역경제	19.2
교육환경	16.7
거주이웃	15.9

▲ 그림 3-31 대한민국 국민이 생각하는 살기좋은 주거지 요건

※ 자료: 입소스 코리아 이슈리포트 제55호, 한국인 주거만족 주요내용과 특징 분석, 2019년 8월

인구 50만 명 이상의 지자체를 대상으로 주거 만족 지수를 분석한 결과를 보면 흥미롭다. 왜냐하면 1위인 성남시, 2위인 고양시, 3위인 안양시, 그리고 10위인 부천시가 모두 1기 신도시 지역이 있는 곳이기 때문이다. 결국 1기 신도시가 살기 좋은 지역이라는 것을 반증하는 것이며, 그만큼 살고 싶어 하는 수요도 많다는 의미와 연결되는 부분이다.

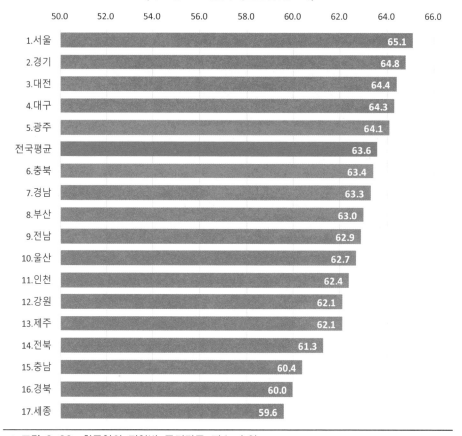

Life in Korea Index 2019 (100점 만점)

(자료:입소스-피앰아이, 2019년 7월조사)

▲ 그림 3-32 한국인의 지역별 주거만족 지수 순위

※ 자료: 입소스 코리아 이슈리포트 제55호, 한국인 주거만족 주요내용과 특징 분석, 2019년 8월

한편 서울에 살고 싶어 하는 나이별 비중을 보면 10대~30대에서 서울에서 살고 싶어 하는 비중이 매우 높은 것을 알 수 있다. 그 이유는 한둘이 아니겠지만, 결국 사람들이 살고 싶어 하는 서울 지역에 주택수요가 많을 수밖에 없고, 주택 수급 불균형을 만들지 않기 위해서는 서울 지역에 충분한 주택공급이 이루어져야 할 것이라고 분석되는 결과이다.

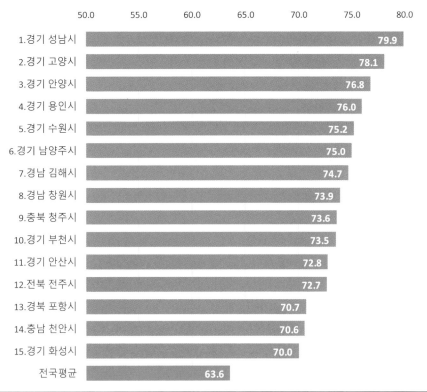

인구 50만명 이상 도시 Life in Korea Index 2019
(자료:입소스-피앰아이,2019년 7월조사)

순위	지역	지수
1.	경기 성남시	79.9
2.	경기 고양시	78.1
3.	경기 안양시	76.8
4.	경기 용인시	76.0
5.	경기 수원시	75.2
6.	경기 남양주시	75.0
7.	경남 김해시	74.7
8.	경남 창원시	73.9
9.	충북 청주시	73.6
10.	경기 부천시	73.5
11.	경기 안산시	72.8
12.	전북 전주시	72.7
13.	경북 포항시	70.7
14.	충남 천안시	70.6
15.	경기 화성시	70.0
	전국평균	63.6

▲ 그림 3-33 인구 50만명 이상 도시의 주거만족 지수 상위 15개 지역

※ 자료: 입소스 코리아 이슈리포트 제55호, 한국인 주거만족 주요내용과 특징 분석, 2019년 8월

마지막으로 가장 살고 싶은 도시를 복수 응답 형태로 물어본 결과에서는 서울 강남구가 1위로 선정되었다. 그 외에도 송파구, 서초구 등의 강남 3구가 상위권에 선정되었다. 단순히 이 결과만 보더라도 강남 3구에 얼마나 많은 희망 거주수요가 있는지를 분석할 수 있다. 그렇기에 현재 정비사업 등의 규제로 강남지역에 주택공급은 부족한데, 희망 수요는 넘쳐나고 있으니 주택가격이 오르는 것은 너무도 당연하다.

과거에는 강남지역의 주택가격을 거품으로 주장하는 사람도 많았지만, 최근에는 주택가격 거품이라는 말이 언론을 통해서도 거의 나오지 않는다. 거품이었다면 이미 꺼져야 했었는데, 지난 수십 년 동안 나타난 결과는 풍선이 부풀어오르듯 가격이 계속 올랐으니 말이다. 필자는 우리나라와 같은 주택시장 특성에서 거품론을 믿는 것은 정책을 입안하는 집권층이 가장 경계해야 할 논지라고 IMF 사태 이후 줄곧 주장해 왔다. 근거가 미약할 뿐만 아니라 지나치게 정치적 용어이면서 현실을 외면한 선동적 단어이기 때문이다.

주택가격은 주택시장에서 거래가 이루어지면 시장 참여자 쌍방이 인정하는 가격이 적정 주택가격이 되는 것이니 거주수요가 높은 지역의 주택가격은 잡겠다는 발상이 매우 비과학적이며, 오히려 이런 수요집중지역이 지속해서 오르지 않는 것을 이상하게 생각하고 주택정책을 수립해야 할 것이다.

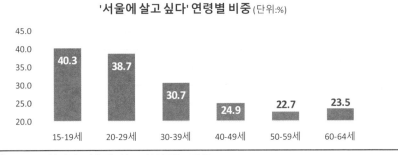

'서울에 살고 싶다' 연령별 비중 (단위:%)

▲ 그림 3-34 연령별 서울에 살고 싶어하는 비율

※ 자료: 입소스 코리아 이슈리포트 제55호, 한국인 주거만족 주요내용과 특징 분석, 2019년 8월

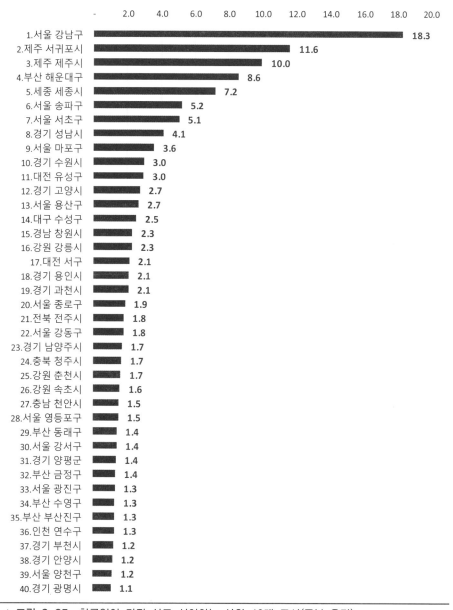

가장 살고 싶은 도시 (복수응답/단위:%)

도시	%
1.서울 강남구	18.3
2.제주 서귀포시	11.6
3.제주 제주시	10.0
4.부산 해운대구	8.6
5.세종 세종시	7.2
6.서울 송파구	5.2
7.서울 서초구	5.1
8.경기 성남시	4.1
9.서울 마포구	3.6
10.경기 수원시	3.0
11.대전 유성구	3.0
12.경기 고양시	2.7
13.서울 용산구	2.7
14.대구 수성구	2.5
15.경남 창원시	2.3
16.강원 강릉시	2.3
17.대전 서구	2.1
18.경기 용인시	2.1
19.경기 과천시	2.1
20.서울 종로구	1.9
21.전북 전주시	1.8
22.서울 강동구	1.8
23.경기 남양주시	1.7
24.충북 청주시	1.7
25.강원 춘천시	1.7
26.강원 속초시	1.6
27.충남 천안시	1.5
28.서울 영등포구	1.5
29.부산 동래구	1.4
30.서울 강서구	1.4
31.경기 양평군	1.4
32.부산 금정구	1.4
33.서울 광진구	1.3
34.부산 수영구	1.3
35.부산 부산진구	1.3
36.인천 연수구	1.3
37.경기 부천시	1.2
38.경기 안양시	1.2
39.서울 양천구	1.2
40.경기 광명시	1.1

▲ 그림 3-35 한국인이 가장 살고 싶어하는 상위 40개 도시(중복 응답)

※ 자료: 입소스 코리아 이슈리포트 제55호, 한국인 주거만족 주요내용과 특징 분석, 2019년 8월

서울의 경우 강남지역에 희망 거주수요가 많다는 것은 위 그래프 결과가 아니더라도 누구나 알고 있는 사실이다. 그렇다면 서울과 서울 근교 지역을 살펴보았을 때 사람들이 살고 싶어 하는 희망 거주수요가 높은 지역은 어디인지 살펴보자.

희망 거주수요 분석은 그것을 찾아내는 방법과 관점에 따라 달라질 수도 있을 것이지만, 본서에서는 서울 생활권의 범주에 있는 과밀억제권역을 중심으로 지하철 노선을 따라 각 지역분석에 기반한 희망 거주수요가 높은 지역을 크게 4개 지역으로 분석해 보았다.

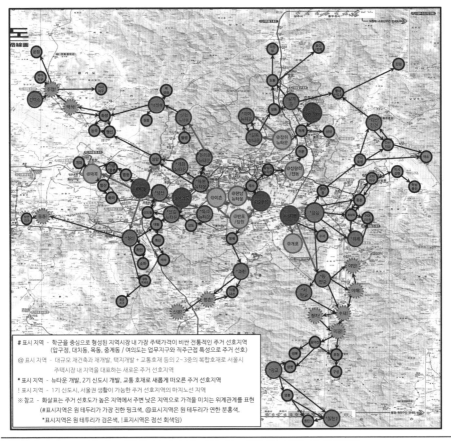

▲ 그림 3-36 서울시 지역별 주거 선호지역 및 지역 간 가격 위계관계도

※ 자료: 서울시 지역별 주택가격 수준 및 지역특성에 기반하여 연구진이 직접 작성

첫 번째는 (#)표시가 있는 지역이다. 이 지역들은 서울에서 전통적으로 해당 권역에서 주택가격을 선도하던 곳들이다. 총 5개 지역을 꼽을 수 있는데, 그중 3곳은 대치동, 목동, 중계동으로 소위 서울 3대 학원가가 있는 지역이다. 이 지역들은 학군 수요가 높은 지역으로 공급보다 수요가 많은 지역이다. 그리고 압구정은 전통적으로 부촌의 상징인 지역이고, 여의도는 여의도 금융업무지구와 인접한 직주근접이 실현되는 지역으로서 특수성을 가진 지역들이다. 따라서 이 지역들은 지금까지도 그랬고, 앞으로도 거주수요가 높을 수밖에 없는 지역이다. 이 지역들은 노후화가 진행되고 있는 상황으로서 향후 재건축이나 재개발, 리모델링 등을 통해 신규 주택공급이 가능한 지역이다.

두 번째는 (@)표시가 있는 지역이다. 이 지역들은 과거에는 (#)표시가 되어 있는 지역보다 주거 선호도가 떨어져 주택가격이 낮은 지역이었으나, 신규 개발 또는 대규모 재개발 등을 통해 지역 전체의 주거환경이 좋아졌고, 교통 호재가 생기면서 신흥 거점 지역이 되었다. 서울에서는 총 8개의 지역을 꼽을 수 있다. 그런데 중요한 것은 해당 지역은 이미 개발이 완료되거나 현재 개발 중이라서 추가적인 주택공급이 어려운 지역이다. 그렇기에 공급은 없는 대신 수요는 많아서 주택가격이 상승할 수밖에 없는 상황이다.

세 번째는 (*)표시가 있는 지역이다. 이 지역들은 과거 MB가 서울시장으로 재직하던 시절 추진했던 뉴타운 지역들이다. (@)표시된 곳들보다 사업이 먼저 추진되었고, 개발 규모나 교통 호재, 학군 등이 (@)표시 지역보다는 떨어진다. 그래도 기반시설이 잘 갖추어져 희망 거주수요가 높은 지역이다. 하지만 이곳도 이미 개발된 곳이라서 더는 주택을 공급하기 어려운 지역이다.

마지막으로 네 번째는 (!)표시가 있는 지역이다. 총 10개 지역으로 표시되어 있는데, 지역을 자세히 보면 수도권 1기 신도시인 분당, 일산, 평촌, 산본, 중동의 5개 신도시 지역이다. 서울의 베드타운 성격이 강했던 1기 신도시는 지하철 노선을 따라 1시간 내 서울 생활권과 연계된 지역으로서 계획적 신도시로 개발되어 살기에 좋은 곳이므로 위의 그래프에서도 1기 신도시 지역에 대한 주거 만족도가 높은 것을 확인하였다.

그런데 1기 신도시 지역도 이제 준공된 지 30년에 가까워지면서 노후 주택에 대한 정비가 필요한 상황이다. 현재 신도시마다 개별적으로 리모델링을 추진하고 있기도 한데, 공급 시점 당시 대부분 제2종 일반주거지역의 최대 용적률이

200% 정도에 불과하여 현재 용도지역제 기준으로는 재건축이나 리모델링을 통해서 주택공급 규모의 확대를 기대하기는 어렵다.

지금까지 그래프와 지도를 통해 사람들이 살고 싶어 하는 곳의 주거환경 요소가 무엇인지, 어디에 살고 싶은지, 그리고 현재 서울과 서울 근교를 대상으로 주거수요가 많은 지역 중에서 신규 주택공급이 가능한 지역이 어디인지를 확인할 수 있었다.

이제 2022년 대선 이후, 공정하고 상식적인 주택정책을 추진하면서, 단순히 총량에 의한 주택공급이 아닌 지역별 거주수요가 높은 지역의 적정수요를 조사하고, 주택공급을 확대하는 방안을 찾는 접근이 필요하다. 응변창신(應變創新)적이며 선제 대응, 이것이야말로 효과적인 주택정책을 시행하는 정부의 바람직한 방향이 되어야 한다.

06 새로운 시대에 선제대응(先制對應)하는 혁신적 주택정책의 발굴

앞으로 다가올 새로운 시대를 설명하는 키워드는 다양하다. 제4차 산업혁명 시대, 스마트도시, 메타버스, 비대면 사회, 탄소중립 등의 긍정적 의미를 담은 키워드도 있고, 초고령사회, 인구감소, 도시쇠퇴, 양극화 등과 같은 부정적 의미를 담은 키워드도 있다. 이와 함께 긍정과 부정의 의미로 모두 사용될 수 있는 경험하지 못한 세상, 경험하지 못한 미래라는 키워드도 있다.

중요한 것은 대한민국은 필연적으로 다가오는 새로운 시대의 상황에 대응해 나가야 한다는 것이다. 이미 문재인 정부에서는 대전환의 시대에 대응하는 한국형 뉴딜이라는 정책을 통해 새로운 시대에 대응하고 연착륙하기 위한 국가 전략을 마련하고 관련 정책을 시행 중이다. 그러나 아쉽게도 주택정책은 새로운 시대의 혁신과 너무 거리가 멀다.

늦었지만 이제라도, 주택정책에서도 새로운 시대, 새로운 트렌드에 대응할 수 있는 혁신적인 주택정책을 발굴하고 시행하기 위한 준비와 노력이 필요하다. 이것은 지금까지 역대 정부가 해왔던 것처럼 주택시장 상황에 따라 대응하는 대증요법 방식이나 이름만 바꾼 재탕삼탕식 주택정책과는 전혀 달라야 한다.

말 그대로 대한민국 주택정책의 역사를 새로 쓸 정도의 대수술로 혁명에 가까운 주택정책을 발굴해 내야 한다. 지난 60년의 주택정책은 청약제도부터 대수술이 필요하다. 공정한 주택시장을 실현하고, 주택시장 내 모든 수요층이 주거안정을 실현할 수 있는 미래지향적인 정책이 되어야 할 것이다. 또한 향후 10년이후 주택시장의 실질적 수요층이 되는 지금의 10~20대, 즉 MZ세대부터 70~80대의 노인 인구까지 전 계층을 아우르고 각 계층에 맞는 맞춤형 정책을 발굴해 내어야 한다.

지금의 제도권 정책 수립 시스템으로는 말처럼 쉽게 실질적 해법을 제시하는 혁신적인 주택정책을 발굴할 수는 없다. 그리고 발굴한 모든 정책이 정말 필요한지 또는 적합한지에 대한 검증과정도 불투명하다. 전문가를 비롯한 전 국민이 검증단이 되어야 한다. 그래서 대선을 앞둔 지금 이 시점이 중요한 전환점이라고 본다.

본서의 필자들은 오랫동안 현장에서 강단에서 그 해법을 찾기 위해 노력해왔다. 본서의 외침으로 말미암아 주택시장과 관계된 다양한 분야의 전문가들도 그 필요성과 중요성을 인지하고 새로운 시대에 대응하기 위한 주택정책을 만들어가기 위한 노력을 하게 되면, 그러한 노력이 모여 최종적으로 국가의 주택정책 수립에 이바지하게 되리라 믿는다.

지금까지는 공정한 주택정책이 무엇이고, 공정한 주택정책이 왜 필요한지를 살펴보았다. 그리고 문재인 정부의 주택정책과 현 정부와 여당 대선후보의 주택시장 인식으로는 공정한 주택시장과 주택정책, 새로운 시대에 대응하는 주택정책을 만들기에는 한계가 있음을 알았다.

그래서 대한민국 주택시장이 공정하고 올바르게 나아가기 위해서 개선해야될 점을 살펴보았고, 이제 마지막으로 새로운 시대에 필요한 "혁명에 가까운" 수준의 주택정책을 제시하는 과정만 남았다.

다음의 제3장에서 제시할 11가지의 주택정책 해법만이 정답은 아닐 것이다. 하지만 본서의 공저자로 참여한 6인은 대한민국 주택시장에서 학문적, 실무적, 행정적으로 주택정책의 문제점을 이해하고 본질적인 개선을 위해 제시하는 해법과 우리나라 주택시장 안정의 실현이라는 목적을 달성하는 데 꼭 필요할 뿐아니라, 파격적이지만 시도해 볼 만한 해법들을 제시하고자 하였다.

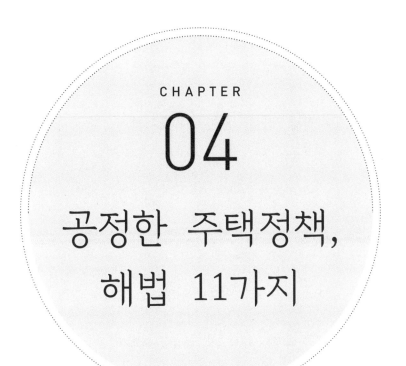

CHAPTER

04

공정한 주택정책,
해법 11가지

01 주택공급 분야

▌해법 1. 용도지역제 개편을 통한 고밀도시화

> "주택정책, 고밀화가 답이다"

고밀화의 필요성

우리나라 국민의 80% 이상이 도시에 살고 있다. 인프라가 잘 갖추어져 있어 편리하고 직주근접으로 삶을 더욱 윤택하게 영위할 수 있기 때문이다. 반면, 집을 지을 수 있는 도시의 땅은 더는 찾기 어렵다. 특히 서울의 경우 재개발, 재건축 등 도시정비사업 이외에는 대량으로 공급할 방법이 없는데, 지금의 저밀도 계획으로는 혁신적인 공급 확대를 기대하기 어렵다.

정부는 2·4 대책에서 재개발사업 등에 고밀도 개발을 적용하겠다고 하였으나, 공공주도에 국한하고, 민간까지 확대하지 않음으로써 공급 확대 효과는 크지 않을 것이다. 땅값이 비싼 곳은 고밀도 개발을 하여 공급가를 낮출 수 있고 물량도 대폭 늘어난다. 이러한 도시정비사업이 활성화되면 값싸고 질 좋은 아파트가 지속적으로 공급된다는 신호를 주게 되어 집값 안정에 크게 기여할 수 있다.

또한 고밀화는 도시정비사업 외에도 1990년 이후 준공한 아파트 단지의 재건축을 유도할 수 있으므로 서울과 1기 신도시에서도 혁신적인 주택공급을 할 수 있게 된다. 만약 고밀화 정책이 시행된다면 현재의 3기 신도시 이후에는 더는 수도권 내 신도시가 필요하지 않게 될 것이며, 직주근접 기능의 실현으로 탄소 중립 사회를 앞당길 수 있을 것이다.

물론 고밀화가 열악한 주거환경을 양산할 것이라는 우려도 있다. 그러나 층

수 규제를 완화하면 큰 문제가 되지 않는다. 이미 고밀도로 개발된 도곡동과 용산역 주변 주상복합아파트는 주거 선호도가 높은 지역이라는 것이 입증되었기 때문이다. 고밀화 개발 시 중요한 점은 교통, 학교 등 기반시설에 문제가 없도록 추진해야 한다는 것이다. 고밀화 반대자들은 교통, 경관, 학교등의 문제를 지적하지만, 이 문제는 '복합 수직도시'를 통해 간단히 해결될 수 있다는 사례가 너무 많아, 반대를 위한 반대로 보인다.

　[그림 3-37]의 건물 이미지는 영국의 건축설계회사인 SURE Architecture에

▲ 그림 3-37　런던의 고밀도 수직도시 건축계획(안)

※ 자료: 인민망 한국어판, 영국 주민 수천 명이 살 수 있는 300m 수직도시 설계, 2014년 9월 2일 기사

서 발표한 것으로 런던의 수천 명의 주민이 함께 살 수 있으며, 학교, 상점, 공원 등의 주변 시설을 겸비한 '복합 수직도시' 설계 계획(안)이다. 실제 건물이 지어지지는 않았지만 타워형 초고층 빌딩 내에는 주민지구, 학교, 사무실 지구, 상점 지구, 공원 등의 부대 시설을 포함한 완벽한 시스템 구현이 가능하도록 계획되었다.

영국 외에도 해외 선진국에서는 도심 내 주거 문제를 해결하고, 사람들이 살고 싶어 하는 곳에 대규모 주택공급에 대한 필요성으로서 첨단 기술을 토대로 고밀 도시로 전환하기 위한 노력을 하고 있다. 그리고 단순히 고밀도 개발이 아닌 사람들이 살아가는 데 필요한 모든 요소를 포함한 '복합 수직도시'로서 도시 개발 패러다임의 전환이 이미 시작되었다.

수직도시의 잘못된 사례인 [그림 3-38]은 용산 삼각지역에 건설된 역세권 청년주택(만 19~39세 대학생, 청년, 신혼부부에게 주변 시세의 30~95% 임대료로 공급하는 임대주택)의 모습이다. 4,047㎡ 부지에 총 1,086가구를 건설했다. 용적률 962%로 말 그대로 고밀도 개발이다. 독자들이 사진으로만 보더라도 느껴지겠지

▲ 그림 3-38 분양가상한제와 주택가격의 상관관계

※ 자료: 조선비즈, '성냥갑' 안 된다며 재건축은 막더니… 청년주택은 '성냥갑' 만드는 서울시, 조선비즈, 2020년 10월 19일 기사

만, 성냥갑이니 닭장이니 하는 부정적 시각이 많다.

역세권이면 당연히 교통이 편리하니 좋은 입지라고 생각하고 무조건 많은 수의 주택을 건설하는 데만 초점을 두고 개발한 결과이며, 고밀도 개발, 도심 고밀화를 추진하는 데 필요한 주거환경의 요소를 제대로 이해하지도 못한 탁상행정의 산물이다.

고밀 도시화란 단순히 용적률을 높여 무조건 많은 세대수를 공급하는 것이 아니다. 고밀 도시를 조성하되, 단순 거주공간을 제공하는 주택 건설이 아니라, 입주민들의 거주환경과 생활환경을 고려하여 살기 좋은 삶의 공간을 두루 갖춘 고밀도 개발이 필요하다.

스마트도시로 전환해 나가는 시대적 상황에서, 우리는 이미 초고층 건설기술에 건물 전체가 하나의 시스템으로 통합관리 기술 구현이 가능하고, 수직 정원, 스마트 팜 등 과거에는 실현해 내기 어려운 '복합 수직도시'를 충분히 건설할 수 있는 시대에 살고 있다.

우리나라의 주택정책은 이제 서울 강남권을 비롯한 주거수요가 높은 지역을 시작으로 고밀도 개발을 주택정책의 기조로 전환하는 것이 필수가 되었다. 대부분의 대선 주자가 고밀화가 대세라고 말하고 있다. "복합 수직도시"를 조성해 가는 것은 세계적인 흐름이기도 하다.

고밀도 개발을 위한 용도지역의 혁신적 개편

용도지역은 토지의 이용이나 건축물의 용도·건폐율·용적률·높이 등을 제한함으로써, 토지를 경제적이고 효율적으로 이용하고 공공복리의 증진을 도모하기 위해 서로 중복되지 않게 도시관리계획으로 결정하는 지역을 말한다.

용도지역제는 상위 도시계획에 부합하는 목적 및 방향으로 토지나 건축물의 이용을 유도하기 위한 수단으로서, 도시계획의 가장 근간이 되는 제도이다. 모든 토지에 대하여 행위 제한을 규정하고 있고, 이와 관련한 규정을 강화·완화하는 데 필요한 지역은 용도지구로 지정되기도 한다.

건축, 도시, 부동산 관련 산업에 종사하는 실무자들은 용도지역에서의 건폐율과 용적률이 얼마인지, 용도지역에 따른 허용용도가 무엇인지를 공식처럼 암기하고 있다.

역대 정권에서는 민간 주택공급 활성화 정책으로 재건축, 재개발사업 추진 시 용적률을 완화해 주는 형태로 인센티브를 제공하고, 그에 따른 수익 일부를 기부채납하는 방식을 사용해 왔다. 그리고 현재 문재인 정부에서는 주택가격 상승의 원인이 재건축, 재개발사업에 있다고 단정 짓고, 정비사업에 대한 강력한 규제를 시행하고 있다.

용도지역 건폐율·용적률·활용 용도 정리

도시지역은 주거지역, 상업지역, 녹지지역으로 다시 나뉘며
각각 지정목적에 따라 건폐율과 용적률이 상이합니다.

용도지역			건폐율	용적률	건축 및 활용용도
도시 지역	주거 지역	제1종 전용주거지역	50% 이하	50% 이상 100% 이하	단독주택 주거환경 보호
		제2종 전용주거지역	50% 이하	100% 이상 150% 이하	공동주택 주거환경 보호
		제1종 일반주거지역	60% 이하	100% 이상 200% 이하	저층주택 주거환경 보호
		제2종 일반주거지역	60% 이하	150% 이상 250% 이하	중층주택 주거환경 보호
		제3종 일반주거지역	50% 이하	200% 이상 300% 이하	중/고층주택 주거환경 보호
		준주거지역	70% 이하	200% 이상 500% 이하	주거와 상업기능 완충
	상업 지역	중심상업지역	90% 이하	400% 이상 1500% 이하	도심/부도심의 상업기능 확충
		일반상업지역	80% 이하	300% 이상 1300% 이하	일반적인 상업 및 업무기능 확충
		근린상업지역	70% 이하	200% 이상 900% 이하	일용품 및 서비스 공급업 확충
		유통상업지역	80% 이하	200% 이상 1100% 이하	지역간 유통기능 증진
	공업 지역	전용공업지역	70% 이하	150% 이상 300% 이하	중화학 및 공해성 공업 수용
		일반공업지역		200% 이상 350% 이하	환경오염이 적은 공업 수용
		준공업지역		200% 이상 400% 이하	시가지 인접한 경공업 중심 수용
	녹지 지역	보전녹지지역	20% 이하	50% 이상 80% 이하	역사문화적 가치가 높은 지역 보존
		생산녹지지역		50% 이상 100% 이하	농업생산을 위해 개발 유보하는 지역
		자연녹지지역		50% 이상 100% 이하	도시환경 보존을 위해 제한적 개발
관리 지역	보전관리지역		20% 이하	50% 이상 80% 이하	환경보호 필요하나, 여건상 어려운 지역
	생산관리지역		20% 이하	50% 이상 80% 이하	임업, 어업 등 관리
	계획관리지역		40% 이하	50% 이상 100% 이하	자연환경을 고려, 제한적인 개발 추구
농림지역			20% 이하	50% 이상 80% 이하	농림업 진흥 및 산림 보전 필요한 지역
자연환경보전지역			20% 이하	50% 이상 80% 이하	자연환경 보전과 수산자원 보호·육성

지자체별로 용도지역별 건폐율과 용적률이 달리 지정될 수 있어 별도 확인이 필요합니다.

▲ 그림 3-39 용도지역별 건폐율 및 용적률과 활용 용도

※ 자료: LH 정책/동향 온나라 가이드

박원순 서울시장과 문재인 정부의 장기간에 걸친 재개발 재건축 규제 정책으로 인해 민간을 통한 주택공급 활성화는 기대할 수 없었기에, 심각한 주택공급 부족 현상이 나타난 것이다. 여기서 중요한 것은 앞에서도 다루었지만, 현재 서울을 비롯한 1기 신도시 등 사람들이 살고 싶어 하는 지역에서 주택을 공급할 부지가 없으므로, 세종시 등 신도시발 주택가격 상승은 이어질 수밖에 없다. 따라서 1기 신도시의 재건축 재개발의 용적률을 기존의 두 배 이상 올리지 않으면, 집값 안정은 없다는 것이 필자들의 공통된 생각이다.

많은 전문가가 정비사업 활성화를 위한 규제 완화의 필요성을 제기하고 있지만, 현 정부는 牛耳讀經(우이독경)의 모습만 보여왔다. 정비사업 활성화를 위해 규제를 풀어주면 주택가격 상승 현상이 더욱더 심해질 것이라는 우려는 하나는 알고 둘은 모르는 편견에 지나지 않는다. 공급과 수요의 변화와 수용의 작동원리를 이해한다면 일정 시간이 지나면 주택가격이 안정될 수 있다.

본서에서는 앞에서 '혁명적 수준'의 주택정책이 필요하다고 강조하였다. 용도지역제의 개편은 가장 시급한 해법 중의 하나이다.

역대 정부가 해왔던 것처럼 용적률의 인센티브 제도를 운용하여 고밀도 개발을 하자는 것이 아니라, 현재의 용도지역의 기준을 '복합화 수직도시'로의 전환을 위해 전체적으로 상향하는 개편이 필요하다.

즉, 특정지역이 아닌 우리나라 전체 도시계획의 패러다임을 고밀도 개발로 변환시키는 것을 의미한다. 이렇게 개편되면, 민간에서는 주거수요 높은 곳은 당연히 그 수요에 대응하기 위해 최대한의 고밀도로 개발이 될 것이고, 주거수요가 낮은 곳은 적정한 수준의 개발을 하게 될 것이다. 수익성을 추구하는 민간에서는 너무도 당연한 결정이다.

이 해법에 대해 누군가는 또 공급과잉 문제를 언급할 수도 있고, 주거환경의 쾌적성 문제를 지적할 수도 있지만, 공급과잉의 문제는 자유경쟁체제에서 스스로 균형을 찾아갈 것이고, 도시환경, 주거환경의 쾌적성은 첨단 기술로 수직정원, 스마트 팜 등의 형태로 충분히 만들어 갈 수 있다. 용도지역을 전면 개편을 위해서는 풀어야 하는 과제나 고려해야 하는 복합적인 요소들이 있다. 그러나 이러한 문제들은 도시, 부동산 전문가들의 연구를 통해 해법을 찾아낼 수 있을 것이다. 이는 전 세계적인 추세이자, 제4차 산업혁명시대에 대응하는 주택정책을 실현하는 당면과제라고 할 수 있다.

고밀화를 통해 기대할 수 있는 주택가격의 변화

분양가상한제로 인하여 도시정비사업이 어려운 상황이다. 정비사업이 진행되지 않으면 도심에 주택공급을 할 수 있는 선택지가 많지 않다. 따라서 공급을 늘리기 위해서는 조합의 사업성이 확보될 수 있도록 하여야 하는데, 유일한 방법은 고밀화이다. 즉, 토지의 이용을 극대화하는 것이다.

용적률을 높인다는 것은 세대당 분양원가를 낮춘다는 것을 의미한다. 물론 건립 세대수도 증가하기 때문에 분양에 성공한다면 분양수입도 많이 늘어나게 되어, 조합은 일정한 개발이익을 가져가고 정부는 값싼 주택을 대량으로 그리고 지속적으로 공급할 수 있는 시스템을 만들 수 있게 된다.

그렇다면 과연 고밀화에 따른 주택공급의 확대가 가져올 효과는 어떻게 될까? 고밀화를 통해 주택공급을 획기적으로 늘릴 수 있다는 많은 전문가의 주장이 맞는 것일까? 다음의 〈표 3-2〉는 서울시 재개발, 재건축 사업장 각 2곳에 대해 고밀화에 따른 주택공급의 효과를 비교한 것이다.

〈표 3-1〉 고밀도 개발을 위한 용도지역의 혁신적 개선(안)

용도지역구분			용적률	
			현재	개선
주거지역	일반주거지역	제1종일반주거지역	100% 이상 200% 이하	좌동
		제2종일반주거지역	150% 이상 250% 이하	200% 이상 400% 이하
		제3종일반주거지역	200% 이상 300% 이하	300% 이상 500% 이하
	준주거지역		200% 이상 500% 이하	400% 이상 1,000% 이하

※ 자료: 연구진 직접 작성

이 결과를 보면 고밀도 개발을 통한 주택가격 안정의 효과가 뚜렷하게 나타나는 것을 알 수 있다. 구더기 무서워서 장 못 담그는 형국의 기존 주택정책으로는 주택가격을 절대 안정시킬 수 없다. 고밀화를 통한 주택시장의 자율성에서 그 해법을 찾는 것이 바로 공정한 주택정책을 통한 주거 안정의 해법이 될 수 있을 것이다.

〈표 3-2〉 고밀화에 다른 공급확대 및 공급가 인하 효과

사업자	현재						고밀화						세대수 증가 (B-A)	세대당 원가인하 (b-a)
	용적률	세대수 (A)	원가			세대당 (a)	용적률	세대수 (B)	원가			세대당 (b)		
			토지비	건축비	계				토지비	건축비	계			
재개발 A (은평구)	249%	2,441	6,597억 (64%)	3,710억 (36%)	10,307억	4.2억	400% (1.6배)	3,760	6,597억 (55%)	6,183억 (45%)	12,780억	3.4억	1,319 (54% 증가)	-8천만 (20% 인하)
재개발 B (동대문구)	261%	823	1,852억 (43%)	2,425억 (57%)	3,656억	5.2억	500% (1.9배)	1,437	1,852억 (34%)	3,638억 (66%)	5,490억	3.8억	614 (75% 증가)	-1.4억 (26% 인하)
재건축 C (서초구)	294%	721	6,641억 (73%)	2,407억 (27%)	9,048억	12.5억	400% (1.3배)	931	6,641억 (69%)	2,990억 (31%)	9,631억	10.3억	210 (29% 증가)	-2.2억 (18% 인하)
재건축 D (강남구)	250%	419	7,096억 (76%)	2,284억 (24%)	9,381억	22.4억	500% (2배)	728	7,097억 (68%)	3,380억 (32%)	10,477억	14.4억	309 (73% 증가)	-8.0억 (36% 인하)

* 각사업지관리처분 자료로 추정, 건축제한(건축한계선, 인동거리등)은 미고려
※ 자료: 연구진 직접작성

〈표 3-3〉 고밀화 기대효과

용적률	공급	원가
50%(1.5배) 상향	40% 증가	20% 인하
100%(2.0 배) 상향	70% 증가	30% 인하

▶ [용적률 상향 고밀화 정책]은 공급 증가와 분양원가 인하를 통해 사업 주체 만족, 서민 주거 안정을 동시에 이룰 수 있음
  - 고밀화 정책실현을 위해서는 용적률 완화와 함께 건축한계선, 인동거리 등 추가적인 법규 완화도 병행되어야 함

▶ 재건축은 재개발보다 토지비가 높아 원가 인하효과가 더욱 크며, 대부분 평지에 위치하고 있어 고층 건립이 용이함
※ 자료: 연구진 직접작성

▌해법 2. 정책만능주의의 퇴물, 분양가상한제 폐지

분양가상한제라는 단어를 보면 가장 먼저 떠오르는 것은 노무현 정부이다. 사람들이 주택시장에 관한 관심이 본격화되던 시기에 노무현 정부에서 강력한 규제정책의 하나로 종합부동산세와 함께 시행한 것을 기억하고 있기 때문이다.

분양가상한제는 여전히 찬성과 반대라는 입장 차이 존재한다. 분양가상한제를 찬성하는 측에서는 가격 제한이 가능하고, 높은 효용성이 있다며 필요하다고 보는 견해이다. 그뿐만 아니라 공급 축소의 근거로 분양가상한제가 원인이 된다는 것에 대한 명확한 근거가 없다고 부정한다.

반면 분양가상한제를 반대하는 측에서는 수분양자의 사익 편취 문제와 공급 축소를 우려한다. 분양가 상한제는 분양 시점에서는 주변 시세보다 저렴한 가격에 공급되지만, 주택이 건설되어 준공되는 시점에서는 주변 시세 수준이나 주변

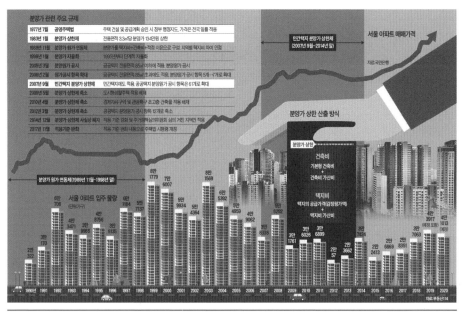

▲ 그림 3-40 분양가상한제와 주택가격의 상관관계

※ 자료: 한국경제, 분양價 누를 때마다 공급↓ …3~4년 후 집값 폭등 불렀다, 최진석 기자, 2019년 7월 13일 기사

시세를 넘어서는 현상이 너무도 자연스럽게 나타난다. 공공택지에 지정된 분양가 상한제로 인해 사람들이 로또 청약을 하는 이유도 이것 때문이다. 반면 주택을 공급하는 시행사나 건설사 입장에서는 수익성이 줄어든다. 그렇기에 낮은 기대수익으로 주택공급을 줄이는 상황으로 이어져 2~3년 후에 주택시장 내 공급부족 현상으로 나타난다는 것이다. 이는 현 정부의 공급부족의 가장 큰 원인이다.

'정부는 시장을 이길 수 없다.'라는 경제 논리에서 분양가 상한제는 당장에는 효과를 볼 수 있지만, 본서의 공저자들은 중장기적으로는 역효과를 가져오는 근시안적 정책이라고 인식한다. 결국 분양가 상한제는 당장 눈에 보이는 효과만을 기대하는 미봉책(彌縫策)일 뿐이다.

우리나라 주택시장에는 다섯 계층이 존재한다. 그리고 계층에 따라 주택을 구매할 수 있는 능력이 다르고, 살고 싶어 하는 지역, 살고 싶어 하는 규모 등이 다를 수밖에 없다. 결국 지역마다 소득에 따른 주거지역이 형성되는 것이다.

강남에 사는 것이 잘못된 것인가? 강남이 그만큼 부촌이고 살기 좋은 곳이기 때문에 사람들이 거기에 살고 싶어 하고, 주거수요가 다른 지역에 비해 월등히 높으므로 집값의 차이가 발생하는 것이다.

매슬로의 욕구 5단계의 이론처럼 주거에서도 사람들은 자신들의 소득 수준에 따라 주거 욕구의 수준이 다르고 상위계층으로 올라가고 싶어 하는 심리는 당연히 나타나게 된다. 인류학자 루이스 멈포드는 그의 저서 'The City in History'에서 '사람들은 잘사는 사람들의 삶의 모습을 닮아간다'라고 하였다.

따라서 주택가격이 높은 지역을 규제하기 위해 분양가상한제를 시행하는 것은 주택시장 안정에 아무런 도움이 안 되고, 단지 정부가 집값 안정을 위해 무엇이라도 한다는 모양만 보여 줄 뿐이다. 영미 등 선진국처럼 실수요층에 따른 주거지역의 수준 차이를 인정하고, 집값 수준이 낮은 지역과 집값 수준이 높은 지역과의 격차를 줄여나가는 정책을 추진해야 한다.

늦은 감은 있지만 지난 9월 15일 홍남기 부총리는 제30차 부동산점검회의에서 주택공급의 속도를 높이기 위해 분양가상한제를 비롯한 관련 규제를 완화하는 등의 공급대책 후속 작업에 나선다고 밝혔다. 하지만 분양가상한제의 취지는 이미 퇴색했고 재개발 재건축의 속도에 걸림돌이 되고 있어 공급에 차질을 빚는 데다가, 재개발 재건축 대상지의 민원을 해결하여 표심을 노리고 있다는 비판이

거세다. 이미 시대적으로 분양가상한제는 실효성이 없어진 정책으로 폐지되어야 한다.

부동산은 돈을 먹고 자란다는 말이 있다. 서울을 예로 들자면, 강남을 분양가상한제와 같은 정책으로 규제할 것이 아니라, 강북을 살기 좋은 곳으로 만들어 강남과의 격차를 줄여, 강남에 살고 싶어 하는 주거수요를 강북 등 제2, 제3의 강남을 조성하여 이전시키는 정책이 더 시급하고 근본적인 정책이다.

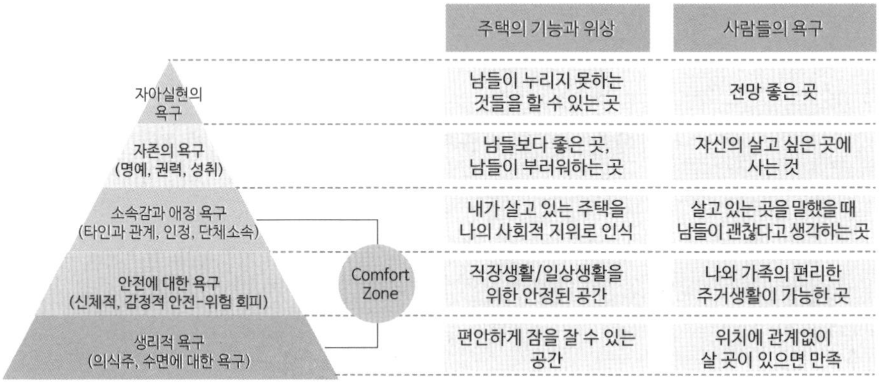

	주택의 기능과 위상	사람들의 욕구
자아실현의 욕구	남들이 누리지 못하는 것들을 할 수 있는 곳	전망 좋은 곳
자존의 욕구 (명예, 권력, 성취)	남들보다 좋은 곳, 남들이 부러워하는 곳	자신의 살고 싶은 곳에 사는 것
소속감과 애정 욕구 (타인과 관계, 인정, 단체소속)	내가 살고 있는 주택을 나의 사회적 지위로 인식	살고 있는 곳을 말했을 때 남들이 괜찮다고 생각하는 곳
안전에 대한 욕구 (신체적, 감정적 안전-위험 회피) [Comfort Zone]	직장생활/일상생활을 위한 안정된 공간	나와 가족의 편리한 주거생활이 가능한 곳
생리적 욕구 (의식주, 수면에 대한 욕구)	편안하게 잠을 잘 수 있는 공간	위치에 관계없이 살 곳이 있으면 만족

▲ 컴포트존(Comfort Zone)과 매슬로우(Maslow)의 5단계 욕구 이론

▲ 그림 3-41 매슬로우 5단계 욕구이론과 사람들의 주거욕구

※ 자료: 매슬로우 5단계 욕구와 컴포트 존 이론에 근거한 주택의 기능과 수요자의 욕구 재구성

02 주택금융 분야

▌해법 3. 무주택자의 서러움, LTV, DTI, DSR 완화

문재인 정부에서는 금융대출로 인해 발생하는 투기수요를 원천적으로 차단하겠다는 목적으로 LTV와 DTI의 규제 강화뿐만 아니라 DSR과 신DTI 제도를 도입하여 시행하였으나, 결국 주택정책의 목표와는 달리 심각한 부작용이 나타나고 말았다. 가장 큰 부작용은 '부익부 빈익빈' 현상의 심화로 중산층과 서민층의 사회적 박탈감을 키우게 만든 것이다. 또한 무주택자의 생애최초 주택구입을 위한 자금 마련 기회조차 막아버렸다.

주택시장의 수요자로서는 이러한 금융규제에도 불구하고, 주택가격이 계속 오를 것이라는 기대감 혹은 불안감으로 인해 소위 '영끌'로 젊은 세대들이 주택을 구매하려는 상황에서 돈줄을 죄니, 서민의 원성은 하늘을 찌르게 되었다. 정부는 뒤늦게나마 무주택자를 구제하기 위해 2021년 7월부터 무주택자에 대한 주택담보대출 기준을 완화하고, 한도기준도 4억원 등으로 상향시켰다. 하지만 이미 급등한 서울시 아파트의 경우 10억을 초과하는 주택이 많은 상황에서 현재의 완화기준으로는 큰 효과를 거두기 어렵다.

병 주고 약 주는 처방인 셈인데 이미 환자는 사경을 헤매는 꼴이다. 서민들은 제2금융권과 고금리대출업체를 찾아다녀야 하는 설움을 당하고 있는 판에 정부와 더불어 민주당은 그런 서민들의 애환을 모르는지, 전세대출 규제를 강화하려는 움직임이다. 금융당국의 판단을 근거로 올 추석연휴가 지나면 금융권에선 전세대출과 관련한 규제를 예상하고 있다. 전세대출은 총부채원리금상환비율(DSR) 규제를 적용받지 않고 금리가 상대적으로 낮은 편인데, 자기 능력으로 전세금을 충당할 수 있는 무주택자가 필요 이상으로 대출을 받아 빚투(빚내서 투자)를 하거나 갭투자(전세를 끼고 매수)를 하는 부작용이 있다는 것이다.

무주택자들의 내 집 마련 통로를 막아버리고 있으니 너무 안타까울 뿐이다. 먼저 전세자금을 마련해서 전세를 살다가, 적당한 시기에 전세자금에 대출을 받아 내 집을 마련하는 것이 대부분 서민의 내 집 마련 과정인데, 대출을 규제한다는 것은 이해하기 어려운 측면이 많다는 것이 전문가들의 중론이다. 따라서 무주택자를 위해서는 LTV, DTI, DSR에 대한 완화와 함께 최대한도를 파격적으로 상향하는 제도를 시행하는 것이 필요하다. 이를 통해 주택시장의 내 집 마련

우리나라의 LTV·DTI 정책 변화

시기	내용	성격
2002.9	LTV규제(60%)도입(9월 투기과열지구, 10월 전지역 확대)	규제강화
2003.6	투기지역 3년이하 대출 LTV규제(60%→50%)	규제강화
2003.10	투기지역 10년이하 대출 LTV규제(50%→40%)	규제강화
2004.3	10년이상 대출 LTV완화(60%→70%)	규제완화
2005.6	투기지역 10년이하, 6억이상 주택대출 LTV규제(60%→40%)	규제강화
2005.8	투기지역 30대미만/기존부채존재가구 DTI규제(40%)도입	규제강화
2006.3	투기지역 6억이상 주택대출 DTI규제(40%)	규제강화
2006.10	투기지역 LTV규제 비은행 금융기관으로 확대	규제강화
2006.11	DTI규제 수도권 투기지역으로 확대	규제강화
2007.2	시중은행, 투기지역 및 수도권 투기과열지구 아파트 담보대출 시 6억 이하 아파트 DTI(40~60%) 적용	규제강화
2007.8	DTI규제 비은행 금융기관으로 확대(40%~70%)	규제강화
2008.11	LTV·DTI 강남3구 이외지역 투기지역 해제	규제완화
2009.7	수도권 6억이상 주택대출 LTV규제(60%→50%)	규제강화
2009.9	DTI규제 서울 및 수도권의 비투기지역 확대	규제강화
2010.8	수도권 비투기지역 1가구 1주택 DTI규제 면제	규제완화
2010.10	수도권 LTV규제 비은행금융기관으로 확대	규제강화
2014.7	금융기관 LTV 70%, DTI 60%로 통일	규제완화
2017.8	투기과열지구 및 투기지역, 조정대상지역, 수도권 LTV·DTI 조정	규제강화

출처: 기획재정부, 금융위원회 보도자료 정리

▲ 그림 3-42 우리나라의 LTV·DTI 정책 변화

※ 자료: 김영도, 금융회사 여신심사 선진화 방안 발표자료, 한국금융연구원, 2017년 9월

을 희망하는 계층의 주거 안정이 가능해질 것이기 때문이다.

구체적인 정책의 기본방향은 구매하려는 주택가격의 70%까지 완화하자는 것이다. 그 이유는 일반적으로 주택구입능력을 분양가의 50% 이상으로 보기 때문인데, 최근 분양가가 높은 지역이 많으므로 대상 지역 평균주택가격과 평균전세가격(또는 거주주택가격)의 비율을 계산하여 1차 지표를 만들고, 현재 살고 있는 주택의 전세가격(또는 거주주택가격)에 따라 보정을 해주는 방법이다. 현재 살고 있는 주택의 전세가격(또는 거주주택가격)이 대상 지역의 평균전세가격(또는 평균주택가격)보다 낮으면 LTV가 높아지게 되는 구조이다. 이것을 가구별 DTI와 DSR을 기초로 금융기관에서 가구별 대출규정을 정하면 된다.

현재의 대출 대상 가구의 자격도 완화할 필요가 있다. 기존 부부합산 연 소득 0.9억 이하, 생애최초구입자 1억 미만으로 한정된 것을 1.5억 원 이하(공통)로

무주택 및 1주택 보유세대의 지역별 LTV, DTI 규제비율

담보주택 소재지역	자금용도	세대구분	18.9.13 이전		18.9.14 이후	
			LTV	DTI	LTV	DTI
투기지역 투기과열지구	주택구입	무주택세대, 1주택보유세대	40%	40%	**40% (조건부)**	**40% (조건부)**
조정대상지역	주택구입	무주택세대, 1주택보유세대	60%	50%	60% (조건부)	50% (조건부)
조정대상지역 外 수도권	주택구입	무주택세대	70%	60%	70%	60%
		1주택보유세대	70%	60%	60%	50%
기타지역	주택구입	무주택세대	70%	–	70%	–
		1주택보유세대	70%	–	60%	–

종전 주담대 보유세대 LTV, DTI 규제비율강화는 폐지됨
(예: 1주택자가 주담대 1건 보유자가 투기과열지구에서 신규주택구입자금 대출받는 경우 LTV 30%, DTI 30% 적용)

9.13조치 후: 주담대를 보유 유무와 상관없이 투기, 투기과열지구 신규주택구입 시 LTV 40%, DTI 40% 적용, 실수요자에게 10% 유리함.

▲ 그림 3-43 현재 무주택자와 1주택 보유세대의 지역별 LTV, DTI 규제비율 현황

※ 자료: 네이버블로그(크미첵의 투자 다이어리), 부동산 대출정리 자료 참조

완화해주는 것이 바람직하다. 또한 위 기본방향에 따라 계산하면, 주택기준의 경우 현재 투기과열지구 9억 원 이하, 조정대상지역 8억 원 이하에서 투기과열지구 약 12억 원 이하, 조정대상지역 약 10억 원 이하로 완화하는 효과가 나타날 것이다. 대출한도 또한 현재 4억 원 이하에서 주택 구입 금액의 50%~70% 정도로 확대되는 수준으로 정리될 것이다. 수요가 많고 고가 지역에 집을 사는 것을 규제하는 것은 거주 이전의 자유와 연결되어 있다는 것을 알아야 한다. 투기 세력 때문에 그런 규제를 하는 것인데, 투기세력을 막으려다, 건전한 내집마련계층이나 주거이동계층에게 큰 피해를 주는 정책만능주의의 한 단면이다. 투기를 막는 방법은 주택정책이 아닌 세법이나 형법 등 다른 방법으로 대처해야 한다.

LTV의 경우 현재 투기과열지구 50~60%, 조정대상지역 60~70% 기준도 위 기본방향에 따르면 투기과열지구 60%, 조정대상지역 70%로 완화된다. DTI는 현재 수준을 그대로 유지해도 좋을 것이다. DSR의 경우에는 현재 은행권 40%, 비은행권 60%의 기준을 은행권 50%, 비은행권 60%으로 확대하면 주택시장에 훨씬 긍정적인 효과가 나타날 것이다.

문재인 정부로 인해 가장 큰 피해를 받는 계층은 무주택자들이다. 그렇기에 금융규제 완화를 통해 무주택자가 살고 싶은 지역의 생애최초 주택구입을 가능하도록 하고, 보다 합리적인 정책 수립을 통해 "개인별, 가구별 맞춤형 사다리 주택금융시스템"을 통한 국민희망 프로젝트 추진으로 정책 효과를 극대화할 필요가 있다.

▌해법 4. 주택거래시장의 동맥경화, 양도세 완화

문재인 정부에서는 총 4번의 양도세와 관련한 정책을 발표하였다. 그중에서 핵심은 다주택자에게 중과세하는 정책이다. 하지만 결국 양도세 강화 정책은 다주택자로 하여금 주택시장 내 매물을 거둬들이게 하였고, 거주요건 강화로 주택시장 내 전세 물량마저 사라지면서 전세 및 매물 잠금 현상으로 인해 주택가격이 급상승하는 역효과가 발생하였다.

양도세 중과는 다주택자를 투기 세력으로 규정하고 무리하게 시행한 정책으로 평가되었고, 문재인 정부에서는 양도세 강화를 통해 세수를 증가시켰다고 하나, 역대 정부의 양도세 정책에 따른 세제 변화를 분석해 보면 양도세를 강화한다고 세수가 반드시 증가하는 것도 아니다.

한편으로 다른 정책들은 선진국의 정책을 좋은 사례인 양 답습하면서 왜 양노세와 관련해서는 따라 하지 않는지 의문스럽다. 자기 입맛대로 정책이라는 비판을 듣는 이유이다.

현 정부 출범 이후 양도세제 주요 변화 자료: 국토교통부 등

2017년 8·2대책	2018년 9·13대책	2019년 12·16대책	2020년 7·10대책
•1주택자라도 조정대상지역 주택 양도세, 2년 이상 거주해야 면제	•시세 9억 원 이상 1주택자, 2년 이상 거주해야 장기보유 특별공제 적용	•조정대상지역 내 10년 이상 보유자는 양도세 중과 제외, 장기보유특별공제 적용(2020년 6월까지 한시 적용)	•조정대상지역 다주택자 중과세율 10%포인트 인상
•다주택자는 조정대상지역 주택 양도세, 기존 세율(6~42%)에 최대 20%포인트 중과	•등록임대사업자에 '양도세 중과 제외' 혜택 중단	•1년 미만 보유 주택 양도세율 50%	•1년 미만 보유 주택 양도세율 70%, 2년 미만 60% 일괄 적용

▲ 그림 3-44 문재인 정부의 양도세제 주요 변화

역대 정부 양도소득세 정책과 세수 변화				
정부		세수 증감률(%)	정책 방향	
김대중 정부	2000	30.6	완화	외환위기 이후 세율 인하
	2001	8.8	완화	신축 주택엔 감면
	2002	17.2		
참여 정부	2003	17.8	강화	다주택자 등에 고세율 적용
	2004	20.7	강화	1가구 3주택자 중과
	2005	16	강화	
	2006	77.9	강화	조합원 입주권에도 중과
	2007	42.6	강화	1가구 2주택자 중과
이명박 정부	2008	-17.4		
	2009	-21.6	완화	기본 세율 적용
	2010	11.7	완화	지방미분양주택 감면
	2011	-9.5	완화	미분양주택 감면
	2012	0.9	완화	다주택자 장기보유특별공제
박근혜 정부	2013	-10.7	완화	세제 완화 조치 연장
	2014	20.9	완화	다주택자 중과 폐지
	2015	47.3	완화	
	2016	15.4		
문재인 정부	2017	10.6	강화	다주택자 중과(8·2 대책)
	2018	19.1	강화	고가 1주택자 등 혜택 축소
	2019	-10.7	강화	1주택·임대사업자 혜택 축소

▲ 그림 3-45　역대 정부 양도소득세 정책과 세수 변화

※ 자료: 더 중앙, 불로소득 환수의 역설…양도세 부담 늘렸는데 세수 줄기도, 김도년 기자, 2020년 7월 26일 기사

현재의 경색된 주택시장을 해결하는 방안으로 양도세를 한시적으로 완화(일몰제)하여 다주택자의 거래를 유도하는 정책을 시행할 필요가 있다. 정부에서 추진하는 대규모 신도시 등의 주택공급도 입주 시점까지는 일정 기간이 필요한 상황이기 때문에 그 기간 다주택자 등이 보유한 기존주택을 시장에 매물로 내놓도록 하는 것이 필요하므로 양도세의 한시적 완화 정책을 적극적으로 추친해야 한다.

국세법에 다주택자 양도세 완화 규정을 개정하고, 전담팀을 구성할 필요가 있으며, 일몰제 등을 적용하여 2026년 말까지 양도세를 한시적 완화하는 파격적인 정책 시행을 제안해 본다. 이를 통해 중산층의 경우 다주택자가 시장에 내놓은 매물을 구매함으로써 '주거사다리' 기능의 활성화로 연결될 수 있고, 다주택자의 시장 내 매물 출회로 주택공급에 대한 실질적 효과를 기대할 수 있게 되는 것이다. 이와 함께 주거 안정화에 대한 정책 의지를 국민에게 선포하는 시그널 효과를 가져오는 계기가 될 수 있다.

이해찬 대표가 예를 든 싱가포르 부동산 세율 살펴보니

	한국	싱가포르
취득세	1.1~4.6%	· 1주택자 0% · 다주택자 12~15% · 법인 25%
보유세	· 재산세 0.1~0.4% · 종부세 0.5~3.2%	· 거주 0~16% · 비거주 10~20%
양도세	6~42% (조정대상 지역 2주택 10%, 3주택 20% 중과)	0~12% (3년 이상 거주 비과세)

자료: 국토연구원(2020년 7월 기준)

집 양도차익에 대한 한미 양도세

■ 5월 31일까지   ■ 6월 1일부터

구분	미국의 양도세	한국의 양도세
1주택자	0원	3,120만원
2주택자	0원	2억 1,980만원 2억 6,940만원
3주택자	0원	2억 6,940만원 3억 1,890만원

· 한국과 미국에서 5년 보유 후 양도차익 5억 1,000만원을 올린 주택. 자료=우병탁 신한은행 부동산투자자문센터 팀장

▲ 그림 3-46 한국 외 외국의 양도세 비교

※ 자료: (좌측)더중앙, "해외도 그렇다"는 김현미…보유세·거래세 다 올린건 韓 유일, 하남현 기자, 2020년 7월 17일 기사 / (우측)매일경제, 집 팔아 5억 차익 내도 미국은 양도세 '0원', 전경운, 윤지원, 양연호, 박동환 기자, 2021년 5월 24일 기사

03 주택청약 분야

▌해법 5. 낡고 헷갈리는 누더기 주택청약제도 전면 개편

현재 시행되고 있는 주택청약제도는 지난 1978년 5월 도입된 이래 40년 이상 된 낡은 제도이다. 거기에 정권마다 임기응변적으로 필요한 정책을 더하고 뺀 누더기와도 같을 뿐 아니라 웬만한 전문가도 이해하기 어려운 제도가 되어 버렸다. 청약과정에서의 실수로 인해 받는 불이익이 지나치게 과도하고, 부적격 당첨자를 걸러내는 부담을 분양사업자에게 지우는 문제 등으로 수요자와 공급자 모두에게 불평과 불만의 대상이 되고 있다. 그렇기에 기존의 청약제도를 근본적으로 개선할 명분은 충분하다.

문재인 정부에서는 2021. 2. 4 주택 공급대책에서 소외된 120만 명의 청약예금 및 청약부금 가입자에게 공공분양 주택에 대한 청약 기회를 제공하는 것처럼 발표했다. 하지만 이 대책 내에는 공공분양에 대한 청약부금, 청약예금 가입자

청약통장 가입 현황

구분	전체	15년 이상
종합저축	25,559,156	0
청약저축	437,655	237,271
청약부금	178,704	139,735
청약예금	1,049,468	834,508

* 2020년 12월 기준, 2015년 9월부터 청약저축·예금·부금 신규 가입 중단.

▲ 그림 3-47 청약통장 가입 현황

※ 자료: 더 중앙, "20년 무주택에 청약 고점인데…" 2·4 대책에 120만 명 절망, 안장원 기자, 2021년 2월 5일 기사

의 청약 자격은 배제되었다. 전국의 약 120만 명의 청약예금 및 청약부금 가입자는 공공주택 전용 85㎡ 이하 규모에는 청약 기회조차 없다. 이러한 청약제도가 과연 공정하다고 할 수 있는 것인가? 그렇기에 공정한 주택정책으로서 균등한 기회 보장을 위해 청약예금 및 청약부금 가입자에게도 공공분양의 청약 기회를 제공하도록 청약 자격을 확대할 필요가 있다.

우선적으로 현재 기존 청약통장 가입자는 가입 시 민간주택 또는 공공주택을 선택하여 납입하는 형태이고, 종합통장은 구분이 없는 형태이다. 따라서 과거 청약통장 가입 시기의 주택공급 상황과 현재의 주택공급 상황이 다르다는 점에서 기존 청약통장의 민간, 공공주택의 구분을 없애고 종합통장과 동일한 기준을 적용하도록 하는 청약제도 개선이 필요하다.

둘째는 무주택자에게 우선 공급되어야 할 주택과 그렇지 않은 주택으로 구분해서 청약제도를 이원화해야 한다는 것이다. 다시 말하면 무주택자의 주거안정을 주목적으로 공급되는 주택은 무주택 기간과 가구주 연령 및 부양가족수의 배점을 더욱 강화해서 무주택자가 보다 확실하게 우선공급을 받을 수 있도록 해야한다. 반면에 우선공급 대상이라고 보기 어려운 고가의 대형 주택은 누구나 용이하게 청약할 수 있도록 하자는 것이다. 면적 기준으로는 국민주택 규모인 전용면적 85㎡ 이하와 초과로, 가격 기준으로는 양도세 내지 종부세 부과 등의 기준 이하와 초과로 구분 적용할 수 있다고 생각한다.

셋째는 청약제도의 운영에 관한 것으로, 지나치게 복잡한 제도를 대폭 정비해서 상식을 갖춘 사회인이라면 누구나 충분히 이해하고 편리하게 청약할 수 있도록 해주어야 한다. 또한 청약과정에서의 오류를 최소화할 수 있도록 자가검증 기능을 제공할 필요가 있으며, 실수로 인한 오류청약은 불이익을 줄여 주어야한다. 아울러 청약제도의 운영과 부적격자를 가려내는 기능은 공공부문이 담당해야 한다. 지금처럼 전문가조차도 이해하기 어려운 제도를 만들어 놓고 그것을 지키는 부담마저 분양사업자에게 지우는 것은 당위성이 없기 때문이다.

따라서 부분적인 손질이나 보완에 그칠 것이 아니라, 청약제도를 전면 개편해서 이원화해야 한다. 이를 통해 중소형 주택에 대해서는 무주택자 우선공급의 효과를 더욱 강화하는 한편, 대형 고가주택에 대해서는 주택소유 유무에 관계없이 누구나 자유롭게 청약할 수 있도록 함으로써 경제활동의 자유를 신장하고 불필요한 사회적 비용을 최소화해 나가야 할 것이다.

▌해법 6. 가구수별/계층별 특별 공급물량 확대

　　서민층 및 취약계층을 중심으로 시행해 온 공공임대주택 공급정책은 시대가
변하면서 청년, 신혼부부 등으로 확대되었고, 특별 공급물량이라는 제도 안에서

청약구분			공통자격	청약자격	당첨자 선정
공공분양에 청약하면 안 되는 경우			1. 청약자, 배우자 및 세대구성원 중 주택이 있는 경우 2. 청약자, 배우자 및 세대구성원 중 재당첨 제한에 적용되는 주택에 당첨된 경우 3. 공공분양 청약통장 1순위가 아닌 경우(일시 납입자)		
기관 추천	국가유공자 장애인 철거민	청약통장 불필요		1. 해당 기관에 신청하여 해당 기관에서 특별공급 대상자로 선정된 자 2. 특별공급 신청일에 청약 신청	
	기타 기관추천				
다자녀가구				1. 만 19세 미만의 자녀 3명 이상 2. 자산보유기준 및 소득기준	1. 거주 지역(부산→경남) 2. 배점표 점수 높은 순
노부모공양				1. 만 65세 이상의 직계존속 3년 이상 부양 무주택세대주 2. 자산보유기준 및 소득기준	1. 거주 지역(부산→울산, 경남) 2. 저축총액(주택청약종합저축 및 청약저축은 매월 최대 10만원까지만 인정)이 많은 분 3. 저축총액이 많은 분
생애최초		청약통장 필요	입주자모집공고일 현재 1. 무주택세대구성원 2. 재당첨 제한× 3. 공공분양 1순위 (6개월 이상 일정액 납입)	1. 세대구성원 모두 주택소유 사실 無 배우자 결혼 전 주택소유 사실 無 2. 저축총액 600만원 이상 3. 혼인 중이거나 미혼자녀(입양 포함)가 있는 경우(동일 주민등록증상의 경우)	1. 거주 지역(부산→울산, 경남) 2. 추첨
신혼부부				1. 혼인(재혼 포함) 기간 5년 이내 2. 혼인기간 내 임신 중이거나, 출산하여 자녀가 있는 경우 3. 자산보유기준 및 소득기준	1. 1순위(혼인기간 3년 이내) 2. 거주 지역(부산→울산, 경남) 3. 미성년 자녀(태아 포함)가 많은 분 4. 추첨
일반 공급	전용면적 60㎡ 이하			1. 자산보유기준 및 소득기준	1. 1순위 2. 거주 지역(부산→울산, 경남) 3. 저축총액(주택청약종합저축 및 청약저축은 매월 최대 10만원까지만 인정)이 많은 분 4. 저축총액이 많은 분 5. 추첨
	전용면적 60㎡ 초과				

▲ 그림 3-48 우리나라 청약제도

※ 자료: 네이버블로그(2030년 부산's Story), 공공분양 청약자격 및 청약조건 총정리 자료 참조

시행되고 있다. 하지만 여전히 소외되는 계층이 많은 것이 사실이다. 따라서 특정 계층을 배려하는 기존 청약제도를 가구수별, 계층별로 세분화하고 균등한 청약 기회를 제공하는 정책을 시행할 필요가 있다.

무주택자의 경우를 보면 청년, 신혼부부를 위한 특별공급 확대는 40~50대에게는 상대적 박탈감을 주고 있으며, 저소득층이나 다자녀를 위한 특별공급은 중산층, 1인 가구 등이 소외감을 느낄 수 있는 상황이다. 따라서 주택공급 확대와 동시에 주택공급 지역의 인구 및 가구구조를 감안한, 가구수별, 계층별 특별공급물량을 균등하게 배분하여 공급하여 최대한 소외되는 계층이 없도록 하는 정책을 시행하는 것이 필요하다.

이를 위한 방법은 구체적인 해법이라기보다 단순 해법이다. 간단하게 말해 할 것인지 말지를 결정하면 되는 의사결정만 하면 되는 것이다. 우선 주택공급 지역의 인구 및 가구구조 비율을 고려하여 특별공급 기준을 세분화하고 적정 비율로 특별공급물량을 배분하는 과정이 선행되어야 할 것이다. 단계별, 지역별로 모든 계층에게 균등한 기회를 제공하여 공공임대주택 공급정책으로 소외되는 계층이 없는 공정한 주택정책의 한 분야로 자리매김하게 될 것이다.

04 주거복지 분야

▎해법 7. 국민보험주택 제도 신설

대한민국 주택정책 목표 중의 하나인 주거안정을 실현하기 위한 '혁신'이자 '개혁'적인 해법으로서 본서에서는 '국민보험주택' 제도의 신설을 제시한다.

국민보험주택 제도의 신설을 해법으로 제시하게 된 배경은 노후 준비가 충분하지 않은 베이비붐 세대 및 그 이후의 세대는 다가오는 초고령사회의 주거 문제로 인한 중산층의 몰락, 여당의 기본주택 등으로 재정파탄의 현실화가 우려되기 때문에 이러한 사회적 문제를 예방하고, 집 걱정 없는 대한민국을 만들기 위한 새로운 주거복지 정책이 필요하기 때문이다.

정책 목표	집 걱정 없는 대한민국의 주거복지 제도 마련
정책 배경	노후 준비가 충분하지 않은 베이비부머 세대와 그 이후의 세대는 다가오는 초고령사회에 주거문제로 인한 중산층의 몰락, 여당의 기본주택 등으로 재정파탄의 현실화 우려. 따라서 이러한 사회적 문제를 예방하고, 집 걱정 없는 대한민국을 만들기 위한 새로운 주거복지 정책이 필요함

국민보험주택 제도의 필요성		
집 걱정 없는 대한민국을 만들어야 하는 시대적 사명 (주택가격 안정화)	MK세대가 주도할 미래 대한민국의 주거가치 패러다임의 개혁 (재정투자 최소화)	공정한 대한민국의 첫 걸음 공정한 주거정책 시행 필요 (자연스런 소셜 믹스)
1 평생 집 걱정 없이 살 수 있는 새로운 주택정책 시행	2 소유에서 거주로의 선진국형 주거가치 대전환	3 계층별 소외감을 최소화하는 공정한 주거복지 추진

▲ 그림 3-49 국민보험주택 제도의 정책 목표 및 필요성

※ 자료: 윤주선, 대선후보 공약사항 제안서, 2021. 5.

사실 필자가 국민보험주택 제도를 제안한 것이 10년도 넘었지만, 좋은 제도임에도 불구하고 사장되다시피 하였다가, 문재인 정부의 주택정책 실패로 인해 주거 문제가 대선의 가장 중요한 쟁점이 되면서, 주거 문제를 획기적으로 해결할 수 있는 최종적 대안으로서 그 시기가 도래했다.

국민보험주택은 기존의 4대 보험에 추가하여 5대 보험제도로 신설하는 것이 핵심이다. 국민보험주택에 대한 세부 내용은 [그림 3-50]을 통해, 더욱 자세히 확인할 수 있다. 국민보험주택을 제도화하는 과정이 간단하지는 않지만, 제도화된다면 우리 국민의 주거 문제를 근본적인 해법이 될 수 있으며, 주택 가치의 패러다임을 소유에서 거주로 바꾸는 전환점이 될 것이다.

국민보험주택은 앞에서 살펴본 기본주택이나 공공임대주택, 그리고 과거 뉴스테이로 불렸던 공공지원 민간임대주택과 비교하였을 때, 사실상 대한민국 국민이라면 누구나 혜택을 받는다는 점에서 가장 큰 차이점이 있고, 배우자 사망 시까지 기주가 가능한 '평생주택의 개념'이다.

국민보험주택의 주요 내용 (국가재정 대신 개인의 작은 돈으로 평생 집 걱정 없는 나라)

- 국민연금, 건강보험, 산재보험, 고용보험 등 4대 보험 외 5대 보험으로 국민보험주택 제도 신설
- 직장가입자의 경우 고용주와 피고용자가 부담하는 방식 및 비율에 따라 납부하고, 퇴직 시 보험금에 따라 주택 신청
- 국민보험주택은 공공지원 민간임대주택(구. 뉴스테이) 수준의 질 좋은 주택으로 공급
- 국민주택보험 주택은 재정 투자 최소, 퇴직 전 10년 전부터 설문 통해 살고 싶어하는 지역에 대량 공급 가능
- 자기 소유 집에서 살고 싶은 가구주는 주택보험금을 국민연금처럼 사용하면 됨
- 국토 전체의 주거지역 용적율을 100~200% 상향 용적률의 50%를 보험주택으로 공급
- 보험주택은 상향 용적율의 50%만큼을 표준건축비로 지자체가 매수, 주택보험금(또는 개인추가부담)으로 임대료 수납

추진방안	기대효과
- 국토의 계획 및 이용에 관한 법률에 따른 용도지역별 용적율 규정 개정 - 국민주택보험주택을 공급할 국토교통부 산하 국민주택보험공단 신설 - LH, SH, GH, 지자체의 주택공급시마다 국민보험주택 매입, 임대운영	- 국민들의 주거문제 해결로 주택시장 안정화 - 주택가치의 패러다임이 소유에서 거주로 전환 - 청년을 비롯한 20~50계층이 소외감 없는 공정한 주거복지 시행 - 초고령 사회를 대비한 집 걱정 없는 노후생활 가능

▲ 그림 3-50 국민보험주택 제도의 주요 내용

※ 자료: 윤주선, 대선후보 공약사항 제안서, 2021. 5.

국민보험주택의 가입대상과 보험료 납부 방식은 현재는 구상안 단계라는 점에서 보완이 필요한 상황이지만, 개인이 납부하는 데 있어 부담을 최소화하면서도 최대의 효과를 낼 수 있는 방법을 찾아나가야 한다.

국민보험주택과 타 임대주택과의 차이점 비교				
구분	국민보험주택	기본주택	공공임대	공공지원 민간임대 (구. 뉴스테이)
재원	개인, 고용주	국가 재정	국가 재정	국가재정, 민간사업자
사업시행자	공공, 민간	공공주택 사업자	공공주택 사업자	민간 임대사업자
주택소유	공공	공공	공공	민간
입주자	무주택자 누구나 (일시적 2주택자)	무주택자 누구나	소득, 자산, 나이 제한	무주택자 누구나
임대료	시세의 50~70%	임대주택 운영비 수준 *기준 중위소득 20% 이내	시세의 30~80%	시세의 95% 이내
운영기간	배우자 사망시까지 (평생)	30년 이상	30년 이상	20년 이상

▲ 그림 3-51 국민보험주택과 타 임대주택과의 차이점

※ 자료: 윤주선, 대선후보 공약사항 제안서, 2021. 5.

국민보험주택 가입대상 및 보험료 납부방식		
구분	내용	비고
가입대상	국민연금 가입자(18세 이상 ~ 60세 미만) 및 공무원, 군인, 사립학교 교직원 등 연금 가입자	만55세부터 보험주택 입주자격 부여
가입 선택여부	상기의 가입대상자는 의무적으로 가입(법률로 명시)	
보험료 납부방식	• 직장 가입자 - 급여에서 선공제 • 지역 가입자 - 보험료 개별 납부 • 임의 가입자 - 보험료 개별 납부	직장 가입자의 경우 보험료 부담비율에 대한 회사의 지원여부 및 지원비율에 대한 후속 논의 필요
보험료 납부비율	납부자의 부담 정도 및 향후 국민보험주택 입주 시 필요한 적정금액 적립을 고려하여 고려하여 월소득금액의 10%	현재 국민연금 납부비율은 월소득의 9%
보험료 납부기간	최소 완납기간은 5년으로 하며, 가입자의 나이를 감안하여 10년 및 20년까지 선택가능	

▲ 그림 3-52 국민보험주택 보험료 가입대상 및 납부방식

※ 자료: 윤주선, 대선후보 공약사항 제안서, 2021. 5.

[그림 3-53]은 2024년부터 시행하는 것을 가정하고, 월 소득의 10%를 낸다는 것을 전제로 월 소득에 따른 납부액과 5년, 10년, 20년간 납부한 금액을 시뮬레이션해본 결과이다. 소득에 따라 납부액이 달라지는데, 만 55세가 되었을 때, 납부한 금액을 일시불로 수령할 경우는 각자 입주하고 싶은 주택에 보증금으로 사용하는 것을 기본으로 하고, 월별 수령할 경우에는 월세로 납부되는 방식으로 진행된다. 반대로 입주하고 싶은 주택에 보증금보다 본인이 납부한 보험료가 부족하면 개인적으로 부족분을 채워 입주하고 싶은 주택에 입주할 수 있게 되는 것이다.

국민보험주택 공급방식은 납부기간, 납부금액 등에 따른 추첨제 방식을 기본으로 하는 방식을 생각해 볼 수 있는데, 중요한 것은 현재의 복잡한 공공임대주택 유형을 취약계층을 위한 서민안심주택과 통일하고, 나머지 모든 공공임대주택 유형은 국민보험주택으로 통일하여 단순화시키는 것이다. 그리고 현재 소형 중심의 공공임대주택 공급규모를 50평형내까지 다양화하여 주택시장 내에 존재하는 다양한 수요층을 모두 만족시킬 수 있도록 할 필요가 있다.

| 국민보험주택 보험료 납부금액 시뮬레이션 (2024년부터 납부 시행, 월소득의 10% 납부 가정) | | | | | |

(단위:원)

월소득	월 납부금액(10%)	1년 납부금액	5년 납부금액	10년 납부금액	20년 납부금액
1,933,250*	193,325	2,319,900	11,599,500	23,199,000	46,398,000
2,000,000	200,000	2,400,000	12,000,000	24,000,000	48,000,000
2,500,000	250,000	3,000,000	15,000,000	30,000,000	60,000,000
3,000,000	300,000	3,600,000	18,000,000	36,000,000	72,000,000
3,500,000	350,000	4,200,000	21,000,000	42,000,000	84,000,000
4,000,000	400,000	4,800,000	24,000,000	48,000,000	96,000,000
4,500,000	450,000	5,400,000	27,000,000	54,000,000	108,000,000
5,000,000	500,000	6,000,000	30,000,000	60,000,000	120,000,000
6,000,000	600,000	7,200,000	36,000,000	72,000,000	144,000,000
7,000,000	700,000	8,400,000	42,000,000	84,000,000	168,000,000
8,000,000	800,000	9,600,000	48,000,000	96,000,000	192,000,000
9,000,000	900,000	10,800,000	54,000,000	108,000,000	216,000,000
10,000,000	1,000,000	12,000,000	60,000,000	120,000,000	240,000,000
15,000,000	1,500,000	18,000,000	90,000,000	180,000,000	360,000,000
20,000,000	2,000,000	24,000,000	120,000,000	240,000,000	480,000,000
30,000,000	3,000,000	36,000,000	180,000,000	360,000,000	720,000,000
40,000,000	4,000,000	48,000,000	240,000,000	480,000,000	960,000,000
50,000,000	5,000,000	60,000,000	300,000,000	600,000,000	1,200,000,000

• 월소득 1,933,250원은 2021년 최저시급 8,720원을 연 2% 상승으로 가정하여 산정된 2024년 최저시급 9,520원을 월급으로 환산한 금액임
• 국민연금은 급여의 9%로 근로자가 4.5% 사업주가 4.5% 부담, 국민보험주택은 급여의 10%를 근로자가 5% 사업주가 5% 부담

▲ 그림 3-53 국민보험주택 보험료 납부금액별 총 납입금액 시뮬레이션

※ 자료: 윤주선, 대선후보 공약사항 제안서, 2021. 5.

만약 국민보험주택이 시행된다면, 3기 신도시 및 신규 택지지구와 1기 신도
시 및 민간 정비사업 등에 가장 빠르게 도입될 수 있다. 그리고 GTX와 같은 신
규역사에는 복합개발 방식을 통해 우수한 입지에 공급하는 것을 전략적으로 추

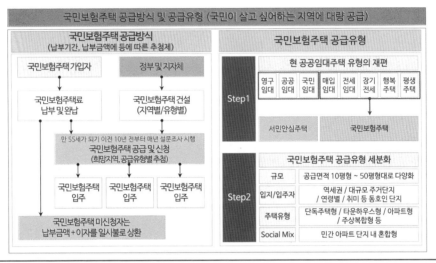

▲ 그림 3-54 국민보험주택 공급방식 및 공급유형

※ 자료: 윤주선, 대선후보 공약사항 제안서, 2021. 5.

국민보험주택 공급지역 및 공급시기

국민보험주택 공급지역	국민보험주택 공급시기	
3기 신도시 및 신규 택지지구	2022~2023년	국민보험주택 제도화 및 시행 / 국민보험주택 공급 종합계획 수립
1기 신도시 재건축/리모델링 아파트	2024년	전국 주요지역 국민보험주택 시범단지 조성
민간 재건축/재개발/리모델링 사업구역	2025년	1기 신도시 등 국민보험주택 공급 본격화
민간 도시개발사업구역	2026년	국민보험주택 시범단지 첫 입주
GTX역 등 신규역사 복합개발 단지	2027년	1기 신도시 등 국민보험주택 입주 본격화
군부대, 교도소 등의 이전적지	2028년 ~	매년 국민보험주택 목표물량 공급 및 입주

▲ 그림 3-55 국민보험주택 공급지역 및 공급시기

※ 자료: 윤주선, 대선후보 공약사항 제안서, 2021. 5.

진할 수 있다.

　국민보험주택 공급가격은 구체화하지는 않았지만, 현재 공급되고 있는 공공지원 민간임대주택에서 공급하는 주택품질과 동일한 수준보다 낮게 제공하는 방향으로 가는 것이 필요하다. 그래야 국민들의 눈높이에 맞출 수 있기 때문이다. 재개발 재건축 시에 높혀 준 용적률의 50%를 국민보험주택으로 공급하되, 표준건축비로 국가 및 지자체가 인수하게 되면 양질의 주택 품질에 공급가격은 '반값 아파트' 수준이 될 것이다.

　국민보험주택 미신청자는 입수 시 납부해야 될 금액에 기간이자를 더하여 일시불로(전)로 입주하거나, 가입이 불가능한 계층은 서민안심주택으로 입주하거나, 가입이 불가능한 계층은 서민안심주택으로 입주하는 방안도 생각해 볼 수 있다.

　국민보험주택이 시행되면 그에 따른 공급물량 확보는 가장 중요한 과제가 될 것이나. 이를 위해 국민보험주택 공급 특별법을 제정하는 것이 필요하고, 용도지역 개선 등을 통해 고밀도 개발을 전제로 하는 주택정책의 전환도 필요하다. 또한 다양한 도시 내 유휴부지 및 군부대, 혐오시설 등을 신규부지로 확보해 나가야 한다. 물론 이 모든 것들은 법제화되는 것이 필요하다.

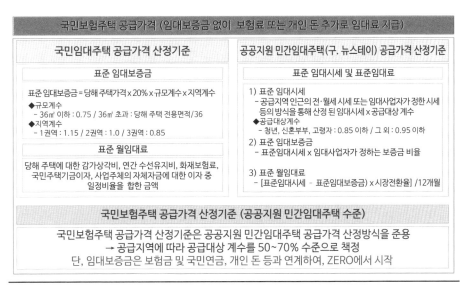

▲ 그림 3-56 국민보험주택 공급가격

※ 자료: 윤주선, 대선후보 공약사항 제안서, 2021. 5.

국민보험주택 제도의 도입에 있어서 예상되는 문제점은, 국민보험제도 자체를 반대하는 경우와 국민보험주택에 가입은 했으나, 55세가 되었을 때, 국민보험주택 신청을 원하지 않는 경우도 발생할 수 있다. 그리고 기존 청약제도와 시장 내 혼선 문제나 정비사업과 개발사업에서 국민보험주택에 대한 부정적 이미지로 건설 의무화를 반대하는 의견도 발생할 수 있다.

예상가능한 문제점에 대한 대응은 다음의 [그림 3-58] 정리를 해놓았다. 특히 중요한 것은 정비사업이나 개발사업 등에서 국민주택보험 건설을 원하지 않을 때는 용적률 인센티브에서 발생하는 수익 중 좀 더 많은 수익을 기부채납 형식으로 납부하도록 하고, 해당 지자체에서는 현금으로 받아 다른 곳에 필요한 국민보험주택을 건설하는 형태로 대체하는 방법도 생각해 볼 수 있다.

앞으로 여론조사과정을 거쳐야 하겠지만, 세계적으로 유례가 없는 우리나라 주택문제의 특성을 고려할 때, 국민보험주택 제도의 도입에 긍정적인 의견을 피력하는 전문가와 일반인이 많았다는 점에서 꼭 실현되어 국민의 주거 안정의 혁신적 모델로서 더는 집 걱정 없는 세상을 만드는 데 기여할 수 있기를 희망한다.

국민보험주택의 공급물량 확대 방안
"국민보험주택 공급 특별법" 제정을 통한 개발 규제 완화 및 지원 근거 마련
1기 신도시 등의 정비사업 추진 시 고밀화를 위한 용적률 상향 인센티브 제공 ⇒ 상향 용적률의 50%를 국민보험주택의 공급하도록 제도화
민간 국민보험주택 개발사업을 추진 시 1.5~2%대의 사업자금대출 및 용적률 완화, 세금 일부 감면 시행
현재 기능을 사라진 도시 내 유휴부지를 시장 직권으로 개발하도록 권한을 위임하고, 국민보험주택을 일정비율 공급하도록 규정화
지역 내 이전 민원이 높은 혐오시설, 군부대 등을 이전하고, 민간에게 토지를 매각하고, 개발 규모의 30~50%를 국민보험주택으로 공급하도록 규정화

▲ 그림 3-57 국민보험주택의 공급물량 확대 방안

※ 자료: 윤주선, 대선후보 공약사항 제안서, 2021. 5.

국민보험주택 제도의 예상 문제점 및 대응방안	
예상 문제점	**대응방안**
국민보험주택 제도 자체를 반대하는 경우	시대적 상황, 자녀세대의 주거안정 등의 사회 공감대를 형성, 유도하여 제도화하도록 추진 (필요시 2021년 6월 지방선거에서 국민투표 진행)
국민보험주택에 가입은 했으나, 나중에 국민보험주택 신청을 원하지 않는 경우	국민보험주택을 완납하고, 현금으로 받기를 원하는 경우 납부금액 + 이자를 지급하여 국민연금처럼 활용하도록 함
기존 청약제도와의 시장 내 혼선	기존 청약제도는 공공 및 민간 분양주택에 대한 것이며, 국민보험주택은 민간영구거주주택이므로 전혀 다른 것임

정비사업, 개발사업에서 국민보험주택
건설 의무화에 따른 반대 시
	1) 국민보험주택을 건설을 원하지 않는 경우
	- 대안1 : 용적률 인센티브 및 각종 규제완화 없이 사업 추진
	- 대안2 : 용적률 인센티브를 받고 사업을 추진하는 경우,
	  용적률 인센티브로 발생하는 이익의 80%를 현금
	  으로 납부 → 타 지역에 건설을 위한 자금 확보
	※ 국민보험주택을 건설 시, 용적률 인센티브의 50% 건설

▲ 그림 3-58 국민보험주택 제도의 예상 문제점 및 대응방안

※ 자료: 윤주선, 대선후보 공약사항 제안시, 2021. 5.

▌해법 8. 취약계층을 위한 임대주택 공급 확대

노태우 정부에서부터 시작된 기초생활보장 수급자, 차상위계층 등 취약계층을 위해 시행된 임대주택 공급은 현 정부에 이르기까지 꾸준히 시행되어 왔다. 취약계층을 위한 주거복지 정책으로서 앞으로도 매우 중요한 정책임은 분명하다.

공공임대주택의 문제는 국민 대다수가 부정적 인식이 너무나도 강하다는 것이다. 실제 영구 임대아파트 단지나 국민 임대아파트 단지를 직접 가보면 민간 아파트 단지에 비해 단지 관리 수준이 떨어지고 고령층이 많다 보니 살고 싶은 주거단지가 아닌 것은 분명하다.

기초생활보장 수급자 또는 차상위계층이 가장 희망하며 만족도가 높은 주거복지는 임대주택에 거주하는 것이므로 그들에게는 만족도가 있지만, 사회적 융합(Social Mix)을 추구하는 정책을 시행하는 최근의 상황에서는 조화를 이루기 어려울 수밖에 없다. 따라서 공공임대주택에 대한 사회적 인식 개선 정책을 적극적으로 추진할 필요가 있다.

본서에서 제안하는 해법은 기존 임대주택과 신규 임대주택의 공급전략에서 부정적 인식을 개선하는 방안이다. 먼저 기존 임대주택의 경우 노태우 정부에서 시행한 영구임대주택은 이제 재건축 시기가 도래했다. 따라서 민간주택 수준의 질 좋은 주택으로 공급하고, 임대주택 단지 내에서 모든 것을 해결할 수 있는 주거 기능을 갖춘 스마트 주거단지로 조성하는 방법이다.

신규 임대주택의 경우도 비슷한 전략이지만, 3기 신도시에 공급하는 것을 예로 들어본다면 시범단지, 혹은 입지가 양호한 지역에 전략적으로 조성하여, 민간 아파트 단지보다 더 좋게 건설하는 것이다. 이를 통해 민간 아파트에 거주하는 사람들이 임대아파트를 부러워하게 만드는 것이 공공임대주택에 대한 사회적 인식을 개선할 수 있는 좋은 해법이라고 할 수 있으며, 진정한 사회적 융합으로 나아갈 수 있는 기반이 될 것이다.

재원 조달의 문제가 걸림돌이 될 수 있지만, 이 부분은 다른 주택정책 추진을 통해 기부채납 등을 현물로 받는 등 구체적인 해법을 찾아낼 수 있을 것으로 기대하며 누구나 살고 싶어 하는 첨단 공공임대주택의 건설로 사회적 인식 개선이 이루어지기를 기대해 본다.

임대주택 공급은 국민주택보험 제도의 도입과 함께 복합적으로 개선해야 될 과제이다. 국민주택보험에 가입하기 어려운 계층에는 서민안심주택이라는 이름으로 국민주택보험으로 입주할 수 있는 수준의 주택을 공급함으로써 임대주택이라는 꺼리낌을 없애고 자연스러운 사회적 융합이 이루어질 수 있다.

국민보험주택도 마찬가지로 평생 임대주택이지만, 기존의 일반 임대주택과 달느 것은 국민 누구나 입주하는 주택이라는 것이다. 소유에서 거주로 모든 주택의 개념을 바꾸게 되면 임대주택은 평생주택으로 그 개념이 바뀌게 될 것이다.

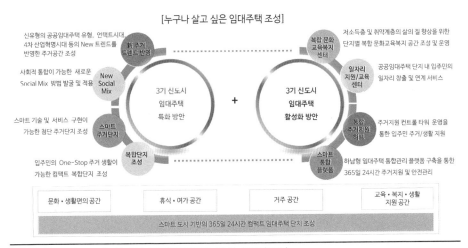

▲ **그림 3-59** 3기 신도시 공공임대주택 특화 방안(예시)

※ 자료: 연구자 직접 작성

05 신도시/택지지구/정비사업 개발 분야

▌해법 9. 노후 신도시 기능개선 및 스마트도시 조성 특별법 제정

서울, 인천, 경기도를 아우르는 수도권에는 1기 신도시, 2기 신도시, 3기 신
도시로 명칭되는 지역들이 있다. 그중에서 1기 신도시는 노태우 정부 시절에 계

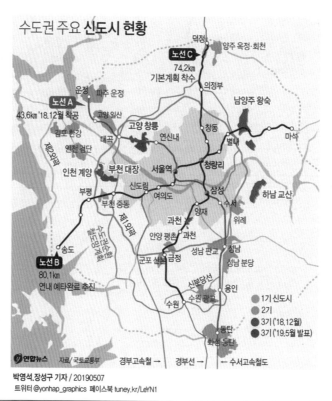

▲ 그림 3-60 수도권 1~3기 신도시 현황

※ 자료: 연합뉴스, 수도권 주요 신도시 현황, 박영석 기자, 2019년 5월 7일

획되어 조성되었고, 2기 신도시는 노무현 정부 시절에 계획되어 조성되었다. 그리고 3기 신도시는 현 문재인 정부에서 발표되어 추진 중이다.

1기 신도시는 1990년대 초·중반에 추진되어 이제는 노후 신도시라고 할 수 있다. 하지만 제2장에서 확인한 것처럼 지하철 노선을 따라 1시간 내 서울 생활권이 가능한 지역으로서 주거수요가 매우 높은 지역이다. 1990년대 베이비붐 세대가 1기 신도시에 정착한 이후 자녀 세대인 에코 세대들이 자라온 곳이며, 자연스럽게 가구독립이나 결혼 등을 통해 자신들에게 익숙한 1기 신도시에 정착하는 경우가 많은 상황이다. 따라서 1기 신도시는 서울 생활권이 가능하면서도 서울보다 상대적으로 저렴한 주택가격을 부담하면서 거주할 수 있는 대안 지역이라고 할 수 있다.

1기 신도시는 신도시임에도 불구하고 자족 기능이 부족하고 베드타운 성격이 강하여 반쪽짜리 신도시로 지적되기도 하였으나, 대규모 주택공급을 통해 1991년 주택보급률 74.2%를 1997년 82%까지 끌어 올렸고, 1990년대 부동산 가

구분	분당	일산	평촌	산본	중동
도시특성	업무, 금융, 상업 중심	문화, 관광, 국제회의 중심	기존도시보완	기존도시보완	기존도시보완
위치	분당동 외 5개동	일산읍, 송포면 일원	평촌동 외 3개동	산본동 외 3개동	중동 외 5개동
면적(㎢)	19,688	15,736	5,106	4,203	5,452
주택건설(호)	97,580	68,810	42,047	41,974	41,422
수용인구(천명)	390	275	168	168	166
사업비(억원)	38,081	25,902	11,786	9,033	24,010
사업기간 -택지개발 -주택공급	'89~'95 '89~'95	'90~'95 '90~'95	'89~'95 '90~'93	'89~'94 '90~'95	'90~'95 '90~'94
지구지정일	'89.5.4	'89.6.20	'89.2.27	'89.2.27	'89.4.22
최초입주	'91.9	'91.9	'92.3	'92.4	'92.12
사업시행자	토지개발공사	토지개발공사	토지개발공사	토지개발공사	토지개발공사

▲ 그림 3-61 수도권 1~3기 신도시 현황

※ 자료: 국토교통부 홈페이지 자료

격 안정화에 크게 이바지하였다. 또한 수도권 전철 및 간선도로 증설 등 교통체계 개선도 함께 이루어졌다.

현재 1기 신도시는 건축기한 30년이 지남으로써 건물의 노후화는 물론 인구의 고령화와 청년 인구가 감소하고 중·장년층 인구는 증가하고 있고, 도시기반시설은 노후화되었을 뿐 아니라 자족 기능의 미비로 도시기능이 급격히 쇠퇴하고 있다. 1기 신도시는 잘 갖추어진 생활편의시설과 서울 도심으로 연결되는 편리한 교통망으로 살고 싶은 도시이지만 현재는 노후화된 도시기능을 다시 살리는 과제를 안고 있다. 그동안 정부는 2기 신도시, 3기 신도와 같은 새로운 신도시 개발에만 중점을 두고 1기 신도시의 노후화에 관해서는 관심이 적었던 것이 사실이다.

최근 1기 신도시 내에서 재건축과 리모델링 사업이 단지별로 진행되고 있다. 특히 분당과 평촌, 산본지역에서 관심을 두고 리모델링 사업이 추진되면서 시공사들이 속속 뛰어들고 있다. 그러나, 1기 신도시 문제를 정부가 방관하고 있는 사이 단지별 재건축과 리모델링 사업이 추진되다 보면 사업성이 있는 단지 중심으로 사업이 추진될 뿐 아니라 도시기반시설 부족 및 자족 기능에 관한 문제는 향후 사회문제로 대두될 수 있을 것이다.

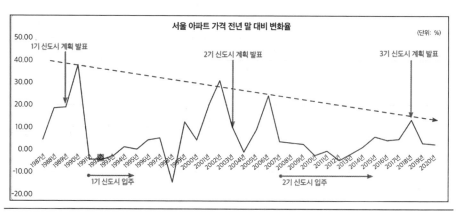

▲ 그림 3-62 1기 신도시 입주 후 주택가격 변화

※ 자료: 신아일보, 1·2기 신도시, 서울 집값 상승 억제…입주 시기 '가격 하락', 서종규 기자, 2021년
6월 28일 기사

1기 신도시는 사회기반시설이 잘 갖추어진 신도시로 주택수요는 줄지 않고 있는 지역으로 건축연한 30년이 지나고 재건축의 이슈가 생기면서 발 빠른 단지는 재건축 또는 리모델링을 추진하고 이미 사업추진을 위한 조합설립을 추진하고 있으나, 30여 년 전의 오래된 도시계획기법으로 인해 제3기 신도시와 비교하여 낡은 도시가 될 것이며, 각각의 단지별 개발이 이루어진다면 앞으로 30년 후

1기 신도시 리모델링 사업추진 현황　　　　　　　※ 사업단계 조사시점은 2021년 1분기

구시군	읍면동	구역명	총가구수(가구)	사업단계	입주시기(년)
군포시	산본동	세종주공6단지	1827	추진위	1994
		우륵주공7단지	1312	조합설립인가	1994
		백두한양9단지	930	추진위	1994
		개나리13단지주공	1778	추진위	1995
		설악주공8단지	1471	추진위	1996
	금정동	율곡3단지	2042	조합설립인가	1994
부천시	상동	한아름삼환	476	추진위	1994
		한아름동성	476	추진위	1994
		한아름동아	476	추진위	1994
성남시	정자동	느티공무원3단지	770	건축심의	1994
		느티공무원4단지	1006	건축심의	1994
		정든우성6단지	706	추진위	1994
		한솔주공5단지	1156	안전진단	1994
	야탑동	매화공무원2단지	1185	추진위	1995
		매화공무원1단지	562	안전진단	1995
	구미동	무지개4단지 주공	563	건축심의	1995
안양시	평촌동	초원부영	1743	추진위	1992
	호계동	목련대우.선경2단지	994	건축심의	1992
		목련3단지우성	902	건축심의	1992
	관양동	한가람신라	1068	추진위	1992

※ 자료: 부동산114 REPS

▲ **그림 3-63** 1기 신도시 리모델링 추진 현황

※ 자료: 이데일리, 정치권이 당기고 대형건설사가 민다…'1기신도시 리모델링' 훈풍, 황현규 기자, 2021년 6월 1일 기사

에는 무계획적 도시로 변해 있을 것이다. 1기 신도시에 대해서는 늦은 감은 있으나 지금이라도 스마트도시 등 새로운 도시계획 기법을 활용하여 선진적 신도시로 탈바꿈하는 계획을 세워야 한다.

1960년대에 개발된 일본의 오사카 교외 센리(千里)뉴타운의 재개발사업은 슬럼화되고 올드타운으로 불리던 도시가 재건축을 통하여 젊은 부부와 아이들이 되돌아오는 젊은 도시로 탈바꿈된 모습을 벤치마킹할 필요가 있다.

1기 신도시는 2021년부터 2026년까지 28만 호가 30년 이상 된 노후주택으로 편입된다. 과거에는 단기간에 건축된 대규모 주거지역으로 부족한 주택공급에 큰 역할을 하였으나, 또 다른 면에서는 급속한 노후주택에 의해 주거 불만족, 스마트도시 기능의 미비, 자족 기능의 침체 등 새로운 도시 문제를 발생시키게 될 것이라는 우려가 제기되고 있다.

현재는 단지별 재건축이나 리모델링을 추진 중이나, 이것으로 도시기반시설

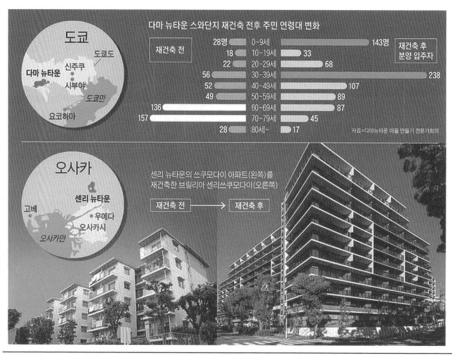

▲ 그림 3-64 일본 타마뉴타운의 스와단지 재건축 전후 결과

※ 자료: 조선일보, '올드타운' 오명 日신도시, 재건축으로 젊은 신도시 탈바꿈, 차학봉 기자, 2021년 6월 10일 기사

의 부족, 즉 주차난이나 상.하수도 부식, 층간소음에 의한 주민 불만 등의 문제점을 해소하기에는 역부족이다. 1기 신도시는 계획도시의 특성이 있으므로 전면 도시계획을 수정하여 자족기능 강화 등 새로운 스마트도시로 탈바꿈시키는 "노후 신도시 재생특별법"의 제정이 필요하다.

▌해법 10. 노후 도심의 활력형 재생을 위한 재개발 제도 개선

문재인 정부는 부동산정책 관련 100대 국정과제 중 '도시경쟁력 강화 및 삶의 질 개선을 위한 도시재생뉴딜 추진'을 위해 도시재생뉴딜사업 발굴 및 지원, 지역역량 강화, 도시재생 연계 공공임대주택 공급, 주거취약계층 녹색건축물 우선 적용을 통하여 구도심과 노후 주거지 생활 여건 개선으로 주민 삶의 질을 개선하고 쇠퇴지역을 혁신공간으로 재창출하고자 하였다.

도시재생뉴딜은 전면철거 방식의 재건축 재개발의 도시 정비사업과 달리 기존 모습을 유지하면서 노후 주거지와 쇠퇴한 구도심을 지자체 주도로 활성화하여 도시경쟁력을 높일 뿐 아니라 일자리 창출을 위한 도시혁신 사업이라 할 수 있다. 기존의 생활 형태를 유지하면서 부분 개선을 하므로 거주민들을 다른 지역으로 이주시키지 않아 젠트리피케이션의 문제도 발생하지 않을 수 있다.

그러나, 문재인 정부 4년이 지난 현시점에서 평가해보면, 도시재생뉴딜사업의 현주소는 국가 예산을 투입한 공공사업 위주로 진행되고 지역주민들의 체감도가 떨어질 뿐 아니라 수백억 원의 예산만 투입될 뿐 구도심의 인프라 개선 효과는 거의 없었다. 그러므로 노후 도심의 해법은 원점으로 돌아가 재개발 방식으로 접근하는 것이 필요하다는 인식이 팽배해지고 있다. 하지만 재개발 방식의 사업을 추진하는 데 일부 제도의 불합리한 부분이 민간의 재개발사업 활성화를 막는 장애 요소로 작용하고 있다. 가장 큰 문제는 지역주택조합 사업의 경우, 토지 등 소유자가 보호받지 못하는 점이다.

현재 민간에서 추진하는 정비사업에는 도시 및 주거환경정비법에 의해 정비구역을 지정하고 절차에 따라 사업을 추진하는 재개발사업과 재건축사업이 있다. 그리고 토지 등 소유자에 의한 주민제안방식으로 진행되는 소규모 정비사업과 지역주택조합사업이 있다. 그런데 재개발사업과 소규모 정비사업은 토지 등 소유자가 중심이 되어 사업을 추진하는 반면, 지역주택조합사업의 경우 조합원 자격이 무주택자로 되어 있어서, 현재 거주하고 있는 토지 등 소유자가 보호받지 못하고 토지를 조합에 매각하여야 하는 불합리한 점이 있다.

이는 지역주택조합사업방식으로 노후 불량주택을 개량하고자 하는 토지 등 소유자에게 오히려 피해를 주고 있으므로 토지 등 소유자에게는 조합원자격을 부여할 수 있도록 법령 개정이 필요하다. 즉, 도심지의 노후 불량주택을 신규주택으로 신축하는 과정에서 사업방식은 상황에 따라 재개발 또는 재건축, 소규모재건축, 소규모재개발, 가로주택정비사업, 지역주택조합사업 등으로 할 수 있도록 토지 등 소유자의 선택권을 확대하면서 토지 등 소유자에게는 기존 주택에

1기신도시 리모델링 사업추진 현황

※ 사업단계 조사시점은 2021년 1분기

구분	지역주택조합	주택재개발조합	주택재건축조합
적용법규	주택법	도시 및 주거환경정비법	도시 및 주거환경정비법
사업주체	조합(업무대행사)	조합(토지 및 건물소유자)	조합(토지 및 건물소유자)
사업방식	조합+시공사	민영/공영개발	민영/공영개발
사업지역	단독, 빌라, 연립, 나대지 등	아파트 위주(단독주택)	단독주택 위주 기반시설 취약지역 위주
조합원 자격	일정요건 필요 1. 무주택(전용 85㎡ 이하 1주택) 2. 6개월 이상 해당지역 거주 3. 20세 이상 세대주	토지 및 건물소유주	토지 및 건물소유주
사업부지 매입	주택건설대지 80% 이상 사용권원 확보 (토지사용승락서 포함)	토지 등 소유자 ¾ 이상(75%) 토지면적의 50% 이상	토지 등 소유자 ¾ 이상(75%) 토지면적의 50% 이상
예상 소요기간	3~4년	8~10년	8~10년
장점	• 개발절차 비교적 단순 • 단기간 내 개발가능 • 조합원 공급가 저렴	• 무허가 및 세입자 보호	• 무허가 및 세입자 보호
단점	• 무허가, 지상권자 등의 민원발생 소지	• 개발절차 복잡 • 임대주택 건축 등으로 사업성 결여	• 개발절차 복잡 • 임대주택 건축 등으로 사업성 결여

▲ 그림 3-65 지역주택조합 VS 재개발 VS 재건축 사업 비교

※ 자료: 분양W, 지역주택조합 이해 자료

의한 입주권 부여를 동등하게 적용하여야 할 것이다.

만약 지역주택조합을 추진하는 구역 내에서 토지소유자가 조합원자격요건을 갖추지 못하였다는 이유로 아파트 입주권을 줄 수 없다면 그 토지 등 소유자는 사업 진행을 위한 협조가 힘들 뿐 아니라 토지가격을 높게 요구하기 때문에 사업 지연 또는 토지비 상승으로 오히려 분양가를 높이는 역효과를 가져올 수 있다. 이뿐 아니라 오랫동안 그 지역에서 살고 있던 상가 등의 토지소유자에게 재정착의 기회를 빼앗아 젠트리피케이션 현상을 유발하는 요인이 되기도 한다.

최근 더불어민주당 이학영 의원 대표 발의로 리모델링 사업을 위해 "공동주택 리모델링 및 지원에 관한 특별법안"을 상정하고 있는 상황에서 지역주택조합 사업만 소외되고 있는 현상이다. 모든 조합사업은 주택을 소유하고 있는 토지 등 소유자가 중심이 되고 그들에게 신규아파트를 공급하는 사업인 데 반해, 지역주택조합사업은 무주택 서민에게 주택을 공급할 수 있는 제도임에도 지역주택조합에 관한 제도는 매우 불공정한 상황이다.

과거의 지역주택조합사업은 도시 외곽이나 나대지에서 주로 추진되었으나 현재는 도심지의 재개발사업이 필요한 노후 주택지에서 추진하고 있어, 실질적으로는 노후 주택지를 재개발하는 사업과 동일한 형태이므로 기존 토지 등 소유자에게 입주권을 준다고 하더라도 형평성에서 벗어나지 않는다. 노후 불량주택지를 재개발함으로써 도심의 노후화를 방지하고 도시기능을 다시 살리는 방법으로 구도심 재개발사업에 대한 정책 방향을 수립해야 할 것이다.

▌해법 11. 스마트도시형 재건축/재개발/리모델링 프로그램 도입

스마트도시는 제4차 산업혁명시대에 대응하는 도시계획 및 관리의 새로운 근간이 되는 미래형 도시의 패러다임이라고 할 수 있다. 우리나라도 스마트도시로의 전환을 위한 국가 정책을 시행 중이고, 현재 지자체별로 스마트시티 통합 플랫폼을 구축하였거나 구축하는 단계를 거치고 있다.

여기서 중요한 것은 단순한 스마트도시 플랫폼을 구축하는 것이 아니라, 현재 스마트도시 국가 시범도시로 추진 중인 세종시 5-1생활권 시범도시나 부산의 에코델타시티에서 구현하고자 하는 '모든 것이 연결'되는 스마트도시 서비스를 완벽하게 구현하는 것이다. 이러한 관점에서 신규로 개발하는 지역은 스마트택지지구, 스마트 산업단지 등의 개념을 적용하면, 스마트도시 조성을 위한 인프라를 기반시설로 설치하고 기술과 서비스를 연결하는 과정이 수월하게 이루어질 수 있다.

문제는 기존 도심에서의 스마트도시 서비스의 고도화이다. 신규로 개발하는 것에 비해 큰 비용이 소요되고, 지역에 따라서는 스마트도시 서비스 시행 자체가 어려운 곳도 있다. 도시의 효율적 관리, 일원화된 도시 관리를 위해서는 단계별로 스마트 솔루션을 적용해 나가며 스마트도시의 고도화를 추진해야 한다. 특히 지방분권 시대로 나아가야 하는 지자체에서는 스마트도시 조성을 통한 도시관리가 더욱 필요한 상황이다.

해법 1에서 제시한 고밀도 개발과 수직 도시의 개념을 기억할 것이다. 공정한 주택정책의 해법을 찾는 마지막 11번째 해법으로서 고밀도 개발에서 필수적으로 수반되어야 하는 것이 스마트도시 개념의 적용이다. 주택공급 확대를 위한 핵심이 고밀도 개발이라고 한다면, 도시 관리, 주택시장의 관리를 위한 요체로써 스마트도시형 정비사업을 의무화하는 것이다.

현재까지 스마트도시와 관련하여 스마트도시 기본계획을 의무적으로 수립하게 되어 있으나, 거기에 포함되어야 하는 내용은 상당히 미흡하다. 본서에서 제시하는 해법의 경우 신개발 유형과 재개발 유형에 따른 스마트 도시정비 프로그램을 제안하고, 이러한 프로그램을 제도화시켜야 한다는 것이다. 특히 기존 도심지역 내에서 재건축, 재개발, 리모델링 사업을 통해 추진하게 되는 정비사업에 의무적으로 적용하도록 하여 도시공간의 개별 부분에 스마트도시 기능을 갖추도록 하면, 최종적으로 도시 내 스마트도시 통합관제센터에서 도시 관리를 일원화해 나가는 고도화 과정에 큰 효과를 가져올 수 있기 때문이다.

본서에서는 크게 4가지 유형의 스마트도시 조성에 대한 해법을 제시하였지만, 제도화하는 과정에서는 좀 더 세분화할 필요는 있다.

앞으로 1기 신도시 등 1980년대 후반에서 1990년 초반에 건설된 주택단지가 본격적으로 재건축, 리모델링이 추진될 것이다. 이들에 대해 스마트도시 재개발 재건축을 제도화한다면, 민간 주도의 스마트 주거단지가 조성될 것이고, 지자체에서는 최소한의 비용으로 스마트도시를 완성하여 성공적인 스마트도시로 전환이 가능해지게 되는 것이다. [그림 3-67]은 아래의 4가지 유형에 대해 포함되어야 하는 스마트도시의 인프라, 기술 및 서비스 요소를 제시한 것이다.

구분	신 개발 유형 (New)		재개발 유형 (Old)	
	스마트 도시 (Smart City)	스마트 타운 (Smart Town)	스마트 도시정비 (Smart Renewal)	스마트 도시재생 (Smart Rehabitaion)
근거 법규 및 관련 사업	스마트도시법 & 스마트도시 종합계획			
	택지개발촉진법 / 국가시범도시사업	택지개발촉진법 / 도시개발사업, 공공주택사업	도시및주거환경정비법, 도시재정비촉진특별법 / 도시정비사업	도시재생특별법 /스마트도시형 도시재생사업
개발대상지역	시, 군 및 구 및 신도시 등	중·소규모 택지지구	재개발, 재건축, 뉴타운 지역	노후 및 낙후된 주거지역
국내 추진사례	국가 시범도시 (부산, 세종)	LH 공공주택지구	-	도시재생뉴딜
VISION	경쟁력 있는 도시 Smart City (공유도시)	도시문제 해결형 Renovation Coty (리빙랩 도시)	단지완결형 Compact City (24시간 도시)	지역활성화형 Culture City (개성있는 도시)

▲ 그림 3-66 스마트도시 정비 유형(안)

※ 자료: 윤주선, 개발규모별 스마트도시 조성 및 개발 전략구상(안), 2020년 10월

(O=필수, △=선택, ×=미적용)

스마트도시 구성 요소		스마트 신규개발		스마트 재정비	
		스마트도시	스마트타운	스마트 도시정비	스마트도시재생
기반시설	스마트 그리드 (인프라 구축)	O	O	O	△
	통합 네트워크 (통신망 구축)	O	O	O	△
	공간 정보	O	O	O	△
기술	통합플랫폼(통합 운영센터)	O	O	O	△
	사물인터넷	O	O	O	O
	클라우드	O	O	O	△
	빅데이터	O	O	O	△
	인공지능	O	O	O	△
	드론	O	O	O	△
서비스	스마트 교통	O	O	O	O
	스마트 환경·에너지	O	O	O	△
	스마트 안전	O	O	O	O
	스마트 헬스케어	O	O	O	O
	스마트 빌딩	O	O	△	△
	스마트 관광	O	△	△	△
	스마트 물류	O	△	△	△
	스마트 일자리	O	O	O	O
	스마트 홈	O	O	O	O
	스마트 교육	O	O	O	△
	스마트 행정	O	△	△	△
	스마트 경제	O	O	O	△

▲ 그림 3-67 스마트도시 정비 유형별 구성요소 도입기준(안)

※ 자료: 윤주선, 개발규모별 스마트도시 조성 및 개발 전략구상(안), 2020년 10월

저자 약력

윤주선

본서의 공저자이자 공정주택포럼 공동대표인 윤주선 교수는 교수라고 불리기보다 전문가라고 불리기를 더 원한다. 현재 홍익대학교 건축도시대학원 교수이지만 그 이전에 연구소, 대기업, 디벨로퍼, 공기업 등의 민간실무경험과 국토교통부 중앙도시계획위원을 비롯한 각종 지자체와 공공기관의 심의위원, 감사위원 등의 공적 심사경험, 그리고 도시계획기술사, 부동산개발전문가, 스마트도시전문가로서의 전문가 활동을 통해 척박한 도시계획분야 후학들의 새로운 길잡이가 되어 왔으며, 이를 기리는 "2020 도시계획 명예의전당"에 헌액된 바 있다. 주요 저서로는 공저와 역서를 포함해 '스마트도시의 DNA', '서울집값, 진단과 처방', 'PPT로 쉽게 배우는 부동산마케팅론', '부동산개발실무 16강', '도시개발론', '정보화 신도시개발 마케팅', '그림으로 설명하는 도시계획' 등이 있다.

서진형

본서의 공저자이자 공정주택포럼 공동대표인 서진형 교수는 현재 경인여자대학교 교수로 재직하며 대한부동산학회 회장을 맡고 있다. 대한부동산학회는 부동산 관련 학회 중 국내 최초의 사단법인 부동산학회이며, 40년이란 역사를 자랑하는 최고의 학회이다. 국내 부동산학회 중 가장 많은 학술대회를 개최하는 등 회장으로서 중추적 역할을 담당하고 있다. 그리고 부동산 관련 행정의 발전을 위하여 국토교통부 국가공간정보위원회 위원, 지방자치단체의 도시계획위원회 위원, 도시재생위원회 위원, 분양가심사위원회뿐만 아니라 지방자치단체 산하 도시공사 기술자문위원회 위원 등에도 적극적으로 참여하는 등 지역사회의 발전에도 기여하고 있다. 또한, 학술연구 분야에서도 '부동산학개론', '부동산컨설팅론', '부동산정책론' 등 20여 권의 책을 저술하였고, 공동주택공시가격 현실화율 결정요인 분석, 주택임대료규제정책에 관한 연구 등 연구논문 80여 편을 발표하는 등 연구영역에서도 왕성하게 활동하고 있다.

조인창

본서의 공저자이자 공정주택포럼 공동대표인 조인창 교수는 신개발에서 재개발까지 개발사업을 현장에서 경험한 개발전문가이다. 건설회사에서는 개발사업을 담당하였으며, 강원대에서 부동산학 박사학위를 받은 후 대학에서 실무와 이론을 접목한 강의로 각계각층에 많은 부동산전문가를 양성하였고 한국토지주택공사 심사위원을 포함한 각종 지자체와 공공기관의 심의위원을 역임하였다. 명지대학교 부동산대학원 부원장으로 정년퇴직을 한 후 현재는 한국부동산산업학회 학회장직을 맡고 있으면서 한국부동산산업 발전을 위해 봉사하고 있다. 주요 저서로는 공저를 포함하여 '부동산개발론', '부동산산업론', '부동산학사전', '기업가치창조의 부동산전략' 등이 있다.

한정탁

본서의 공저자이자 공정주택포럼 공동대표인 한정탁 회장은 현재 대한민국 건설·부동산 업계의 실무전문가 모임인 건설주택포럼의 회장이다. 주요 경력으로는 대림산업에서 고객센터장과 개발사업부장 그리고 도시정비사업 담당임원을 역임하였으며, 퇴임 후에는 한국수력원자력 최초 외부 본부장으로 입사하여 울진원자력본부장 직무를 수행하면서 발전소 운영과 신규원전건설을 총괄하였다. 이후 관리본부장으로 승진하여 한수원의 인사, 구매제도를 혁신하였으며 퇴임 후 자회사인 경기그린에너지 대표이사를 역임하였다. 현재는 2020년 1월 건설주택포럼 회장에 취임 이후 현재까지 주택시장 안정을 위한 정책 및 제도개선을 위한 노력을 기울이고 있다.

한중일

본서의 공저자이자 공정주택포럼 대외협력위원장인 한중일 의원은 현재 강원도 수부도시인 춘천시의 3선 시의원(국민의힘)으로 재직하고 있다. 주요 경력으로는 2018년 전반기 춘천시의회 부의장 및 내무위원장을 역임하였다. 또한 2015년부터 7년간 춘천시 도시계획위원회 위원으로 활동하였고, 건축위원회 위원 및 도시·건축공동위원회 위원으로도 활동하였다. 12년간의 시의원 활동을 통해 도시행정, 도시계획, 주거복지 분야에서 전문성을 가지고 있으며, 2021년 2월에는 춘천시에서 14년 만에 부활한 춘천시 공무원이 뽑은 베스트 시의원에 선정되었고, 2021년 7월에는 제15회 대한민국의정대상 최고의원상을 춘천시의회 최초로 수상하였다. 현재는 경제도시위원회 소속으로서 의정 및 대외활동을 하고 있으며, 춘천시 및 강원도 발전을 위해 적극적으로 활동 중이다.

김기홍

본서의 공저자이자 공정주택포럼 사무국장인 김기홍 박사는 현재 홍익대학교 환경개발연구원의 수석 연구원으로 재직하고 있다. 학부에서는 건축공학을 전공하였고, 석사에서는 도시학, 박사에서는 부동산학을 전공하여 건축, 도시, 부동산 전반에 대해 수학하였다. 주요 실무경력은 2006년 건축설계사무소를 시작으로, 2007년부터 2018년 중반까지 도시 및 부동산 개발 관련 회사에 종사하면서 도시와 부동산 전반에 대한 실무프로젝트를 수행하였다. 그리고 2017년에 윤주선 교수님과 프로젝트를 함께한 것이 인연이 되어 2017년부터 현재까지 윤주선 교수님과 함께 스마트도시, 부동산 개발사업, 중장기 도시발전계획, 뉴딜사업 등의 실무 프로젝트를 공동수행하며 전문성을 키우고 있다. 현재 경희사이버대학교 금융부동산학부 겸임교수로 재직 중이며, 군포도시공사 비상임이사로 활동 중이다. 주요저서로는 '부동산 개발론: 이론과 실무', '1·2기 신도시 아파트 투자지도', '퍼펙트 부동산 경매', '현대사회와 부동산관계론'이 있으며, 미국 CPM과 CCIM 자격을 보유하고 있다.

대한민국 주택정책의 대수술
공정한 주택정책의 길을 찾다

초판발행	2021년 11월 5일
지은이	윤주선·서진형·조인창·한정탁·한중일·김기홍
펴낸이	안종만·안상준
편 집	김민조
기획/마케팅	김한유
표지디자인	Benstory
제 작	고철민·조영환
펴낸곳	(주) **박영사**
	서울특별시 금천구 가산디지털2로 53, 210호(가산동, 한라시그마밸리)
	등록 1959. 3. 11. 제300-1959-1호(倫)
전 화	02)733-6771
f a x	02)736-4818
e-mail	pys@pybook.co.kr
homepage	www.pybook.co.kr
ISBN	979-11-303-1405-1 93320

정 가   20,000원